AF547443

Wolfgang Pohrt – Werke Band 8.1

Wolfgang Pohrt (* 5. Mai 1945; † 21. Dezember 2018) studierte Soziologie, Psychologie, Politische Wissenschaften und Volkswirtschaftslehre in Frankfurt und Berlin. 1976 erschien seine Dissertation »Theorie des Gebrauchswerts«. Er arbeitete von 1974 bis 1980 als Assistent am Lehrstuhl für Soziologie an der Universität in Lüneburg. Danach war er freier Publizist und veröffentlichte in zahlreichen Zeitschriften. Von 1990 bis 1994 erstellte er im Auftrag der von Jan Philipp Reemtsma ins Leben gerufenen Hamburger Stiftung zur Förderung von Wissenschaft und Kultur Studien über das »Massenbewusstsein« in Deutschland, die sich methodisch an Adornos »The Authoritarian Personality« orientierten. Im Auftrag dieser Stiftung arbeitete Pohrt 1995-1996 an einer Untersuchung über Bandenbildung. Danach Tätigkeiten in verschiedenen Forschungsbereichen. Erst 2011 schaltete sich Wolfgang Pohrt wieder in die öffentlichen Debatten ein, hielt Vorträge und publizierte weitere Bücher.

Wir danken Rudolf Görtler für Korrekturlesen und Registererstellung, René Wiegel für die Digitalisierung von Manuskripten und Eva Berger für Recherchen im *taz*-Archiv.

Edition
TIAMAT
Deutsche Erstveröffentlichung
Herausgeber:
Klaus Bittermann
1. Auflage: Berlin 2020

www.edition-tiamat.de
ISBN: 978-3-89320-264-5

Wolfgang Pohrt

Werke
8.1

Herausgegeben von
Klaus Bittermann

* * *

Harte Zeiten 1994

Texte 1992-1997

Critica
Diabolis
282

Edition
TIAMAT

Wolfgang Pohrt

INHALT

Harte Zeiten

Zwei Diskussionspapiere, ein Vortrag und ein Nachruf

Harte Zeiten

Neues vom Dauerzustand

1994

Vorbemerkung

Dies ist das dritte und letzte Bändchen einer Reihe von Studien, welche Jan Philipp Reemtsma ermöglicht hat. Dank seines Vertrauens lebte der Verfasser seit März 1990 auf Kosten der *Hamburger Stiftung zur Förderung von Wissenschaft und Kultur* als gesellschaftstheoretisierender Privatier. Er genoß den Luxus einer anachronistisch gewordenen Unabhängigkeit und konnte arbeiten ohne Aufsicht, Anweisungen, Präsenzpflicht, Kontrolle.

Geliefert wurden Analysen zur Zeitgeschichte, deren bescheidener Nutzen darin besteht, daß sie die spätere Legendenbildung erschweren könnten. Sie zeigen einerseits, daß die Katastrophe vorhersehbar war, als welche die Wiedervereinigung und der Zusammenbruch des Ostblocks sich entpuppen. Sie zeigen andererseits, daß die katastrophale Entwicklung von fast allen Beteiligten forciert worden ist, und daß keine Gruppe von Gewicht den Versuch unternahm, diese Entwicklung zu verhindern.

Der erste Band, unter dem Titel »Der Weg zur inneren Einheit«[1] erschienen, hielt die Zeit zwischen dem Mauerfall im Herbst 1989 und der Wiedervereinigungsfeier am 3. Oktober 1990 fest. Dokumentiert wurde mittels einer empirischen Massenbewußtseinsstudie, wie die Landsleute beim Start in die neue Epoche ausgesehen hatten. Zu erkennen war, daß der überdrehte Jubel, der einer

[1] »Der Weg zur inneren Einheit. Elemente des Massenbewußtseins BRD 1990«, Hamburg 1991

destruktiven Sehnsucht entstammte, Enttäuschung und Haß mehr enthüllte als verbarg.

Der zweite Band hieß in Anlehnung an den berühmten Katastrophenfilm »Das Jahr danach«.[2] Die Zeichen deuten und auf Untertöne hören können brauchte man nicht mehr. So klar lagen die Fakten auf der Hand, daß man sie kaum noch interpretieren mochte, weil sie für sich selber sprachen. Wie wenn zwischen der geographischen und der politischen Gestalt ein gesetzmäßiger Zusammenhang bestünde, nahm die Bundesrepublik im Maße, wie sie auf der Landkarte wieder mit dem deutschen Reich kongruierte, auch dessen Wesenszüge an. Möglich war diese Transformation freilich nur, weil sie vom Ausland begünstigt wurde. Was als Rückfall in die Vorkriegszeit erschien, war die Konsequenz des Fortschritts.

Geändert hat sich seither nur, daß die Entwicklung an Stetigkeit gewann, was sie an Dynamik verlor. Sie wurde zum Dauerzustand, dessen Ende nicht in Sicht ist. Der vorliegende Band ist daher ein Schlußbericht.

[2] »Das Jahr danach. Ein Bericht über die Vorkriegszeit«, Berlin 1992

Abschied ohne Tränen

Rund 40 Nachkriegsjahre lang hatte ein Teil der Welt so ausgesehen, als ließe sich's unter dem Kapital einigermaßen leben. Nicht gerade glücklich und sorgenfrei. Schon gar nicht guten Gewissens. Dafür aber mit Komfort. Es war ein winziger Teil der Welt gewesen, wo man am meisten unter seinen eigenen Pfunden und an Depressionen litt. Hier gab es Vollbeschäftigung, sozialen Wohnungsbau, Lohnfortzahlung im Krankheitsfall und Kriege oder Bürgerkriege nur weit weg.

Bis dorthin sogar, bis in die entlegensten und elendesten Zipfel der Erde, strahlte die Hoffnung aus, daß der privilegierte Teil mit der Zeit immer umfangreicher würde. Wer unten war, schaute erwartungsfroh nach oben. Armutsgebiete wurden Entwicklungsländer genannt. Wo sie hin wollten, hing aber schon das Schild *Geschlossene Gesellschaft*. Auch der ehrgeizigen Jugend in den reichen Ländern versperrte es den Weg hinauf. Langsam verging überall die Zuversicht, irgendwann bekäme jeder seinen Platz unter den *happy few*. Der Gesellschaftszustand reproduzierte seine ideologische Existenzbedingung nicht mehr, nämlich die mit seiner Unerträglichkeit versöhnende Illusion, er werde sich kontinuierlich zum Besseren ändern, denn alles Schlechte an ihm sei Übergangserscheinung und Restbestand, Hinterlassenschaft von Verhältnissen, die man gerade überwindet.

Den Fortschrittsglauben löste Ende der 60er Jahre die Hoffnung ab, bei den Befreiungsbewegungen in der

Dritten Welt das Vorbild und die nötige Kraft zu finden, um ein gesellschaftliches Verhältnis umzuwälzen, auf welches die Formel »Keinem nach seinen Bedürfnissen, keiner nach seinen Fähigkeiten« gepaßt hätte. In den armen Ländern wurden die Hungrigen nicht satt, in den reichen betäubte sich, wer jung, tatendurstig und lebensgierig war, mit Drogen. Der Versuch, aus diesem Käfig auszubrechen, worin die einen nicht zu essen hatten und die anderen zwar konsumieren, aber sich nicht rühren durften, mißlang. Die antiimperialistischen Befreiungskämpfer unterlagen ebenso wie die Protestbewegungen in den Metropolen.

Seither hatte, wie sich ohne Pathos und Übertreibung sagen läßt, die Menschheit keine Zukunft. Verbitterten Alten ähnlich, die sich in der Wohnung verbarrikadieren, weil weder der Glaube ans Jenseits noch die Liebe zu den Kindern sie mit ihrem bevorstehenden Ende versöhnt, kannten besonders die Privilegierten keine Hoffnung und keine Erlösung mehr, nur noch Angst und Verhängnis.

Nicht von der Idee der Rettung, sondern von der des Untergangs waren die apokalyptischen Massenbewegungen der 80er Jahre inspiriert – erkennbar daran, daß an die Stelle von *love-ins* nun *die-ins* getreten waren, kindische Inszenierungen eines Massensterbens mit Särgen, Leichentüchern und Grabkreuzen als Requisiten. Im makabren Klamauk drückte sich die Todesgewißheit von Menschen aus, die das Leben mit den Augen des Massenmörders betrachten, unter dem Aspekt seiner möglichen Vergiftung, Verseuchung, Verstrahlung. »Genieße den Tag, denn wer weiß, was der morgige bringt«, hieß komplementär dazu das unausgesprochene Motto der zeitgleich auftauchenden konsumfreudigen Alternativ-Hedonisten. »Nach mir die Sintflut«, war die Geschäftsphilosophie des unter Reagan und Thatcher gebildeten kurzlebigen Reichtums. Der Westen glänzte nicht mehr, sein Stern sank schon lange, als er 1989 unverhofft noch mal schnuppern durfte, was ihm wie Morgenluft riechen mußte. Erstmals in der Geschichte wurde das Kapital ein Massenidol. Seiner Verkörperung in der Leitwährung D-Mark jubelte die Menge zu, daß es aussah, als habe Buñuel die Bibelgeschichte vom »Tanz ums goldene Kalb« verfilmt. Die Nacht der Währungsumstellung bot gotteslästerliche Szenen religiöser Verzückung. Für den Westen war der Rausch im Osten die Droge, die ihn einen Moment lang seine eigenen Depressionen und seine Dekadenz vergessen ließ. Scheinbar gestärkt und gekräftigt, ging er aus der ersten Phase des Zusammenbruchs seiner Welt hervor.

Mauer und Stacheldraht in Stammheim hielten, an der Ostgrenze wurden sie wie antikes, herrenloses Bauwerk von Souvenirjägern demontiert. Plötzlich stellten die hinter dem *Eisernen Vorhang* verschanzten und eingeigelten Kommunisten fest, daß der beste Bunker nichts nützt, wenn ihn keiner verteidigen will. Um des bequemeren Machterhalts willen hatten die Ostblockregimes auf weltrevolutionäre Ideen verzichtet. Schneller als die Konkurrenz im Westen wurden sie nun ein Opfer ihrer Anhänglichkeit an den zukunftslosen Status quo.

Auch der Triumph des Siegers freilich war nur von kurzer Dauer. Hinter dem Eisernen Vorhang sollte sich ein gigantischer Absatzmarkt verbergen, ein Jungbrunnen für die in der Überproduktionskrise steckende westliche Industrie. Zum Vorschein kam das genaue Gegenteil davon. Als konkurrenzlos billiger Stahl aus den ehemaligen Ostblockländern den hiesigen Erzeugern die Preise verdarb und den Beschäftigten die Entlassung drohte, fing im Westen das Kopfrechnen an. Dabei stellte sich heraus, daß man für das Monatsgehalt eines deutschen

Arbeiters 16 tschechische bekommt. Im Rückblick entpuppt sich »Das Ende des Ostblocks« als Verwechslungskomödie.

Der Westen meinte, seinen ehemaligen Gegner zu bestatten. Er tat es frohlockend, aber von der Größe des geschichtlichen Augenblicks auch ergriffen. Die Kolumnisten und die Intellektuellen empfanden stark. Sie schürften tief, schöpften Sinn, fanden Bedeutung und fabrizierten daraus pompöse Nekrologe. Es wurde georgelt, was der Leierkasten hergab. Umso mehr Anlaß bestand dazu, als im Sarg die falsche Leiche lag. Die Trauergäste hatten sich zur ihrer eigenen Beerdigung eingefunden. Sie wußten es nur noch nicht.

Drei Jahre später ahnte das sogar Theo Sommer. »Die Krise holt den Westen ein«, war eine düstere Grübelei von ihm in der *Zeit* vom 9.4.1993 überschrieben. »Nach dem Zusammenbruch des Kommunismus wanken nun auch die Fundamente der Demokratien«, klagte er. Und er schloß nicht aus, daß die Verhältnisse »den Menschen als Arbeitskraft so überflüssig machen wie damals der Traktor das Pferd«.

Trübe Aussichten für den Menschen, da er im Unterschied zum Pferd nicht aus bloßer Liebhaberei für den Rennsport gehalten wird. Unter dem Kapital ist er Arbeitskraft oder überflüssig. Läßt seine Arbeitskraft sich nicht verwerten, so wird er, unter bevölkerungspolitischen Gesichtspunkten betrachtet, zum Problem. Dessen Lösung ist identisch mit seiner Eliminierung.

Im Bewußtsein der Tatsache vielleicht, daß sie auf der Welt nichts mehr zu suchen hätten, sind die Menschen weltweit mit selbstzerstörerischer Aggressivität erfüllt. Nicht nur in Jugoslawien verhalten sie sich, als wollten sie den deutschen Mittelstand beruhigen, dessen Hauptsorge der Übervölkerung gilt.

Statt den auf Selbstdezimierung zielenden Trieb zu bändigen, besorgen die gesellschaftlichen Schutzvorrichtungen sein Geschäft. An der Spitze völkischer, rassistischer und kriegerischer Bestrebungen stehen überall Medien, Regierung, Verwaltung, Justiz und Polizei. Bestenfalls bleiben sie unbeteiligt und lassen den Mob gewähren.

So sahen Anfang Dezember 1992 in Ayodhya starke Sicherheitskräfte seelenruhig zu, wie fanatisierte Hindus eine Moschee zerlegten. Dann trieb das Pogrom von Bombay die muslimischen Einwohner zu Hunderttausenden in die Flucht. 2000 von ihnen konnten nicht mehr fliehen, man hatte sie vorher umgebracht. Vor einer *Jugoslawisierung* Indiens warnte danach die Presse hier. Sie hätte mit gleichem Recht – unter Verweis auf Rostock – von einer *Vermecklenburgvorpommerung* sprechen können, wozu man allerdings eine gelenkige Zunge braucht.

Am 14.11.1992 untersuchte die *FAZ,* warum in Ägypten bewaffnete muslimische Gruppen Touristen überfielen. Offenbar deshalb, weil sich die Eingeborenen am Nil nicht anders fühlen als an Ostsee und Elbe:

> »Ein arabischer Politologe der Amerikanischen Universität verglich die Ägypter mit Waisenkindern, die ›verlassen sind von ihrer Staatsführung‹. Er hat gerade in diesen Wochen die, wie er sagt, ›völlige Auflösung der Gesellschaft‹ beobachtet: weder organisatorische Strukturen der Regierung noch eine organisierte Opposition, die den Zorn der Bevölkerung in eine wirksame politische Aktion gegen die Regierung verwandeln könnte.«

Armes Ägypten?

»Bestürzend«, schrieb die *FAZ* am 8.3.1993, sei weniger der Ansehensverlust der Bonner Koalition als die Tatsache, »daß der erlahmenden Regierung keine erstarkende Opposition gegenübertritt«.

Als bedrohlich wurde der Mangel an Opposition von der staatstragenden Presse erkannt, weil solcher Mangel die Regierung selber trifft. Ihr geht es schlecht, wenn sie keinen Widersacher hat. Nicht mal der liebe Gott im Himmel kommt ohne den Gehilfen aus. Wie bei der Treibjagd macht der Teufel den armen Seelen Angst, damit sie unter die Fittiche des Allmächtigen flüchten. Warum soll jemand der Regierung gehorchen, wenn sie ihn nicht vor einem schlimmeren Herrscher schützt? Das ist der Grund, warum die Mächtigen sich starke Gegner wünschen. Es war daher ein herber Schlag für den amerikanischen Präsidenten, als ihm sein Gegenstück im Kreml abhanden kam. Denn seit man die freie Welt nicht mehr vor dem Kommunismus schützen muß, braucht sie auch keinen Führer.

Für die Unterführer heißt das zwar, daß sie sich mehr herausnehmen dürfen, nur tun ihre Untergebenen das auch. Sie nehmen sich an ihrem Boß ein Beispiel und werden aufsässig, patzig, renitent. Vom ersten Mann im Staat bis zum letzten Vereinsvorsteher stehen die Autoritäten vor dem Problem, daß keiner sie respektiert. Seither läuft in allen Hauptstädten das gleiche Stück, man kannte es unter dem Blödelnamen »Chaos ist machbar, Herr Nachbar«.

Die Handlung ist, daß eine ganze politische Klasse statt zu regieren ihr Heil in einer Art »Aktion Eichhörnchen« sucht. So hat der Zusammenbruch der DDR übrigens auch begonnen. Als Mielke die Fernseher stapelte, hieß das, daß er nur noch auf den Vorrat im Keller vertraute. An seine Befehlsgewalt glaubte der mächtigste Mann im Staat nicht mehr, wie heute die chinesischen Kommunisten nicht mehr an ihre Zukunft glauben mögen. Die *Stuttgarter Zeitung* vom 4.9.1993 berichtet:

> »Das Ende des Kommunismus in Osteuropa, der Sowjetunion und in anderen Teilen der Welt scheint unter Chinas Parteikadern eine Art Torschlußpanik ausgelöst zu haben. Im Ungewissen, wie lange ihre eigene Macht noch zu halten sein mag, haben sie mit einer geschichtlich einzigartigen Welle der Selbstbereicherung begonnen. Korruption ist auch in China nichts Neues. Doch sowohl die Höhe der veruntreuten Gelder als auch die epidemische Ausbreitung des Phänomens haben in diesem Jahr einen neuen Höhepunkt erlangt.«

Mit Recht verzeihen die Machthaber im Westen ihren Kollegen aus dem Osten diesen Defätismus nicht. Sie fühlen sich beraubt und betrogen, beraubt ihres Gegners und betrogen um den Sieg.

Der ihnen geschenkte taugte nichts, weil nur erkämpfte Siege einen Wert besitzen. Nach der Schlacht sind die einzelnen geschwächt, manche tot, andere Krüppel, das Kollektiv aber ist gekräftigt. Es hat im Befehlshaber seinen Führer gefunden und gehorchen gelernt, die begangenen Verbrechen und die geleisteten Opfer verbinden. Ewig wie der Tod der Gefallenen und der Ermordeten soll das Bündnis der Überlebenden sein. Die Leichen im Keller sind der Kitt, und manchmal hält solcher Kleister auch eine Weile.

Nichts war von diesem stabilisierenden Effekt im Westen nach dem Zusammenbruch des Ostblocks zu spüren, vielmehr löste der Wegfall des Verhältnisses von Bedrohung, Schutzsuche und Unterwerfung unter eine Führungsmacht jeden Zusammenhalt auf. Nationen verhielten sich wie natürliche Personen. »Viele Gleiche«, schrieb Freud in »Massenpsychologie und Ich-Analyse«, »die sich miteinander identifizieren können, und ein einziger, ihnen allen Überlegener, das ist die Situation, die wir in der lebensfähigen Masse verwirklicht finden.«[3] So war das auch, als innerhalb der Blöcke die Völkerfreundschaft herrschte. Die jeweilige Supermacht spielte die Rolle des Hahns und sorgte auf dem Hühnerhof für Frieden.

Wenn eine solche Masse sich zersetzt, weil die Führungsmacht mit ihrer Schutzfunktion auch ihre Autorität verliert, und weil mit der Autorität des Führers die libidinösen Bindungen zwischen den Gefolgschaftsanhängern zerbrechen, entsteht Panik:

> »Ihr Charakter ist, daß kein Befehl des Vorgesetzten mehr angehört wird, und daß jeder für sich selbst sorgt ohne Rücksicht auf die anderen. Die gegenseitigen Bindungen haben aufgehört und eine riesengroße, sinnlose Angst wird frei.«[4]

Kaum noch Ähnlichkeit hat sie mit dem Wonnegraus, an dem sich die Trendbewußten in den todessüchtigen 80er Jahren berauschten. Damals stellte man sich den Untergang als grandioses, in weiter Ferne liegendes und vor allem finales Spektakel vor: Hunderttausende von Toten auf einen (Atom-)Schlag, epidemisch auftretende Vergiftungserscheinungen, ebenso unheilbar wie neuartig und rätselhaft. Einerseits war diese Vision ein paar Nummern zu groß für die Wirklichkeit. Andererseits ähnelte sie insofern der Erlösungshoffnung, als man sich vom Untergang das Ende aller irdischen Qualen versprach.

[3] Freud, »Gesammelte Werke«, Bd. VIII, S. 135
[4] ebenda, S. 104

Heute hat die Katastrophe jede Distanz zum Alltag verloren, nahtlos ist der Übergang zwischen den Bildern von Obdachlosen im reichen Westen und von Flüchtlingen auf dem Balkan. Hier wie dort, dort nur mehr als hier, sieht man abgerissene Gestalten, deren Habe in zwei Plastiktüten paßt. Einzig die Gewißheit, daß dort Krieg ist, suggeriert Abstand.[5]

Weil sie das Elend, welches auch im Westen zur Regel wird, noch als Ausnahme darstellen, spenden die Bilder Schwerverletzter im Krankenhaus von Sarajevo dem hiesigen Publikum Trost. Fälle für die Spezialklinik machen die Tatsache vergessen, daß das Ende als Massenschicksal nicht mit der Undurchführbarkeit schwieriger Operationen beginnt, sondern mit Hunger, Entkräftung, Kälte, Durst und Schmutz. Durchfall, Erkältung, Kinderkrankheiten bringen Menschen um, die ein simpler Warmwasseranschluß oder eine beheizte Wohnung gerettet haben würde. Längst sind vom Verlust solcher Dinge auch die Deklassierten im reichen Westen bedroht.

Um die Ähnlichkeit zwischen fortschreitender und fortgeschrittener Verelendung zu verleugnen, grenzen die Nationen sich verbissener denn je gegeneinander ab. Weil die Bundesrepublik, die vorläufig noch zu den reicheren Ländern zählt, für Flüchtlinge ihre Grenzen schließt, schmachtet man diesseits der Gitterstäbe als eine »Insel der Seligen« den Einzelkäfig an, worin die Menschen desto mehr zu Bestien werden, je weniger sie – als vermeintlich durch einen Zaun von allem Unheil Ge-

[5] Im Winter 1992/1993 warfen Maschinen der französischen Luftwaffe Lebensmittel über Ost-Bosnien ab. Gleichzeitig erfroren während eines Kälteeinbruchs in Paris neun Obdachlose. Auch in diesem Fall gab es eine *humanitäre Aktion*: Nachts blieben die Metro-Eingänge offen.

schützte – noch begreifen können, was mit ihnen geschieht.

Mittels selbstgewählter Isolationshaft wollen die vorläufig noch Privilegierten sich vor Ansteckung und Infiltration schützen, was den eingebunkerten Kommunisten so wenig wie früher den Reichen gelang, die sich auf der Flucht vor der Pest in ihre Landsitze zurückzogen. Meist war unter ihnen einer, der sich schon infiziert hatte. Heute vermitteln die Elendsflüchtlinge den verarmenden Europäern das Gefühl, sie müßten lauter Trutzburgen mit Wassergraben und Zugbrücke errichten.[6] Jeder führt, nach dem Muster der pathischen Projektion, auf äußere Einflüsse zurück, was in Wahrheit von innen kommt. Aller amtlich bestätigten Gewißheit über das Umsichgreifen krimineller Machenschaften im hiesigen Staatsapparat zum Trotz hält der Glaube, organisierte Kriminalität sei in Deutschland ein Import.

Jeder Blick nach außen und auf andere ist einer in den Spiegel. Weil das kein erfreulicher Anblick ist, sagen alle: »Das bin nicht ich.« Wo die Menschen schon zu Lebzeiten so gleich gemacht werden, wie sie es sonst nur vor dem Tode sind, täuscht der falsche Selbstbehauptungswille ihnen vor, sie würden einander immer fremder. Ans Trugbild ihrer Andersartigkeit klammern sie

[6] Angst vorm Ansturm der Hungernden ist natürlich nicht Ursache des Gefühls, sondern seine Rationalisierung. Die Menschen fühlen sich, wie sie leben. Und sie leben, wie Benjamin es im Jahr 1928 beschrieben hat: »Die Volksgemeinschaften Mitteleuropas leben wie Einwohner einer rings umzingelten Stadt, denen Lebensmittel und Pulver ausgehen und für die Rettung menschlichem Ermessen nach kaum zu erwarten. Ein Fall, in dem Übergabe, vielleicht auf Gnade oder Ungnade, aufs ernsthafteste erwogen werden müßte.« (»Einbahnstraße«, Frankfurt 1972, S. 26). Weil sie dazu auch heute nicht bereit sind, fordern sie die Verteidigung Sarajevos bis zum letzten Mann.

sich, weil sie das Schicksal der Massen weder abwenden noch teilen wollen. Trost finden sie bei begabten und weniger begabten Modedenkern. Dem Publikum und vor allem sich selber reden sie ein, Fremdheit gehöre zu den ersten oder letzten Dingen. Weil sie fremd und anders wären, würden Leute verfolgt, die doch in Wahrheit auf das Allgemeinmenschliche reduziert sind, auf den Hunger und die Sorge um das Dach über dem Kopf. Feindschaft gegen Ausländer, die nicht ausländisch, sondern nur elend sind, ist Feindschaft gegen alle ohne Unterschied. Zwangsläufig setzt die Abdichtung der Nationen gegen äußere Armut sich im Inneren als soziale Ghettoisierung fort, als Aufsplitterung der Gesellschaft in einander feindselig gegenüberstehende, nach Maßgabe ihres Privilegienbesitzes gestaffelte Kasten, die sich als kleinere rivalisierende Banden und Cliquen innerhalb der großen befehden.

So drückt die Zerfallenheit der hiesigen Gesellschaft sich am besten in der Geschlossenheit aus, mit der alle gegen den unkontrollierten Zustrom von Menschen sind. Gestritten wird nur darüber, wie die Pille zu verzuckern sei. Habermas in der *Zeit* vom 11.12.1992:

> »Die Rede vom ›Mißbrauch‹ des Asylrechts verschleiert den Umstand, daß wir eine Einwanderungspolitik brauchen, die für Immigranten andere rechtliche Optionen öffnet.«

Die *FAZ* vom 11.12.1992 betont, »daß der deutsche Asylstreit eine Art von Realitätsflucht ist angesichts globaler Migration« und »daß es eigentlich um Einwanderung gehe«. Böll-Preisträger Hans Joachim Schädlich im gleichen Blatt, Ausgabe vom 28.12.1992:

»Anstatt allseits über die Möglichkeiten zur Einschränkung des Asylrechts zu reden, hätte vielleicht der Mut zu der unpopulären Aussage aufgebracht werden müssen, daß Deutschland längst ein Einwanderungsland ist und demzufolge eine Einwanderungsgesetzgebung mit klarer Quotenregelung braucht, damit Einwanderungswillige nicht den schmalen Weg über das Asylrecht gehen müssen und als sogenannte Wirtschaftsflüchtlinge diffamiert werden dürfen, die das Asylrecht mißbrauchen.«

Wenn schon die neue Welt eine der Lager wird, wollen die Intellektuellen wenigstens in der Verwaltung sitzen. Drum schwärmen sie von der klaren Quotenregelung, schreiben Bürokratendeutsch und üben sich im Sortieren.

Die Linken, die einmal anders dachten, meinen heute, daß sie neue Einsichten gewonnen hätten. Sie halten sich für klug, wenn ihnen dämmert, was die anderen immer wußten. Die anderen wußten immer schon, daß unter den gegebenen Bedingungen ein stabiler Zaun eine vorteilhafte Einrichtung ist.

Auch die Linken wußten das. Nicht in Unkenntnis dieser Logik, sondern aus Widerstand gegen sie wurden sie Internationalisten. Sie geben den Widerstand auf in genau dem Moment, wo er am nötigsten wäre, weil die Absurdität dieser Logik offensichtlich wird. Es nützt nichts mehr, die Überflüssigen draußen zu halten, weil sie längst drin sind. Es nützt auch nichts, sich bei der Bevölkerung mit falschen Parolen anzubiedern, weil insgeheim alle schlauer sind.

Die Leute sehen, wie die Chancen schwinden, daß man selber zu den *happy few* gehört. Sie ahnen, daß es nicht mehr darum geht, wer verelenden müsse, sondern daß die Alternative alle oder keiner heißt. Sie spüren, daß ihre eigene Sicherheit auf den Prinzipien beruht, deren Aufhebung sie fordern. Deshalb erwarten sie keine Nachgiebigkeit. Zur Entscheidung steht, ob die Verhältnisse den Menschen angepaßt werden müssen, oder ob den bestehenden Verhältnissen die Menschen anzupassen sind, was ihre Verelendung, Vertreibung, Ausweisung bedeutet. Existierte eine Linke, müßte ihre Forderung heißen: Offene Grenzen.

Das würde auf keinen Fall gemütlich. Die Ankommenden werden keine übertrieben netten Menschen sein. Sie bringen nicht Kultur mit, sondern Haß und Hunger. Sie werden diese Gesellschaft vor die Alternative stellen, ob sie sich ändern oder zusammenbrechen will. Aber vor dieser Alternative steht sie sowieso. Nur daß nichts bleibt, wie es ist, ist sicher. Vor der Zukunft haben alle Angst. Sie wird durch Abschiebungen verstärkt, durch das Elend hinter dem Zaun, nicht durch offene Grenzen. Sie wird gemildert durch die Sicherheit: Was auch kommen mag – niemand wird rausgeschmissen, keiner muß im Elend verrecken, wer er auch sei. Nicht die Anwesenheit der rumänischen Zigeuner, sondern ihre Behandlung macht den Einheimischen Angst, weil sie jeden lehrt, wie es ihm selber ergehen könnte, wenn er nur noch ein bißchen tiefer rutscht. Die Leute würden einem dankbar sein, wenn man sie mit aller Macht zu einer anständigen Behandlung der Zigeuner zwänge. Das gäbe ihnen die Sicherheit, die sie derzeit am meisten entbehren.

Was angesichts der Stimmungslage, der Mehrheiten und der Machtverhältnisse wie Utopie klingen mag, ist in Wahrheit Realismus. Umgekehrt ist es die reine Träumerei, was Realpolitiker für kluge Berechnung halten. Sie ignorieren die Bedeutung der Moral. Der amoralische Asylkompromiß beispielsweise hat vermutlich nicht nur Engholm das Genick gebrochen, sondern der ganzen

SPD. Wäre sie bei ihrer alten Linie geblieben – die Leute hätten sie verflucht und respektiert. Am Ende hätten sie vielleicht sogar die Partei gewählt, die in unsicheren Zeiten ein Minimum an Sicherheit bietet. Ein Minimum an Sicherheit bietet einer, wenn Verlaß darauf ist, daß er bestimmte Dinge unter keinen Bedingungen machen wird. Seit dem Asylkompromiß ist allen, die ihn wollten, klar, was sie selber – etwa Sozialhilfeempfänger oder Arbeitslose – von der SPD zu erwarten haben, wenn dies die Lage erfordert. Seither ist diese Partei – und mit ihr die ganze Linke – dort, wo sie 1933 war, als die Nazis alle Funktionäre abräumen konnten ohne jeden Protest aus der Bevölkerung.

Das nächste Mal würde es wieder ein Abschied ohne Tränen. Wenn dereinst Klose, Schröder, Lafontaine von der Konkurrenz ausgeschaltet und eingelocht werden sollten, wird mancher hoffen, daß die Nachricht ihn nicht gerade beim Essen erwischt, aus Angst davor, er könnte sonst an seinem eigenen Lachen ersticken.

Lange schon, bevor die Welt wieder mal in Schutt und Asche liegt, führen sich alle auf, als würden sie nichts Besseres verdienen.

Die Suche nach dem Kriegsgrund

Kaum hatte die parlamentarische Demokratie im Osten ihren alten Hauptfeind, den Kommunismus, besiegt, da schien sie im Westen schon wieder durch neue feindliche Kräfte bedroht, durch Rechtsradikalismus, Populismus und Parteiverdrossenheit. Dabei war sie hinter der Fassade selber schon das autoritäre Regime, dessen spätere offizielle Machtübernahme keinen Bruch, sondern Kontinuität bedeutet. Mit der Sprachregelung, daß die postkommunistischen Raubritter und Despoten im ehemaligen Ostblock demokratische Führer wären, stimmten Medien und Politiker die Bevölkerung auf die neue Sicht der Dinge ein. Maßstab für die Legitimität eines Regimes war seine Willfährigkeit gegenüber den destruktiven Interessen des Westens.[7] Die politische Botschaft des

[7] Aus Anlaß des zweiten Jelzin-Putsches, dem vom 21. September 1993, ließ der Westen die Masken fallen. Alle Regierungen, die amerikanische voran, sicherten dem russischen Diktator Unterstützung zu, der das Parlament per Dekret für entmachtet erklärt hatte und die Abgeordneten von den Sicherheitskräften schikanieren ließ. Dialektischer als je die frühere Ostblockpresse, nannten die westlichen Medien Jelzins Coup zwar einen Staatsstreich, priesen ihn aber zugleich als notwendigen und erlaubten Schritt auf dem Wege zur Demokratie. Jelzin verstand die Ermunterung und ließ das Parlament von Panzern in Brand schießen. Mancher Regierungschef im Westen dürfte ihn um solcher Machtfülle willen beneidet haben, und wer weiß, wann das Beispiel Schule macht und es heißt: Vom Osten lernen, heißt siegen lernen.

Münchener Weltwirtschaftsgipfels Anfang Juli 1992 waren die Prügel für Buhrufer und indifferentes Publikum, die Prügel wiederum waren Höhepunkt der obszönen Zurschaustellung usurpierter Vorrechte durch die derzeitig noch aus freien Wahlen hervorgegangenen Inhaber der Macht.

Im feudalen Pomp und Gepränge ihrer öffentlichen Auftritte offenbart sich die Entschlossenheit, den imperialistischen Krieg bei Bedarf auch ein weiteres Mal zu führen. Weil die Aussicht, darin sterben zu müssen, die Massen einstweilen noch nirgends mit der richtigen Begeisterung erfüllt, nimmt die Herrschaft der Oligarchien unabhängig davon, ob sie sich wählten oder sich wählen ließen, autoritäre Züge an. Die faktische Gleichschaltung der Medien, der Übergang von der Berichterstattung zur reinen Propaganda und Massenverhaftungen wie in Mannheim oder München* werden in einer Gesellschaft unvermeidlich, deren Interessenkonflikte mittels demokratischer Spielregeln nicht mehr zu lösen sind. Verhandlungen zwischen den einen, die in den Tod schicken, und den anderen, die in den Tod geschickt werden, erübrigen sich, weil in der Entscheidung über Leben und Tod kein Kompromiß möglich ist. Nur vom Krieg aber, der die Massen ruinieren wird, dürfen die Nutznießer der bröckelnden Ordnung den Erhalt ihrer Privilegien erwarten, denn sie stehen mit dem Rücken zur Wand. Nicht freilich, wie unverbesserliche Optimisten meinen, die Entmachtung durch revolutionäre Gruppen hat die Elite zu fürchten, sondern bedroht ist sie von den Folgen der Eliminierung jeglichen Widerstands gegen die Selbstzerstörungskräfte ihrer eigenen Herrschaft.

* Zu Massenverhaftungen kam es bei Protesten gegen den Weltwirtschaftsgipfel am 6. Juli 1992. (A.d.H.)

Bis zum Zusammenbruch des Ostblocks mußte der Westen akzeptieren, daß gegen sozialistische Postulate wie internationale Solidarität, Massenwohlstand und soziale Gerechtigkeit nichts aufzubieten war als mehr davon. Statt wie im kalten Krieg die vernünftigen universalen Forderungen seines Gegners anzuerkennen und ihn bei deren Erfüllung nach Möglichkeit zu übertreffen, sucht in der postkommunistischen Welt jeder mit allen Mitteln den substantiell schon gar nicht mehr bestimmbaren eigenen Vorteil, was ungefähr auf die Faustregel hinausläuft, daß gut für den einen ist, was dem anderen schadet. Die amorphe Masse einander feindselig gegenüberstehender Asozialer aber ist nur unter Gefechtsbedingungen und selbst dann nur temporär in das hierarchisch gegliederte soziale Gebilde zu verwandeln, welches hergestellt werden muß, wenn die Oligarchien sich erhalten wollen.

Weil keine latente militärische Bedrohung aus dem Osten die kapitalistischen Länder mehr dazu zwingt, untereinander Frieden zu bewahren, steht der Verschärfung der Konkurrenz der nationalen Kapitalien zum offenen Krieg nichts im Wege als der Mangel an plausiblen Gründen und Zielen. Wenn die bisherigen Kriege das Mittel zur Durchsetzung von Gebietsansprüchen und anderen strittigen Forderungen waren, so verhält es sich beim nächsten gerade umgekehrt. Der Krieg selber ist der Zweck. Das Mittel, ihn herbeizuführen, sind Interessengegensätze. Wo keine zu finden sind, werden welche konstruiert.

Spätestens seit Mitterrand Ende Juni 1992 der Coup gelang, seine EG-Kumpane auszutricksen und hinter ihrem Rücken kurzerhand nach Sarajevo vorauszuflitzen, um wenigstens bei den bosnischen Muselmanen mal der erste zu sein, war der Punkt erreicht, wo die Westmächte insgesamt sich zum Balkan verhielten wie die Bande zur Beute.

Charakteristisch für die Bande ist das Mißtrauen der Mitglieder gegeneinander. Zwar beruht es auf pathischer Projektion, aber dennoch ist es realitätsgerecht, weil nur der Paranoiker sich auf den Krieg aller gegen alle einstellen kann. Freilich wird der Zusammenhalt dadurch labil, und irgendwann kommt der Punkt, wo aus geringfügigem Grund die Mitglieder der Bande einander dezimieren. Im Sommer 1992 war dieser Punkt zwar noch fern. Aber unvorstellbar war er nicht mehr, wie ein paar Pressestimmen zeigen.

Unter dem Titel »Warum Serbien Zeit und Gelegenheit zu vielen Eroberungen erhält« kommentierte Dieter Cycon in der *Welt* vom 9.8.1992:

> »Während die Schützlinge Deutschlands auf dem Balkan und damit Deutschland selbst einen Schlag nach dem anderen erhalten, geben sich manche deutsche Politiker und Medien, als sei der Gang der Ereignisse ein undurchschaubares Rätsel. Während man in der Bundesrepublik vom unbegreiflichen ›Zaudern der Europäer‹ auf dem Balkan spricht, zweifelt auf dem Balkan selbst niemand daran, daß hinter der angeblichen ›Unentschlossenheit‹ der entschlossene Wille von Franzosen und Briten steht, ihren serbischen Schützlingen Zeit und Gelegenheit zu möglichst vielen Eroberungen zu geben. Während die anti-kroatische, anti-bosnische und deshalb auch anti-deutsche Politik Mitterrands immer neue Facetten annimmt und ein Beispiel dafür liefert, was Deutschland in einem vereinigten Europa ohne amerikanische Führung zu erwarten hätte, strickt die deutsche Politik am Pariser Europa-Modell weiter mit, als wäre nichts geschehen. Mitterrand, dezent assistiert

von gewissen Strömungen in London, agiert, als wäre er dem Rahmen eines Porträts Mazarins entsprungen. Was immer er unternimmt, ist dem Gedanken der Eindämmung Deutschlands gewidmet. Er hatte sich zuerst bemüht, die Wiedervereinigung zu verhindern, dann den Zerfall des Sowjetimperiums. Jetzt geht es ihm darum, für das alte Jugoslawien zumindest einen neuen Rahmen zu finden, der den Serben die bedeutendste Rolle sichert, den Kroaten die schwächste, und Frankreich das Patronat. Denn für ihn sind die Serben vor allem die alten Alliierten gegen Deutschland, und ›Jugoslawien‹ – die künstliche Schöpfung Frankreichs und Englands nach dem Ersten Weltkrieg – vor allem ein antideutsches Bollwerk im Südosten Europas, das im Grunde nie etwas anderes als ›Groß-Serbien‹ sein sollte und auf das man nicht verzichten darf. [...] Die Politik der Habsburger und des deutschen Kaiserreiches im kroatisch-bosnisch-serbischen Raum war nie gegen eine andere westliche Macht gerichtet. Sie diente allein originären, defensiven Interessen, das heißt, der Fortexistenz der Donau-Monarchie. Die französisch-britische ›Groß-Serbien‹-Politik hingegen entsprang nie einem ursprünglichen Interesse beider Mächte. Sie verfolgte allein das Sekundär-Ziel, deutschen Einfluß zu brechen und an seiner Stelle antideutsche Bastionen zu schaffen.«

Es versteht sich von selbst, daß solche Lagebeurteilungen in den anderen Ländern ihre Entsprechungen finden, zumal die Elite überall in den gleichen Kategorien denkt. Weil ihre Haltung mit logischer Konsequenz eine bestimmte Entwicklung impliziert, sind seither Prognosen keine bloßen Spekulationen. Das Schicksal der Bande ist, daß sie am Erfolg zugrunde geht, in dessen Erwartung sie sich bildet. Die Funktion der Beute wiederum – man kennt das aus jedem Gangsterfilm – besteht darin, die Gauner erst zur vereinten Anstrengung und dann in den erbitterten Kampf gegeneinander zu führen. Solange der Schweißbrenner zischt, arbeiten die Halunken als solidarischer Zweckverband von habgierigen Egoisten einträchtig und diszipliniert Hand in Hand.

Das Ende dieser Phase und der Beginn der nächsten ist der Jubelschrei, wenn die demolierte Stahltür sich langsam öffnet und der Blick auf die vielen schönen Scheine fällt. Wie aus einer Kehle klingt der vielstimmige Jauchzer, weil alle denken: »Meins«. Es zeigt sich dann, wie Gemeinsamkeit in Zwietracht mündet, der Fachmann nennt das Dialektik. Denn nach und nach murksen die Gauner nun einander ab, und der Film ist aus, wenn alle tot sind oder zumindest hinter Gittern.

Im Unterschied zu Safeknackern freilich, die plausible Motive für ein Verhalten besitzen, das sich erst zum Schluß als unvorteilhaft erweist, schützen die reichen und mächtigen Nationen solche Gründe nur vor. Was aussieht, wie wenn es eine den Vampirismus an Perversität noch weit überbietende Lust am Aasgeiern wäre, nämlich das Herfallen über ein in Agonie liegendes Gebiet, wo man keine Reichtümer findet, sondern nur Haß und Tod, ist in Wahrheit die Suche nach dem Kriegsgrund. Sie, nicht die Aussicht auf Machtgewinn, erklärt die Gier der Bundesregierung, die den ganzen Kadaver zu wollen scheint, obgleich sie mit Slowenien und Kroatien schon mehr von ihrem Opfer gefressen hat, als der stärkste Magen verdaut. Um der Provokation willen, nicht um ältere Ansprüche geltend zu machen, hebt die Provinzpresse rühmend hervor, daß die gegen Jugoslawien gerichtete Wühlarbeit in Deutschland mit Duldung und Unterstützung lokaler Institutionen begonnen habe:

»Hier [in Stuttgart] fand vor Jahren schon, als Jugoslawien noch ein einheitlicher Staat war und die Kommunisten das Sagen hatten, die erste Großveranstaltung der neugegründeten demokratischen Parteien Kroatiens statt. Der runde Tisch auf dem Killesberg ist danach auch in Zagreb zu einem geflügelten Wort geworden. Und in der Liederhalle wurde wenig später auch der bosnische Wahlkampf eingeläutet. [...] Der neue runde Tisch sollte eine Sternstunde der Anti-Serbien-Koalition werden.« (*Stuttgarter Zeitung* vom 22.6.92)

Zu läppisch klingt die folgende Geschichte, als daß man die Selbstbeweihräucherung für bare Münze nehmen könnte. Denn jeder riecht den Braten, wenn das Lokalblatt unter dem Titel »Die Bewunderung für die Bundesrepublik kennt keine Grenzen« berichtet:

»Spranger ist in Tirana ein hochwillkommener Besucher. Die Visite beim Präsidenten war nur der Höhepunkt. Und am Abend versammeln sie sich alle [Regierungsmitglieder] mit Ausnahme des Präsidenten in einem unsäglich häßlichen Saal der deutschen Botschaft um einen Tisch herum, gerade so, als erwarteten sie vom Besucher, daß er die Sitzung des albanischen Kabinetts leite.« (*Stuttgarter Zeitung* vom 20.5.92)

Weil neben der Balkanpolitik des Westens der alte Imperialismus als die höhere Vernunft erscheint, beschreibt die *FAZ* bisweilen die Entwicklung in Kategorien, auf die einst die Linke das Monopol hatte. »Albanien ist ›dollarisiert‹«, meldete am 27.5.92 das Blatt, »alles ist dort auf Dollars ausgerichtet; im Kosovo und in Mazedonien dagegen ist die D-Mark die bestimmende Währung«, obgleich Albanien eigentlich nicht dollarisiert war, sondern demonetarisiert, d.h. pleite. Dergleichen Anspielungen täuschen die Existenz eines handfesten Interesses vor an ausgeplünderten, ruinierten Ländern, wo es für keinen mehr was zu holen gibt. Weil das niemand überzeugen kann, werden andere Gründe als die klassischen gebraucht für den Krieg, der herbeigeführt werden muß, weil nach den Regeln der Bandenbildung die postkommunistischen Gemeinwesen diesseits und jenseits des ehemaligen Eisernen Vorhangs unter Aktionszwang stehen.

Da einerseits keine materiellen Interessen erkennbar sind, zu deren Durchsetzung Gewalt ein zweckmäßiges Mittel wäre, und weil nach dem Zusammenbruch der Hoffnung auf eine gerechte Welt noch viel weniger irgendeine ausgearbeitete Idee von Gesellschaft existiert, für die zu kämpfen sich lohnen würde, kann es zunächst weder um Beute gehen noch um komplexere Dinge wie die Nation, die Republik, Herrschaftsverhältnisse, Ausbeutungsformen oder Ordnungsvorstellungen.

Begonnen wird der Feldzug deshalb im Namen eines primitiven Glaubens, der keine Unterscheidung als die zwischen Gut und Böse kennt. Als dessen Oberpriester bietet der fanatisierte Psychopath sich an, dessen Haß auf irgendeine Nation oder Volksgruppe die Intensität religiöser Verzückung erreicht. Allein ihres periodisch fast täglichen Erscheinens wegen ähneln die *FAZ*-Kolumnen des besessenen Serben-Hassers Reißmüller auf eine makabre Art der Andacht oder dem Gebet.

Selbst Reißmüllers Kolumnen aber, in denen die Greuelpropaganda sich selber parodiert, sind noch zu spitzfindig für die Bekehrungsphase. Gebraucht werden nicht Worte, sondern Bilder, Heiligenbilder und Teufelsdarstellungen zumal, deren moderne Version das Fernsehen liefert. Aus seinen Berichten über den jugoslawischen

Bürgerkrieg formt sich eine Welt, worin der Leibhaftige in Gestalt der Serben grundlos unschuldige, wehrlose Menschen hungern läßt und quält. Dem Reich des Bösen steht das Reich der Guten und Barmherzigen gegenüber, die den Opfern uneigennützig Schutz und Nahrung geben, wie es die Mutter beim Säugling tat – zentrales Element der Propaganda sind deshalb die Bilder von Kindern und Verletzten im Krankenhaus. Der Kampf zwischen Gut und Böse, die bewaffnete Caritas, »humanitäre *Aktion*« genannt, ist unvermeidlich, und zwangsläufig nimmt er die Form eines Kreuzzugs an.

Der Rest ist schnell erzählt: Unter Vorwand Nr. 1, von all den zahllosen hungrigen Mäulern dieser Welt gehörten am dringlichsten die in Sarajevo gestopft; ferner unter Vorwand Nr. 2, daß Sarajevo am nötigsten der kostenlosen Belieferung mit Medikamenten bedürfe, obgleich dort keine Cholera-Epidemie grassiert; und schließlich unter Vorwand Nr. 3, eine Stadt mit 300.000 Einwohnern müsse man nicht per Schwerlastverkehr, sondern könne man auch per Luftpost versorgen, schickte diesmal sogar die Bundeswehr zwei ihrer knattrigen Lastflieger los, jeder so effektiv wie ein mittelgroßer Lieferwagen.

Den Eingeschlossenen verhalfen die Kleintransporte nur zur selbstmörderischen Illusion, sie könnten sich auf westlichen Beistand verlassen. Ihr wahrer Nutznießer aber waren die Transporteure selbst. Allein vom Gefühl der Nähe zum Kampfgeschehen schon berauscht, witterte der Bonner Oberkinkel im Außenamt Pulverdampf und gab wie ein Militär-Gouverneur über Serbien Tagesparolen an ihm vermeintlich unterstellte britische und amerikanische Verbände zum besten. In der Provinz kam bei den Meinungsmachern, die den Mittelstand mit Weltanschauung versorgen, echte Landserromantik auf.

»An der Front«, betitelte die *Stuttgarter Zeitung* vom

7.7.1992 ihren Leitartikel. Wie im alten Wehrmachtsbericht wurden darin Todesnähe und Tapferkeit besungen. »Flüge nach Sarajevo«, schwärmte der vor keiner Übertreibung zurückschreckende Verfasser,

> »kommen gegenwärtig fast Himmelfahrtskommandos gleich. Das Risiko, daß dabei deutsche Soldaten ums Leben kommen, ist nicht gering – und die Gefahr dürfte mit der Zahl der Flüge zunehmen. Gerade darum ist es richtig, daß sich der neue Außenminister Kinkel bei der SPD-Opposition rückversichert hat. [...] Das deutsche Balkenkreuz auf dem Flughafen von Sarajevo – wir werden uns an solche und ähnliche Bilder wohl oder übel gewöhnen müssen.«

Wo man sich ans Balkenkreuz gewöhnt, wird man sich freilich auch an Grabkreuze gewöhnen müssen, Gelbkreuz und Hakenkreuz sind nicht ausgeschlossen, aber eher unwahrscheinlich, und der Witz bei der Geschichte ist, daß es eigentlich eine Rote-Kreuz-Geschichte ist.[8]

Juli 1992

[8] In Somalia ist das Wesen der humanitären Aktion, der friedensschaffenden Maßnahme, inzwischen zur Erscheinung gekommen. Man kann sie vom Massaker nicht mehr unterscheiden. Die UN-Friedenstruppen, allen voran die der USA, führen sich wie Kolonialtruppen auf.

Das ist Wahnsinn da draußen

I.

Als die Verwüstung Jugoslawiens durch seine Bewohner im Sommer 1991 in die heiße Phase trat, lag es zwei Jahre zurück, daß die DDR-Bürger mit schlechtem Beispiel vorangegangen waren. Statt mit dem Schießgewehr zerschlugen sie im Herbst 1989 auf kalte Weise ihren Staat. Weil sie einander und die Lieben zu Hause nicht ertrugen, kamen sie einfach aus dem Urlaub in Ungarn, Polen und der Tschechoslowakei nicht zurück.[9] Sie erzwangen die Verlängerung der Reise sowie den Abstecher in die Bundesrepublik, wo schließlich alle, auch die damals Daheimgebliebenen, gelandet sind.

Nun hatten der große Widerwille und die Sehnsucht nach dem Tapetenwechsel auch Jugoslawien erfaßt. Dort allerdings gab es für die Menschen, die ihr Land und einander nicht leiden konnten, kein bequemes Entkommen. Schneller als in der Zone wurde auf dem Balkan aus Feindschaft Gewalt. Anfangs unterschied sie sich wesentlich von der, welche bald auch in Deutschland sich bilden sollte. In der Zone kam es vor, daß Asylbewerberheime brannten und deren Bewohner flüchten oder evakuiert werden mußten – wehrlose Zivilisten, Einzelperso-

[9] Damals nannte man es Republikflucht. Heute (am 1.9.93) trägt eine *ZDF-Sendung* »Über alleinstehende Mütter« den Titel »Väter auf der Flucht«.

nen, winzige Minderheiten, Frauen, Kinder. In Jugoslawien kam es zu den ersten schweren Schießereien zwischen bewaffneten Verbänden im Nationalitätenstreit.

Hoyerswerda war schon die Vertreibung und Verfolgung Wehrloser, Vukovar war noch das Gemetzel zwischen bewaffneten Gruppen. Beide Orte markieren die große Linie und die kleinen Unterschiede. Hier wie dort hieß die Aufgabe Kapitalvernichtung. In der Zone zerlegten deren Opfer im Rahmen von Beschäftigungsprogrammen ganz manierlich Rohr für Rohr ihren alten Arbeitsplatz, um die aus Feigheit heruntergeschluckte Wut dann an Hilflosen auszutoben. Demgegenüber war es in Jugoslawien so, daß man die Fabrik wenigstens explodieren sehen und an der Knallerei ein bißchen Freude haben wollte, wenn schon alles vor die Hunde ging.

Mittlerweile spielt das Lokalkolorit keine Rolle mehr. In Jugoslawien kristallisiert sich aus dem Chaos des Übergangs bei allen Parteien die postkommunistische neue Ordnung heraus, die der Lager mit dem Schwerverbrecher als Kommandanten an der Spitze. Keineswegs sind die Lager nur Begleiterscheinung des ethnisch reinen Nationalstaats, vielmehr sind sie dessen Muster. Nirgends als im Lager der Gegenpartei sind Kroaten, Serben und Muslime so ausschließlich unter sich.

Weltweit waren seit zehn Jahren schon die Menschen dabei, sich mal wieder wie im Käfig zusammengesperrte Ratten zu verhalten. Dreht der Versuchsleiter die am Laufrost liegende Spannung hoch, werden die Tiere unruhig, dann aggressiv, schließlich beißen sie einander tot. Anfangs wirkt das Kribbeln unter den Füßen sogar belebend, die Ratten werden unternehmungslustig, dem Menschen fallen Parolen ein, wie sie der friedensbewegte Gollwitzer 1981 formulierte:

> »Kein Deutscher kann diese bedingungslose Unterwerfung der Interessen unseres Volkes unter fremde Interessen, diese Auslieferung der Verfügung über die Existenz unseres Volkes an eine fremde Regierung hinnehmen.«

Der Tatendrang vermischte sich mit Größenwahn, wenn einer wie Havemann von Breschnew den »Abzug aller Besatzungstruppen« aus Deutschland verlangte und drohte:

> »Wie wir Deutsche unsere nationale Frage dann lösen werden, muß man uns schon selbst überlassen, und niemand soll sich davor mehr fürchten als vor dem Atomkrieg.«

Früher als andere hatten die katastrophensüchtigen und machtfixierten Deutschen den Zusammenbruch jener Welt gewittert, worin der Ostblock und sein Gegensatz zum Westen ein stabilisierendes Element für die übergreifende Herrschaft des Kapitals gewesen waren. Ihr vermeintlicher Protest gegen die Dominanz der Blöcke zielte in Wahrheit auf deren beginnende Schwächung und die mit ihr verbundene Unsicherheit. Früher als anderswo regte sich deshalb hier der Trieb, das eigene Schäfchen schnell noch ins Trockene zu bringen, die Wäsche vom Balkon zu holen, die Fenster mit Balken zu vernageln, Vorräte zu horten und für Waffen zu sorgen. Typisch für diese Phase ist, daß die Linken verlangen, man dürfe die nationale Frage nicht den Rechten überlassen.

Der Fortgang der Geschichte folgt dann dem Ablaufschema der Panik, wo die Menschen einander tottrampeln, weil jeder sich in Sicherheit bringen will. Als Gefangene der fixen Idee, um jeden Preis die eigene Haut retten zu müssen, bearbeiten schließlich in Südafrika Anhänger der Zulu-Bewegung ihre gleichfarbigen Gegner mit dem Hackebeil und korrigieren auf diese Weise das Bild, das sich Rassisten vom Rassismus machen. Das Schlimmste geschieht, um Schlimmeres zu verhindern – in Äthiopien, Afghanistan, Sri Lanka sowie dem Sudan. In Kämpfe verwickelt sind Armenier, Aserbeidschaner, Gagausen, Moldawier, Georgier, Osseten, Inguschen, Tschetschenen, Kosaken, Kurden, Sunniten, Schiiten, Paschtunen etc. Das *Wer gegen wen* überblickt keiner mehr, zumal die Beteiligten selber es oft nicht wissen.

II.

Ebenfalls im Sommer 1991 bewies der kläglich gescheiterte Moskauer Putschversuch, daß die Sowjetunion wenig Freunde hatte. Weder betrauerte die Bevölkerung den Verlust dessen, was in besseren Zeiten als Heimat oder Vaterland angeschmachtet worden war, noch zeigte irgendeine Instanz oder Gruppe von Bedeutung sich an einem Rettungsversuch interessiert. Als einige wenige Nostalgiker in Partei und Armee das Elend nicht mehr mit ansehen mochten, und als sie in einem Anfall von Sentimentalität müde nach dem Präsidenten schnappten, dem vermeintlich Hauptverantwortlichen für den Ruin, war der kraftlose Griff obendrein einer ins Leere, denn längst teilten rivalisierende Provinzhäuptlinge sich die Kontrolle über das Land, skrupellose Figuren wie Jelzin, Krawtschuk, Snegur.*

* Leonid Krawtschuk war zwischen 1991 und 1994 der erste Präsident der Ukraine, Mircea Snegur zwischen 1991 und 1997 der erste Präsident Moldawiens nach dem Zerfall der Sowjetunion. (A.d.H.)

Nicht nur sehen die bulligen Typen mit der Mischung aus Brutalität, Jovialität und Verschlagenheit im Gesicht alle wie Abziehbilder Breschnews aus, sondern sie sind das zur Erscheinung gekommene Wesen jener Kreml-Chefs, die vor Jahrzehnten schon sich der »friedlichen Koexistenz« verschrieben hatten, dem unbedingten Erhalt der Macht, auch um den Preis des Verzichts auf ihren revolutionären Zweck. Das Doppelmoppelwort vom »real existierenden Sozialismus« hatte auf den Beifall der im Alltag gefangenen Massen spekuliert. Es sollte die Linksradikalen als weltfremde Spinner denunzieren, unfähig zur Einsicht, daß der Spatz in der Hand besser ist als die Taube auf dem Dach. An der revolutionären Idee eines Vereins freier Produzenten, die zur materiellen Gewalt würde, wenn die Menschen sie begriffen, hing lange vor Gorbatschow keiner mehr.

Den Glauben an eine künftige solidarische Menschheit hatte der Götzendienst am existierenden autoritären Wohlfahrtsstaat ersetzt. Der war das kleinere Übel, also von großem Nutzen, wenn man ihn mit frühkapitalistischem Terror oder dem Grauen in der Dritten Welt verglich. Innerhalb einer vom Kapital beherrschten Welt aber mußte er dennoch ein vorgeschichtliches Gewaltverhältnis bleiben. Dessen Verkitschung zum »sozialistischen Vaterland« oder »Vaterland der Werktätigen« war systematische Ausbeutung der reaktionären Instinkte, auf welchen der Zusammenhalt im Gemeinwesen gründet, das von seinen Mitgliedern nicht durchschaut werden darf.

Weil sie nicht mehr die Befreiung der Menschheit von Ausbeutung und Unterdrückung wollten, sondern die Stabilisierung der Sowjetunion und ihres Machtbereichs, glichen die resignierten Kommunisten mit dem Vorstellungsvermögen eines sozialdemokratischen Gewerkschaftsfunktionärs bei der »Neuen Heimat« sich weltweit den Wilden an, die ihren Gott lieber als Stück Holz in der Tasche denn als Vorstellung im Kopf besitzen wollen. Am Ende zeigte sich, daß die banalen Gewißheiten des verdinglichenden Denkens die allergrößten Illusionen sind. Die Fetischisten, die sich für Realisten oder gar Materialisten hielten, hatten Luftschlösser gebaut.

Millionen Büros, Dienststellen, Funktionäre, Mitglieder, Jubler, Agenten, Soldaten und Polizisten schienen die Existenz des Ostblocks auf unabsehbare Zeit zu garantieren, wie heute der Westen unüberwindbar scheint. Vergessen wurde damals und wird heute, daß gesellschaftliche Verhältnisse sich ebensowenig auf ihre Elemente reduzieren lassen wie ein Gemälde auf Anzahl und Qualität der verwendeten Farben. Das größte Staraufgebot garantiert im Kino keinen Kassenknüller, wenn der Regisseur ein langweiliger Pfuscher war. Millionen Polizisten nützen dem Machthaber nichts, wenn sie seinen Befehlen nicht folgen.

Als Kohls Gefangener lernte Honecker den äußerlich imposanten Verein von innen kennen, als dessen Vorsitzender er sich mächtig glaubte. Die gleichen Leute – vormals SED, jetzt PDS – die dem Staatschef auf speichelleckerische Weise gehuldigt hatten, wenn er dumme und langweilige Reden schwang, gaben sich später dafür her, die Figur zu verleugnen, welche Honecker seit seiner Entmachtung geworden war: ein aufrechter Antifaschist, der erste über die Staatsgrenzen hinweg politisch Verfolgte und Verschleppte des Vierten Reichs.

Nichts hatten die Gysis aus den Fehlern ihres ehemaligen Chefs gelernt, der im Unterschied zu ihnen unter den Nazis bewies, daß er auch Widerstand leisten konnte. Sie überboten ihn noch an falscher Beflissenheit, wenn sie aus Parteiräson taten, was er aus Staatsräson tat, nämlich die Idee und die Genossen dem Buhlen um die Gunst der Machthaber und des Publikums zu opfern. Den einen, der festgehalten wurde unter derart kindischen Vorwänden, daß man sie nicht mal zurückweisen oder entkräften mochte, und dessen Schuld nur das Resultat ihrer tausendfachen Feigheit gewesen sein konnte, klagten die Ex-Kommunisten an, daß er sie verdorben habe, weil sie der irrigen Meinung waren, daß sie Reue zeigen und Besserung geloben, kurz: mit den Wölfen heulen müssen, um auf Resozialisierung hoffen zu dürfen.

Vom pädagogisch ambitionierten Kommunismus verwöhnt, wo dergleichen Demutsgesten und Loyalitätsbekundungen bisweilen so fürstlich honoriert wurden, daß Altnazis zu hohen Ämtern kamen, täuschen sie sich sehr über den Westen, der sich vor lauter Freunden der Demokratie und Anhängern der freien Marktwirtschaft neuerdings kaum retten kann. Gesinnungsgenossen mit Anspruch auf Alimentierung gewinnen will der Westen längst nicht mehr, ihm fehlen statt der Anhänger die Gegner. Blind für die Realitäten krochen die Ex-Kommunisten vor dem neuen Staat, wie sie vor dem alten krochen, während Honecker doch gerade in Moabit die Quittung dafür bekam, daß es das oberste Ziel der DDR-Diplomatie gewesen war, sich bei den Westmächten Liebkind und auf internationalem Parkett eine gute Figur zu machen.

In der Zelle konnte Honecker sich fragen, ob er recht daran tat, im Herbst 1987 durch die BRD zu tingeln und dort der gleichen Bourgeoisie zuzuprosten, die Auschwitz, zwei Weltkriege und zahllose Genossen auf dem Kerbholz hat. Statt, wie es schien, Verrat zu üben, als sie den gleichen SED-Chef wie einen lumpigen Verbrecher behandelte, den sie vor fünf Jahren als Staatsmann und Staatsgast ehrte, blieb die Bundesregierung nur dem

Grundsatz treu, daß Kommunisten zu verfolgen seien, wo dies die Umstände erlauben.

Teilweise seit über 15 Jahren schon saßen RAF-Häftlinge im Knast, als Honecker und Kohl freundlich grinsend gemeinsam vor die Presse traten, gar nicht zu reden vom Radikalenerlaß und vom KPD-Verbot. Nicht für den Kommunisten, sondern für den Staatschef wurde in Bonn der rote Teppich ausgerollt. Daß Honecker auf dem Ding herumstolzierte, bewies, daß er mit dieser Gockelrolle so zufrieden war, wie die PDS-Genossen heute glücklich sind, wenn sie im Bundestag sitzen und in der Talkshow mitplaudern dürfen.

Wer aber nur am Ruder bleiben will, bleibt es nicht. Die Könige wußten, warum sie sich als Untertanen Gottes und oberste Diener des Gemeinwesens verstanden. Sie taten es, weil die Führer nichts daran ändern können, daß ihr Verhalten beispielgebend wirkt.

Wahrscheinlich wird Honecker nie begreifen, daß er der erste von Zehntausenden war, die in die Bundesrepublik kamen wegen des Begrüßungsgeldes, das zwar in seinem Fall anders hieß, aber für den gleichen Zweck bestimmt war, für die Festigung der Macht durch Befriedigung der Habgier demoralisierter Massen. Die hatte Honecker mit den erbettelten Milliardenkrediten kaufen wollen. Aber sie durchschauten den Handel und kamen zu dem Schluß, daß der Mittelsmann nur Prozente nimmt, die man sich bei direktem Zugang zur Quelle würde sparen können. Statt nach der Devise »gut ist, was mir, der Partei oder dem Staat nützt« zu handeln, müssen die Machthaber sich einer Idee unterordnen, wenn sie Unterordnung erreichen wollen. Verweigern sie den Gehorsam, finden sie selber keinen und bringen ihresgleichen in solcher Überzahl hervor, daß die Herrschaft im Kampf aller gegen alle endet.

Das seit den 50er Jahren bestehende und dem Hitler-Stalin-Pakt nachgebildete Arrangement des Ostblocks mit der Fortdauer des Kapitalismus lief zwangsläufig aufs Akzeptieren von dessen Spielregeln hinaus. Nur ist der Kapitalismus kein Spiel, und schon gar keins, bei dem jeder mitmachen kann. Den Klassenfeind im friedlichen Wettstreit um den ersten Platz unter den Automobilproduzenten übertreffen zu wollen, wie Chruschtschow gelobte, verriet das Gemüt eines ignoranten Großmauls. Denn nur das Kapital kann die Arbeiter dazu bringen, acht Stunden lang sich am Fließband für das fragwürdige Vergnügen zu schinden, daß man während der Anfahrt zur Fabrik solo im eigenen Wagen sitzen darf. Derlei als »Aufbau des Sozialismus« zu begreifen, war das Mißverständnis einer Führungsclique, die vom »Kommunistischen Manifest« wenig hielt, viel aber von Datscha, Dienstwagen und Devisen.

Der Rest war »Wandel durch Annäherung« dergestalt, daß die leitenden Kader mit der Rentnermentalität es sich gemütlich machten in den Verhältnissen, die für unumstößlich galten. Auf das Bewußtsein, einerseits nichts mehr ändern zu können, gleichsam am Ende zu sein, andererseits aber fest im Sattel zu sitzen, reagierte der Osten wie der Stehkragenproletarier auf die Festanstellung, nämlich mit der Aufnahme von Krediten, deren Vergabe in diesem Fall »Neue Ostpolitik« hieß.

Während Brandt und Breschnew sich zur Feier des schmutzigen Geschäfts vollaufen ließen wie zwei alte Saufkumpane, orientierten sich die nüchtern gebliebenen Funktionäre um und übten lange vor Gorbatschow das »Neue Denken«. Zum Gläubiger aufschauen hieß, nach Westen zu blicken, in der Ferne das eigene Vorbild zu erkennen, unter gesellschaftlicher Macht allmählich die Lizenz zur Durchsetzung eigener Vorteile zu verstehen und darunter irrtümlicherweise nichts als das Erschnorren von Privatbesitz.

Als Folge des Schuldnerstatus, den der Osten angenommen und welcher den Klassenfeind in einen Geschäftspartner verwandelt hatte, fand ein schleichender Machtwechsel statt, der die Gesinnung des Lumpenproletariats an die Spitze brachte, das bekanntlich in den Kategorien von Schenken und Pumpen denkt und zwischen Verkauf und Verrat nicht unterscheidet.

Nicht erst unter Gorbatschow war die korrupte Kaste habgieriger und verantwortungsloser Funktionäre entstanden, die nacheinander als linientreue Kommunisten zu Ämtern, als Reformer zu Einfluß und als Antikommunisten zu ramschartigem Reichtum kommen sollten. Die Asozialen an der Spitze waren vielmehr das Produkt einer Entpolitisierung, die unter dem Namen »Entspannungspolitik« Anhänger gewann. In Gorbatschow fand sie nur ihren beredten Ideologen, glänzenden Propagandisten, gefälligen Ausdruck und Starverkäufer im Außendienst. Im Namen von Glasnost wurden der Nepotismus, die Betrugsaffären und Bestechungsskandale aus der späten Breschnew-Ära angeprangert, aber nur, um gleichzeitig im Namen von Perestroika den Motiven und Methoden der in die Skandale Verwickelten den Status von Legalität und Legitimität zu verschaffen. Am Ende besaß der entmachtete Kremlchef mit der Gabe, schier endlos von geistigen Dingen zu schwafeln, mehr rechtmäßig erworbenes Vermögen, als ein ehrlicher Gauner wie Breschnews Schwiegersohn je beiseite schaffen konnte. Gorbatschow wurde reich, während die Massen verarmten.

Fraglich ist nur, ob er Gelegenheit haben wird, seinen Reichtum auch zu genießen. Denn wenn das Hauptinteresse der politischen Führungsschicht auf ganzer Breite den Nebeneinkünften gilt, heißt dies, daß sie nicht mehr herrschen kann. Vom Verlust der Macht zum Verlust des Besitzes aber ist es unter Räubern nur ein Schritt.

III.

Wohin das führt und wie das kommt, war in Somalia[10] zu studieren, wo die Banditen, die im Kampf gegeneinander das Land ruinierten, auf den völkischen Mummenschanz verzichten mußten. Zur Verwunderung der Edelrassisten, die den Schein für das Wesen nehmen und die modernen Bandenkriege als ethnische Konflikte betrachten, sprechen in Somalia die verfeindeten Sippen die gleiche Sprache, besitzen die gleiche Religion und gehören zum gleichen Stamm. Die *Stuttgarter Zeitung* vom 13.8.1992 hob hervor:

> »Somalia ist praktisch das einzige Land Schwarzafrikas, dessen Bevölkerung nur einem Volk angehört, die eine Sprache spricht und einer Religion anhängt. Die europäische Schablone von den ›Stammeskriegen‹ stimmt hier also überhaupt nicht, was nichts daran ändert, daß die Gegner, Angehörige unterschiedlicher

[10] In der Sowjetunion selbstverständlich auch. Über die Entwicklung Georgiens las man nach dem Fall Suchumis: »Politisch aber ist Georgien unter allen Nachfolgestaaten der UdSSR derjenige, in dem eine unterirdisch schleichende ›Privatisierung‹ der Wirtschaft noch unter roter Flagge eine Fülle um das öffentliche Besitztum rivalisierender Clans schuf, die sich heute mit der Waffe in der Hand gegenüberstehen.« (*Stuttgarter Zeitung* vom 1.10.1993) Der extreme georgische Nationalismus, welcher Gamsakhurdia an die Macht gebracht hatte, war die ideologische Überhöhung eines Zweckbündnisses rivalisierender Banden gewesen. Im Moment, wo ihr gemeinsamer Gegner geschlagen war, fielen sie naturgemäß übereinander her.

Sippen, mit geradezu alttestamentarischer Unerbittlichkeit aufeinander losgehen. Einig im Kampf gegen den Diktator Siad Barre, zerstritten sich die Alliierten nach dem Sieg Anfang vergangenen Jahres. Das Land, das früher eine Art Privatbesitz des heute friedlich in Nigeria lebenden Siad Barre war, ist die Beute von Soldatentrupps, Milizen und Banden, deren Rivalität sich nicht durch politisch-ideologische Differenzen, sondern allein durch den Willen zur Macht begründet.«

Am Anfang stand in Somalia eine Art von Regime, dessen höchste Vollendung Mobutu verkörpert. Jahrzehntelang wurde dieser Diktator vom Westen mit allen Mitteln unterstützt, nach der Devise: »Er ist zwar ein Schurke. Aber er ist *unser* Schurke.« Am 15.8.1992 schrieb sogar die *FAZ* über ihn:

»Als er 1965 an die Macht gelangte, galt er als mittellos; heute könnte er mit seinem Privatvermögen, das auf mehrere Milliarden Dollar geschätzt wird, die Schulden seines Landes aus eigener Tasche bezahlen.«

Verglichen mit Mobutu war Siad Barre ein kleines Licht und deshalb billig zu haben. Für die Erlaubnis, daß die GSG 9 eine entführte Lufthansamaschine in Mogadischu stürmen durfte, hatte im Jahr 1977 die Bundesregierung lumpige 35 Millionen Mark an den somalischen Präsidenten gezahlt, ohne lange nach dem Verwendungszweck zu fragen.

Der Handel begründete eine dauerhafte Geschäftsbeziehung, der vorher dem sozialistischen Lager zugerechnete Staat war bald mit Deutschland befreundet und vom Westen begünstigt. Mit dem Geld des Gönners kamen auch dessen Grundsätze ins Land, nur nahmen die Eingeborenen sie allzu wörtlich. Unter »freiem Spiel der Kräfte« wurde dasjenige der Streitkräfte verstanden, und unter Demokratie, daß jeder sich an den Schießereien beteiligen darf.

IV.

Zum gleichen Zeitpunkt, als in Somalia der Verteilungskampf um die versiegenden Westmillionen immer härter wurde und allmählich in die letzte Runde ging, war anderswo ein ähnlicher Verteilungskampf schon gelaufen.

Die Vorgeschichte: Ums Jahr 1985 herum hatte die freie Marktwirtschaft sich den Ostblock noch nicht erschlossen, wohl aber die Armenviertel von Los Angeles. Neue und begeisterte Anhänger fand die alte Idee unter den Jugendbanden, die bislang als Nachbarschaftsvereine Gleichaltriger mit dem Unternehmertum eher auf Kriegsfuß gestanden hatten. Man war in der gleichen Gosse aufgewachsen, hielt zusammen, prügelte sich mit den Jungs von der anderen Straßenseite, verteidigte das Revier, erfand Rituale, gehorchte dem Boß, war arm und klaute auch mal ein bißchen. Vor allem aber stahl man, da Arbeitsplätze Mangelware waren, und solange es noch Sozialhilfe gab, dem lieben Herrgott die Zeit. Im Zentrum der kapitalistischen Raserei hatte sich eine Enklave gebildet, wo der Rhythmus des Alltags ein wenig dem Schlendrian glich, der in den sozialistischen Ländern eingerissen war.

Mitte der 80er Jahre flog die Idylle auf. Kokain dynamisierte die träge, selbstgenügsame Szenerie, weil es für eine Welle von Existenzgründungen sorgte. Ehemalige Jugendbanden nahmen den Charakter von Dienstleistungsunternehmen an, Nachbarschaftsvereine verwandelten sich in Vertriebsorganisationen. Die Reviere, zuvor bloß Hoheitsgebiete, stellten als sichere Absatzmärkte nun einen Wirtschaftsfaktor dar. An die Stelle antiquierter persönlicher Freundschafts- oder Treueverhältnisse traten die Betriebshierarchie und das egoistische Streben nach Geld. Damit nahm das Schicksal seinen Lauf:

> »Die Jagd nach persönlicher Bereicherung wird zum universellen Ideal aller Mitglieder der Gesellschaft, was verbissene individuelle Konkurrenz in allen gesellschaftlichen Bereichen nach sich zieht, auf Kosten von Solidarität und Kooperation.«

V.

Dergleichen Befunde sind weder neu noch originell, und nur um die Ähnlichkeit zwischen Phänomenen zu zeigen, die zusammengehören, obgleich sie räumlich und zeitlich weit entfernt sind, wurde diese Passage nicht aus einer Studie über Amerika zitiert, sondern aus Ernest Mandels 1969 erschienenem Buch »Jugoslawische ökonomische Theorie«.

Es untersucht die Frage, was es wohl auf sich hatte mit jener Sozialismusvariante, in deren Beschreibungen viel von »Arbeiterselbstverwaltung«, »Blockfreiheit«, »sozialistische Marktwirtschaft« »Dritter Weg«, »... mit menschlichem Antlitz« die Rede war – damals, als konservative Blätter wie die *FAZ* die Serbokommunisten ihrer ökonomischen Vernunft wegen herzten und SPD-Funktionäre so begeistert zurückkamen von den Gesprächen mit Titoisten an der schönen Adria, daß Brandt dem Vielvölkerkerker einen Fünfmilliardenkredit spendierte.[11] Nach Mandels Auffassung liefen das jugoslawische Modell und besonders die im Westen als Liberalisierung gepriesenen Wirtschaftsreformen anfangs und Mitte der 60er Jahre auf eine Mischung aus Frühkapitalismus und Sozialstaat hinaus, welche die Gesellschaft allmählich zerrütten würde:

> »Phänomene wie weitverbreitete Korruption, Prostituierung, Käuflichkeit von Feder und Geist, ständiger Abbau gesellschaftlicher Ideale und des gesellschaftlichen Idealismus bei der Jugend müssen in einer solchen Atmosphäre unweigerlich gedeihen.«[12]

Was damals als schärfste Kritik an einem Gesellschaftstyp galt, den der Westen als Musterknaben unter den sozialistischen favorisierte, liest sich heute wie Schönfärberei. Wo Mandel sich um den gesellschaftlichen Idealismus der Jugend sorgte, bildete sich gerade eine staatliche Menschenhändlerorganisation heraus, die ganz Westeuropa mit der Ware Arbeitskraft versorgte.

Die Ausgestoßenen rächten sich und kamen mit D-Mark in der Tasche als Aufkäufer zurück. Im sozialistischen Jugoslawien gab es Wohnungsnot und viele leerstehende Häuser, deren Besitzer im Ausland arbeiteten und die Immobilie als Altersruhesitz erworben hatten. Die Zurückgebliebenen, die Versager, rächten sich ebenfalls, indem sie die erfolgreicheren Abtrünnigen kräftig molken. Eine typische Gastarbeiterreise in die Heimat

[11] Peter Costas, Jochen Schulz zur Wiesch, Elisabeth Stein: »Jugoslawien auf dem ›Dritten Weg‹ – zum Kapitalismus«. Erschienen in der Zeitschrift *Sozialistische Politik* Nr. 9, Dezember 1970.

[12] In Rußland besitzt heute unter jungen Mädchen der Beruf der Prostituierten das höchste Sozialprestige. Auf den nächsten Plätzen: Professorin und Fleischerin.

begann mit Tütenschleppen am verkaufsoffenen Samstag. An der Grenze kassierte das Vaterland von den Lasteseln mächtig Zoll. Dann kamen die Verwandten, die alle nur eines wollten, nämlich haben, und die sämtlich eines nie bekamen, nämlich genug. Folglich sah jeder im anderen entweder den geizigen Krösus oder den unersättlichen Schnorrer. In Jugoslawien setzte ein Arbeiter in der Regel allen Ehrgeiz daran, auf den gleichen Leistungslohn wie der Schwager in Mannheim zu kommen, der das zehnfache Monatsgehalt bezog. Folglich reduzierte er seine produktive Tätigkeit auf ein Minimum. Lange bevor der Staat Jugoslawien zerbrach, war die Gesellschaft in asoziale einzelne zerfallen. Zur individuellen Konkurrenz, in welcher – wir sprechen wieder von Los Angeles – die Mitglieder der Bande zueinander standen, kam freilich eine andere hinzu, nämlich die zwischen den Banden selber. Ein Revier abzustecken und dort keine andere Bande zu dulden, war zuvor eine Frage des Selbstwertgefühls gewesen, eben Ehrensache. Dafür prügelt man sich oder riskiert auch eine Messerstecherei, aber man greift nicht gleich zum Gewehr. Die schwereren Waffen kamen zum Einsatz, weil aus der Kontrolle über ein paar verwahrloste Straßen die Kontrolle über einen millionenschweren Absatzmarkt geworden war.

Außerdem sah jede Bande sich mit dem typischen Problem des Existenzgründers konfrontiert, daß immer alle auf die gleiche Idee kommen und dann die Konkurrenz beginnt. Die Einzelheiten hat Susanna Elm in ihrem Artikel »Am Ende erschlagen sie ihre Brüder – Aufstieg und Zerfall der Jugendbanden von Los Angeles« beschrieben, der wiederum eine Untersuchung der Universität Berkeley referiert und dort erhobenes Interviewmaterial zitiert. Er erschien am 20. Juni 1992 in der *FAZ,* nachdem Ende April/Anfang Mai bei bürgerkriegsähnlichen Unruhen in

Los Angeles rund 60 Menschen ums Leben gekommen waren und ganze Viertel aussahen wie Vukovar nach der Zerstörung. Susanna Elm also über die Entwicklung der Marktwirtschaft, dargestellt an einem Musterfall:

> »Es war nur eine Frage der Zeit, bis der Kokain- und Crackmarkt die Folgen einer Angebotsübersättigung zu spüren bekam. Die Konkurrenz verschärfte sich, Preise und Gewinne sanken. Bis zu einem gewissen Grad konnten die Wirtschaftsgangster durch neue Verkaufsgebiete und Käuferkreise die Gewinneinbußen auffangen: ›O.k., in meinem Gebiet kann man jetzt nur noch einen minimalen Gewinn im Drogenhandel erzielen. Also versuchen sie, Gebiete zu erobern, und alles wird so durcheinander und eingepfercht. Das einzige, was sie trennt, ist eine Straße. Auf dieser Seite die eine Bande und auf jener Seite die andere Bande.‹ Doch der Konkurrenzkampf wurde immer härter. Für die Banden bedeutete das: ›Mehr Artillerie. Jeder hat jetzt ein Gewehr. Jeder. Kleine Künder rennen mit Gewehren durch die Gegend. Dieselben Gewehre, die die Polizei hat, die kleinen Jungs haben die auch. Und die schießen.‹«

Ende der 80er Jahre standen die Jugendbanden in den Armenvierteln amerikanischer Großstädte also vor dem gleichen Problem, mit dem die Länder der Dritten Welt und der Ostblock zu kämpfen hatten. Im einen Fall waren es die Drogen, im anderen die Rohstoffe, die sich nur noch zu Dumpingpreisen verkaufen ließen. Überhaupt hatte die Weltwirtschaft den Punkt erreicht, wo Absatzgewinne ausschließlich zu Lasten der Konkurrenten gehen, was zu heftigen Verteilungskämpfen und damit zu Siegern und Verlierern führt. Die GAT-Verhandlungen traten auf der Stelle, die USA lagen mit Japan und die EG lag mit allen beiden im Handelsstreit. Die in der Schuldenkrise steckende Dritte Welt wurde immer ärmer, in der UdSSR gab es nichts zu kaufen, und in Jugoslawien hatte man kein Geld. Doch während im internationalen Maßstab der Braten gewissermaßen noch in der Röhre schmorte, hatte man in Los Angeles schon die nächste Etappe erreicht, freilich noch lange nicht die letzte.

VII.

Die vorletzte brach an, als im Jahr 1990 Bushs Anti-Drogen-Programm zu wirken begann. Das Bündel von Gesetzen und Erlassen machte zusammen mit bewilligten Millionensummen paramilitärische Einsätze gegen die Stützpunkte der Banden möglich, ganze Straßenzüge wurden bei Verdacht durchsucht oder nachts von den Suchscheinwerfern der Polizeihubschrauber ausgeleuchtet. Im eigenen Land wurde eine Aktion ausprobiert, die sich demnächst in Bosnien oder Serbien mit ähnlichem Erfolg wiederholen könnte, nämlich die Zerschlagung von Gebietskörperschaften, die nichts als das Streben nach Geld und Macht zusammenhält. Statt unter dem Druck einer als ungerecht empfundenen Verfolgung noch enger zusammenzurücken, zerfallen die Banden im Maße, wie die Gewinne sinken. Im Sommer 1991, schreibt Susanna Elm, registrieren Soziologen aus Berkeley das Auseinanderbrechen der schwarzen Jugendbanden in den Stadtteilen Compton, Watts und Inglewood:

> »An die Stelle der Verteilungskämpfe rivalisierender Banden, etwa zwischen den *Bloods* und *Crips,* ist der Kampf jedes gegen jeden getreten. Eine Welle bei-

> spielloser Brutalität überzieht die Viertel, in denen die *gangs* entstanden. [...] ›Da draußen, da herrscht Krieg‹, erzählt einer von ihnen, ›ja, zwischen *Bloods* und *Bloods*. Mein *homeboy* hier, der kam neulich zu mir. Er war auf 'ner Party, einer der *homeboys* hatte ne Party, und die ganze Bande war da. Ein paar waren also auf der einen Seite vom Zimmer und ein paar auf der anderen Seite. Und die fangen an, direkt aufeinander zu schießen. Verdammt, das ist Wahnsinn da draußen.‹«

Wahnsinn also – ein Wort, drei Orte, drei Bedeutungen: Jubel in Berlin 1989, als die Mauer fiel; Entsetzen in Los Angeles 1991, als die *Bloods* Jugoslawien im kleinen spielten; und Verzweiflung in Sarajevo 1992, als die Milizen außer Kontrolle gerieten. Ein knappes Jahr nach der blutigen Party tobten in den Stadtteilen Compton, Watts und Inglewood die Ausschreitungen, Plünderungen und Brandschatzungen am heftigsten, die Nationalgarde griff ein, der Notstand wurde ausgerufen, und Ausgangssperren wurden verhängt. Der Wahnsinn hatte die ihm gemäße Normalität hervorgebracht, den Aufstand des Mobs und seine Niederwerfung durch das Militär, dessen Einsätze friedensschaffende oder friedensbewahrende Maßnahmen heißen.

August 1992

Nachtrag

Der Wahn hat zwei Seiten. Die eine: Afghanistan wird nach dem Abzug der sowjetischen Truppen beherrscht

> »von Banditen, die im Namen von Islam oder Politik rauben, brandschatzen und morden, Mohn- und Hanfbauern, die am Drogengeschäft mitverdienen, oder Cliquen, die in irgendeinem Teil Afghanistans ein Zipfelchen Macht in Händen halten.« (*Stuttgarter Zeitung* vom 15.8.1992)

Seit dem Zerfall der Sowjetunion hat die

> »Kriminalität in Georgien unvorstellbare Dimensionen angenommen. [...] Die Nationalgarde hat beispielsweise Raffinerien und Treibstoffhandel in der Hauptstadt monopolisiert. Nach den Worten eines Tifliser Journalisten wächst sich so ›ordinäres Banditentum‹ zum Staatsbanditentum aus.« (24.6.92)

In Tadschikistan

> »suchte man günstige Ausgangspositionen für die anstehende Privatisierung der Staatswirtschaft zu gewinnen. Ein großer Teil der sich befehdenden Banden ist inzwischen freilich völlig außer Kontrolle; schneller noch als in den kaukasischen Fehden vollzieht sich ihre Verwandlung in kriminelle Mord- und Räuberhaufen.« (14.11.1992)

Die andere Seite ist, wenn ein Irrer sich dazu wiehernd auf die Schenkel klatscht. Manfred Geist, Chefredakteur der *Welt am Sonntag*, in der Ausgabe vom 25.10.1992:

»Beim nächsten Mal – wenn also wieder einmal ein geknechtetes, darbendes kleineres deutsches Teilvolk seine Fesseln abstreift, seiner Diktatoren ledig wird, und wenn der Regierungschef des [...] größeren deutschen Teilvolks ein solches politisches Vollblut [...] ist, der [...] als einziger die Kraft und den Dampf und die Chuzpe hat, diese Chance [...] unbeirrt zu nutzen, dabei noch einen roten Kreml-Diktator auf seine Seite zu ziehen und so unvorhergesehen das Vaterland zu einigen, was dann zur Ursache wird für den Zusammenbruch der halben Welt, nämlich der sozialistischen Supermacht samt umliegender Satelliten, wodurch eine Revision sämtlicher, nicht nur östlicher, sondern vor allem auch westlicher Wirtschafts-, Währungs- und Militärallianzen ausgelöst wird, in denen das vereinte Deutschland als stärkste Macht des westlichen Kontinental-Europas seine verträgliche Position nicht nur suchen, sondern auch finden muß –: beim nächsten Mal also, wenn so etwas passiert, bei der nächsten Wiedervereinigung, da machen wir alles besser.«

Rostock I: Ohne Fleiß kein Preis

Beinahe rührend wirkte der Hetzartikel in der *FAZ* vom 25. August, denn er klang nach der Nacht von Rostock wie das Pfeifen im Walde. Umständlich und pedantisch listete der Verfasser tausend Bedingungen auf, die erfüllt sein müssen, bevor die Landsleute die Mordlust packt:

> »Wird ein Anteil von fremdartigen, sich an die Sitten des Landes nicht einmal ansatzweise anpassenden Zuwanderern erreicht, die zudem in ihrer großen Mehrheit den Namen Asylbewerber nicht verdienen, und schafft es der Staat nicht, solche Leute nach kurzer Zeit abzuschieben oder besser gar nicht erst ins Land zu lassen, gibt es Eruptionen bei einer Bevölkerung, die selbst innerlich Asyl suchen möchte auf einer sozialstaatlichen Insel der seligen Sicherheit.«

Selige Sicherheit für die eigene Person und fürs eigene Land war es wohl, was der Rassist sich vom Anschwärzen der Fremdartigen erhoffte, mit welchen die Artfremden gemeint sind. Zufrieden wäre man schon, die Deutschen schlügen nur die anderen tot, hieß die ängstliche Botschaft, und solches Bangen war begründet.

»Det is mir ein innerer Reichsparteitag«, hatte der Volksmund Ostern 1991 die Ermordung Rohwedders kommentiert.

»Was für ein Land, dieses Deutschland: Ort aller Chancen und Abgründe. Vereint und zugleich tief gespalten. Gemäßigt und mörderisch. Wer löst das Rätsel?« gab ahnungsvoll damals *Bild* zu bedenken.

Nie klang eine Meldung von jenseits der Elbe so froh wie die Schlagzeile »Angeber-Wessi mit Bierflasche erschlagen. Ganz Bernau glücklich, daß er tot ist«.

Als in der Nacht vom 24. auf den 25. August 1992 dann die Rostock-Lichtenhagener vor dem brennenden Ausländerwohnheim mit seinen hundert vom Feuer eingeschlossenen Bewohnern »Oh Tannenbaum« sangen, war dies der bislang heftigste Ausbruch des gleichen Glücksgefühls, des einzigen vielleicht, das man hier seit der Einheit kennt.

Die Vorgeschichte: Als Schiffe der Bundesmarine Kurs auf die adriatischen Küstengewässer nahmen und die Luftwaffe den Anflug auf Sarajevo übte, sah es für einen Augenblick danach aus, als wäre Kinkel mit der Forderung, »Serbien in die Knie zu zwingen«, das Kunststück geglückt, die irrationale Sehnsucht aller nach dem Niedermachen, Fertigmachen, »zum Aussätzigen zu machen« (Rühe) zu stillen mittels eines außenpolitischen Aktionsprogramms.

Dann aber fiel den Deutschen ein, daß Serbien verwüsten Krieg bedeutet, und friedliebend, wie sie ohne den Glauben an einen ihre Allmacht verbürgenden Führer sind, entschieden sie sich für die andere Möglichkeit. Allein das Zahlenverhältnis von insgesamt 80 Millionen zu insgesamt 500.000 oder 160:1 bot bei den Asylbewerbern ausreichend Gewähr dafür, daß der Spaß weder teuer noch gefährlich würde. Hinzu kam, daß sie die einzige Personengruppe sind, deren Verfolgung keine diplomatischen Proteste des Herkunftslandes provoziert.

Natürlich griffen die Landsleute, die nie gegen einen

wirklichen Machthaber gewalttätig geworden sind, auch diesmal nur mit Genehmigung höchster Stellen zu. Zum Volksaufstand, wie Münchens Oberbürgermeister Kronawitter (SPD) das staatlich konzessionierte Pogrom später nannte, fanden sie den Mut, als ihnen die Polizei durch ihre Unterlassungen bewies, daß sie nicht nur Verständnis, sondern Protektion genossen.

Erst hatte das Wort vom berechtigten Unmut der Bevölkerung die Schläger zu Freiheitshelden stilisiert, die sich stellvertretend für die Nation fremder Tyrannei erwehren. Dann konnte man in der Nacht zum 25. August zwei Stunden lang die Standfestigkeit einer politischen Führung bewundern, die selbst um den Preis der offenkundigen Komplizenschaft bei einem schweren Gewaltverbrechen zu ihren Handlangern hielt. Bewunderung verdiente ferner die Disziplin einer Polizei, die sich auf Anweisung der Einsatzleitung geduldig verprügeln, mißhandeln und in die Flucht schlagen ließ. Beeindruckender noch aber war, daß keiner der Beamten, die tatenlos zuschauen sollten, wie Menschen verbrennen würden, dabei die Nerven verlor, die Knarre zog und einen der rechtsradikalen Menschenschinder in die Beine schoß, wozu ein Polizist in Abwendung einer Gefahr für Leib und Leben berechtigt und verpflichtet ist.

Der Ausgelassenheit des Mobs entsprach die Seelenruhe, mit welcher die Polizei die Aktiven gewähren ließ, so daß es am Ende schwer zu sagen war, vor welcher Personengruppe man sich mehr gruseln sollte. Nicht nur den Asylbewerbern und der Welt, sondern auch einander hatten die Landsleute gezeigt, daß unter ihresgleichen keiner seines Lebens sicher ist. Aus dem vagen Gefühl von Gefährdung und Bedrohung, dessen kontinuierliches Anwachsen seit Jahresbeginn von Monat zu Monat bei jeder neuen Umfrage bestätigt wird, wurde für einen Augenblick der begründete Verdacht, in einer Gesellschaft potentieller Mörder zu leben. Schon bislang waren die Nachbarn und die Menschen auf der Straße einander nicht geheuer, jetzt hatten sie voreinander Angst.

Selbst unter den Tätern gab es welche, denen der Schrecken im Nacken saß. Fassungslos fragten manche anderntags, warum sie an der Begehung eines Kapitalverbrechens nicht gehindert, sondern vielmehr dazu angespornt und dabei begünstigt worden waren. Denn in der Tat hatten Bürger und Polizei nicht nur den Tod der Menschen im brennenden Haus bejubelt oder billigend in Kauf genommen.

Bejubelt oder billigend in Kauf genommen hatten sie auch, daß dabei zu Mördern 15jährige wurden, die eigentlich ein Recht darauf hätten, daß man sie im eigenen Interesse mit aller Gewalt daran hindert, weil auch drei Wochen Krankenhaus noch humaner sind als ein Mord auf dem Gewissen. Dies um so mehr, als 15jährige, wenn sie schlimme Sachen machen, manchmal nichts anderes wollen, als daß ihnen jemand klar die Grenzen zeigt, die sie um ihrer eigenen Sicherheit willen brauchen. Vielleicht wollten sie nur von den Erwachsenen endlich mal den handfesten Beweis dafür geliefert bekommen, daß auch der Schwache in dieser Gesellschaft kein Freiwild ist, sondern Schutz genießt.

So wurde in jener Nacht, wo unter dem Beifall der Erwachsenen ein Haufen vorgeschobener Kinder und Halbwüchsiger drauf und dran war, das eigene Leben unwiderruflich zu verpfuschen, allmählich sogar den Beteiligten klar, daß die Beseitigung der Asylbewerber bestenfalls ein Appetithappen sein konnte.

Schwer auszumachen, was die feixenden Alten auf den Balkonen und am Straßenrand mehr beglückte, die Vorfreude auf tote Zigeuner oder die Zuversicht, die herumzigeunernden Jugendlichen bald hinter Gittern zu wissen. Sicher ist nur, daß nicht bloß die Gier nach Westautos und Bananen die lebenshungrigen Alten im Herbst 1989 dazu trieb, die Zukunft der eigenen Kinder zu gefährden, sondern ein gegen die Jugend als Sinnbild von allem Lebendigen gerichteter Vernichtungswunsch.

Fast mochte man schon Mitleid mit den Skins empfinden, deren vorsätzliche Häßlichkeit dem begreiflichen Wunsch entspringt, die ihnen grundlos seitens der Eltern widerfahrene Lieblosigkeit als selbst verursachte erscheinen zu lassen und damit erklärbar zu machen. Fast war man geneigt, es als einen Akt der Notwehr zu begreifen, daß zeitgleich mit dem Rostocker Pogrom in Koblenz ein amoklaufender Skinhead aus »allgemeinem Haß« auf eine Passantengruppe schoß – ein Toter, fünf Verletzte – und nachher erklärte: »Ich bin in die Stadt, um zu töten.«

Wenn es der wahre Grund aller Kriege ist, daß Frauen ihre Männer hassen, Eltern ihre Kinder und Männer ihre Familien, dann zeigte sich in jener Nacht, daß die Deutschen zur Lösung ihrer Probleme mehr brauchen als ein brennendes Asylbewerberheim. Sie brauchen den Führer und den Vorwand, weil es keine andere als die kriegerische Lösung für sie gibt. Da sie in Wahrheit vor allem einander, nicht nur die Ausländer beseitigt wissen wollen, nützen ihnen ein paar ermordete Asylbewerber nichts. Sie müssen aufs Ganze gehen – ohne Fleiß kein Preis.

September 1992

Rostock II: Was sagt die Theorie dazu?

In der Nacht zum 25. August 1992 wurden exemplarisch die Machtverhältnisse im neuen Deutschland geklärt. Wer diese Nacht vor dem Fernseher verbrachte, kam nicht um die Überlegung herum, was er dagegen unternehmen könne. Die Antwort war kurz, sie hieß einfach: »nichts«.

Seit dem späten Nachmittag drängte ein mordlustiger Mob sich vor den Absperrungen, welche die Polizei rund um ein »Ausländerwohnheim« in Rostock-Lichtenhagen errichtet hatte. Abends gab die Polizei den Zugang frei, und das Fest konnte beginnen. Aus der Menge heraus wurden Brandsätze in die höher gelegenen Fenster geworfen. Ferner wurden Brände von Personen gelegt, welche in die Untergeschosse eingedrungen waren. Einige Wohnungen standen in Flammen, mehr als hundert Personen befanden sich in akuter Lebensgefahr. Weder die Feuerwehr noch die Polizei schritten ein.

Nicht im Geheimen, sondern vor laufenden Kameras spielte sich der Vorfall ab. ZDF und ARD berichteten im *heute Journal* und in den *Tagesthemen* live. Weitere Direktübertragungen vom Schauplatz liefen bis in die frühen Morgenstunden. Reporter und Moderatoren waren fassungslos.

Wer sich telefonisch beim Bonner Innenministerium

erkundigte, ob die staatliche Ordnung noch existiere, der bekam vom wachhabenden Beamten der Sicherungsgruppe zu hören, die Frage stelle man sich dort auch. Ferner würden nahezu pausenlos aufgebrachte Anrufer diese Frage stellen.

Die folgenden Wochen reproduzierten dann Tag für Tag die zentrale Erfahrung dieser Nacht, nämlich die Erfahrung absoluter Ohnmacht. Wurden Verantwortliche für die Polizeitaktik überhaupt versetzt, so wurden sie, wie beispielsweise ein Subjekt namens Kordus, befördert. Nicht ein einziges Regierungsmitglied trat zurück, offenbar wußte jeder über alle anderen zuviel. Nicht mal untere Chargen wurden zur Beruhigung der Öffentlichkeit und der Auslandspresse geopfert.

Nicht mal die Panne, daß unter den im brennenden Ausländerwohnheim eingeschlossenen Vietnamesen gerade ein ZDF-Team bei den Dreharbeiten war, brachte die beteiligten Politiker und Beamten zum Stolpern. Sie wurden nicht inhaftiert, sie wurden nicht angeklagt, es wurde nicht mal gegen sie ermittelt. Sie blieben sogar im Amt, trotz des dringenden Verdachts, daß sie eine ganze Reihe von Verbrechen begangen hatten: unterlassene Hilfeleistung, Duldung und Begünstigung schwerer Straftaten, Pflichtversäumnisse etc. Wie ein Jahr später in Bad Kleinen, ebenfalls Mecklenburg-Vorpommern, stellte der Skandal sich am Ende dergestalt dar, daß die komplette Exekutive sich wie eine Bande von Verschwörern verhielt.

Stillschweigend zur Tagesordnung ging auch über, was sonst in der BRD bei jeder Gelegenheit schier aus dem Häuschen geraten war. Die Unterschriftsteller, die *Ärzte für den Frieden*, die kritischen Juristen, die bekenntnisfreudigen Pfaffen, die Müllfanatiker, die Theatermafia: Wer immer eingestimmt hatte in das schrille Gekreische, das mit dem Golfkrieg ausgebrochen war, schwieg nun still. Einzig die Medien klagten an, aber sie standen auf verlorenem Posten.

Völlig unklar war damit geworden, was das ganze Gesellschaftstheoretisieren eigentlich noch soll. Offensichtlich war keiner mehr willens oder fähig, im entscheidenden Augenblick etwas Richtiges zu tun. Als Einladung dazu, eben darüber zu diskutieren, wurde der folgende Text geschrieben und verschickt. Auf irgendwelche Resonanz stieß er nicht.

* * *

Die Frage nach Rostock heißt, ob es noch ein politisches Bewußtsein gibt. Das ist die Instanz, welche Informations- und Erkenntnispartikel bewertet, sortiert und aufeinander bezieht. Es handelt sich um die Urteilskraft, die uns beispielsweise erlaubt, zwischen Wichtigem und Unwichtigem zu unterscheiden. Maßgebend für diese Fähigkeit des Subjekts ist sein Realitätsbezug.

Der ist gestört, wenn man Tatsachen ignorieren muß, um wenigstens den Anschein von Normalität zu retten. Gegen den drohenden Zerfall wehrt das Denken sich durch Ausgrenzung solcher Fakten, die mit ihm nicht kompatibel sind. Es erstarrt und schrumpft im Maße, wie es die Wirklichkeit verleugnet.

Gerade die Ex-Linken, die seit dem Zusammenbruch des Ostblocks von Marx, Horkheimer oder Adorno nichts mehr wissen wollen, müssen heute viel verleugnen. Da sie auf ihre alten Tage zu Anhängern der westlichen Demokratie und der UNO geworden sind, haben Wirtschaftskrise und Faschismus in ihrem Weltbild eigentlich nicht mehr Platz.[13] Die zeitgemäße Form der Verleugnung von Wirklichkeit ist die Bagatellisierung. Entweder man erklärt die massenhaften Anschläge, Mordversuche und Pogrome zu Übergangsphänomenen und Randerscheinungen. Oder man flieht vor der Gegenwart dergestalt, daß man sie aus der Perspektive des kosmischen Betrachters beäugt. Linke Sozialwissenschaftler, Redakteure und Autoren verblöden dabei, später kriegen sie eine Psychose. Irgendwann erinnern sie dann an die Mutter, die zufrieden vor sich hinsummend an Stelle des gerade verstorbenen Babys ein Stöckchen wiegt. Tut man das? Die Testmethode ist einfach. Thema sei die Entwicklung nach Rostock. Entweder fällt einem dazu was ein oder nicht. Gibt es diese kritischen Intellektuellen überhaupt, die nachher angeblich viel klüger als die Masse der Bevölkerung und die Machthaber gewesen waren?

Die nie müde geworden sind, das Unrecht anzuprangern? Ist man einer?

Politisches Bewußtsein hieß, daß mit der politischen Entwicklung sich intensive Hoffnungen oder Befürchtungen verbanden. Die Einheit des Denkens war begründet in der Idee von der richtigen Gesellschaft. Gegenstand intensiver Hoffnungen oder Befürchtungen war für die Linken das Gelingen oder das Scheitern des Sozialismus. Man bangte um Allende und begeisterte sich für den Sieg des Vietcong, weil man sich mit dem weltweiten Kampf gegen Ausbeutung, Unterdrückung und tagtägliche Entmündigung solidarisierte.

[13] Diese konvertierten Ex-Linken mögen als besonders widerliche Figuren erscheinen, aber dieser Eindruck trügt. Ihr Verhalten ist nicht die Ausnahme, sondern der Normalfall: »Das Existieren im Spätkapitalismus ist ein dauernder Initiationsritus. Jeder muß zeigen, daß er sich mit der Macht identifiziert, von der er geschlagen wird.« (»Dialektik der Aufklärung«, S. 182)

Dergleichen ist vorbei.

Zum Beispiel sieht es nun so aus, als käme eine schwere Wirtschaftskrise. Die linken Sozialwissenschaftler und Publizisten interessiert sie herzlich wenig. Dabei ist sie eigentlich die Chance, um die wir uns vom Spätkapitalismus betrogen glaubten, als wir noch Sozialisten waren. Doch keiner will sie sehen, weil keiner unruhigen Zeiten noch mit Freude entgegensieht. So ist das, wenn man vom Leben nichts Gutes mehr erwartet.

Damals: Wir hatten die Lösung, aber die Leute hatten kein Problem. Arbeiter von ihrer Verelendung überzeugen zu müssen, obwohl sie jeden Tag besser verdienten und sich dem Konsumrausch ergaben, war die Tragik des unzeitgemäßen Kämpfers für den bewaffneten Aufstand des Proletariats.

Heute: Die Leute haben ein Problem, aber wir haben keine Lösung. Das Kapital zeigt sich offen als das Verhältnis, als welches wir es kritisiert hatten. Aber seit die Wirklichkeit Marx bestätigt, sind die Marxisten verschwunden. Die Linken waren revolutionär, als die ökonomische Situation es nicht war. Seit die Situation es ist, sind die Linken es nicht. Zu hoffen gibt es daher wenig, zu fürchten um so mehr.

Doch auch die Furcht ist anders als früher, sie ist ohne Leidenschaft, eigentlich ohne Emotionen. Traurig, erschütternd, ergreifend war noch die Nachricht von der Machtübernahme des Militärs in Santiago de Chile. Die Nachrichten aus der Sowjetunion oder aus Jugoslawien sind widerlich, mehr nicht.

Noch kälter läßt uns, was mit der Bundesrepublik passiert. Das betrifft uns zwar unmittelbar, aber Unmittelbarkeit ist kein hinreichender Grund für die Entwicklung starker Gefühle. Wenn ich meinen Geldbeutel verliere, fluche ich, aber ich bin nicht traurig, obgleich der Verlust mich unmittelbar betrifft. Wenn ich höre, daß die Moneda gefallen ist, bin ich traurig, obgleich ich unmittelbar gar keinen Verlust erlitten habe.

Unter der Entwicklung in der BRD leidet man zwar, aber nur in der Art, wie man eben unter praktischen Nachteilen leidet. Dies Leiden mag lästig sein, tragisch ist es nicht. Denn hier bricht nichts zusammen, worein man große Hoffnungen gesetzt hatte, oder was einem besonders am Herzen lag. Nicht das Gute unterliegt, sondern ein nützliches Ding geht kaputt.

Wenn die BRD kollabiert, ähnelt das einem Schiffsuntergang. Die Aussicht, ersaufen zu müssen, ist für die Passagiere scheußlich, aber es fließen keine Tränen der Rührung oder des Bedauerns. Das Leck reizt den Selbsterhaltungstrieb, nicht das moralische Empfinden. Obendrein ist es ein Fall für das technische Kalkül: Wie groß ist das Loch, werden die Schotten halten, fällt als nächstes die Maschine aus?

Das einstmals moralische Interesse hat sich auf ein technisches reduziert. Die Frage ist nicht mehr, ob das Gute oder das Böse siegt, sondern wie lange der Kahn sich über Wasser hält. Eigentlich ist nicht nur die BRD, sondern die ganze Welt ein System, worin sich die Defekte und Pannen häufen. Das Szenario gleicht dem eines Katastrophenfilms, wo die Menschen bloß Staffage sind und weder ein wirklicher Held noch ein richtiger Schurke existieren. Der Hauptakteur ist wertneutral, nämlich eine Maschine, und die Spannung kommt daher, daß die Lage anfangs noch unter Kontrolle scheint, aber nach und nach fallen alle für die Sicherheit und Funktionsfähigkeit des Systems erforderlichen Aggregate aus. Was für den Laien nur ärgerlich oder bedrohlich ist, müßte den Experten auch neugierig machen – die Katastrophe als interessanter Fall.

Politisches Bewußtsein ist unter diesen Bedingungen das Bewußtsein des sozialtechnisch interessierten Voyeurs. Sein möglicher Nutzen besteht nicht darin, irgendwelche unerwünschten Dinge zu verhindern. Das können wir nicht, wir haben keine Macht. Wir schaffen keine Fakten, wir produzieren Text. Für Text aber interessiert sich derzeit niemand, zum Glück. Wir sollten nicht den Verlust unseres winzigen Publikums bedauern, wenn Weizsäcker dafür sein viel größeres verliert.

Die Frage ist nur, ob wir wenigstens in der Lage sind, einen oder zwei Schritte vorauszudenken. Die Fähigkeit zum intelligenten Sandkastenspiel ist die Mindestvoraussetzung dafür, die aktuelle Entwicklung überhaupt noch mit Interesse zu verfolgen. Andernfalls entsteht ein Fatalismus, der über den Stumpfsinn zum Autismus führt. Wer nichts erwartet, weil er im Kopf keine Vorstellung vom Künftigen hat, nimmt am Ende auch nichts mehr wahr.

Faschismustheorien kennen wir, doch keine sagt uns, was wir wissen wollen. Wir wollen wissen, was die Landsleute sich als nächsten Streich ausdenken werden, und an welcher Stelle das System diesmal bricht. Abstrakte Unkerei interessiert uns nicht.

Ohnehin ist die Zeit vorbei, wo es Sinn hatte, das Schlimmste zu beschwören, um es zu verhindern. Seit dem Rostocker Pogrom in der Nacht zum 25. August ist in der Bundesrepublik nämlich die absolut neue Konstellation entstanden, daß nicht mehr die Kritiker und Gegner der herrschenden Ordnung die Schwarzseher sind. Das politische Establishment selber malt nun alles das an die Wand, wovor die Linksradikalen einmal warnten.

Früher waren Wirtschaftskrise, Krieg und Faschismus, als unvermeidliche Folgen eines bestimmten gesellschaftlichen Verhältnisses begriffen, das entscheidende

Argument der Linken für die Notwendigkeit der Revolution. Umgekehrt bezogen die Propagandisten der »freiheitlich-demokratischen Grundordnung« aus der Zurückweisung solcher Vorwürfe ihre politische Legitimation. Gut und verteidigenswert war die Bundesrepublik, weil das Elend dank der sozialen Marktwirtschaft und der Totalitarismus dank der FDGO keine Chance hatten.

Heute hat das Argument seinen Nutznießer gewechselt, und die Propagandisten der »freiheitlich-demokratischen Grundordnung« drohen, daß mit Wirtschaftskrise,[14] Krieg und Faschismus gerechnet werden müsse für den Fall, daß sich uneinsichtige Kräfte den nötigen Reformen verweigern. Sogar die Bedeutungen der Wörter haben sich geändert. Früher galten progressiv und links als gleichbedeutend, heute werden die Linken als konservativ beschimpft.

Besonders der »Druck von Rechts« (*Spiegel* Nr. 41/92) wird als eine Art Naturgewalt gefaßt, der man dosiert und kontrolliert nachgeben müsse, wenn man von ihr nicht zermalmt werden will. Nicht die Opposition, sondern der Kanzler spricht vom »Staatsnotstand«, für den er, gäbe es ihn, doch selbst verantwortlich wäre. Erstmals gilt der Befund, daß in der Bundesrepublik ein neuer Faschismus drohe, nicht mehr als ehrenrührig, abwegig, zersetzend, skandalös. Immerhin ein amtierender Innenminister erklärte öffentlich, nur die Abschaffung des Asylrechts könne ein zweites 1933 noch mit Sicherheit verhindern:

> »Tatsächlich kommen wir an der Erkenntnis nicht vorbei, daß große Teile der Bevölkerung mit der gegenwärtigen Situation absolut unzufrieden sind. Ich habe

[14] »Weniger Geld, mehr Steuern. WIR SIND ALLE DRAN. Wirtschaftforscher: Die Flaute ist da«, titelt *Bild* (vom 28.10.92).

die große Sorge, daß wir, wenn wir jetzt nicht reagieren, den Nährboden für einen neuen Faschismus bereiten könnten. Ich gehöre zu einer Generation, die den Aufstieg des Faschismus in Deutschland aus eigenem Erleben kennt. Das sind für mich dramatische Erinnerungen. Als Innenminister habe ich seit Anfang der 80er Jahre immer wieder darauf hingewiesen, daß sich die Gefährlichkeit des Rechtsextremismus nicht am schwachen Organisationsgrad der rechtsextremistischen Parteien ablesen läßt, sondern daß die Bedrohung aus den latenten Einfallstoren, die in der Gesellschaft existieren, resultiert. Und ich möchte nicht zu denjenigen gehören, von denen man später einmal sagt, hat der eigentlich nicht gemerkt, daß er bei dem Kampf um das Asylrecht selbst mit dazu beigetragen hat, daß die Bevölkerung rechten Rattenfängern nachgelaufen ist. Diese Befürchtung läßt mich heute zu einer neuen Einschätzung kommen.«
(Der nordrhein-westfälische Innenminister Schnoor in einem *taz*-Interview vom 28.9.92)

Dank der vollen Souveränität, welche die Bundesrepublik zusammen mit der Einheit bekam, wird der Faschismus wieder als realistische Perspektive betrachtet. Also räumt man stillschweigend ein, daß nur die objektive Unmöglichkeit, nicht der politische Wille der Bevölkerung eine zweite Diktatur der Mörder bislang verhindert habe.

Rückwirkend klärt sich damit die Zielrichtung linker Polemik. Tendenzen in der BRD als nationalsozialistisch anzuprangern hieß, vor dem Entzug der Autonomie zu warnen, welche den Deutschen von den Siegermächten auf Bewährung und auf Widerruf überlassen worden war.

Unter den veränderten Bedingungen verliert der patriotische Appell jeden Sinn. Weil das Ausland keine unmittelbare Sanktionsgewalt mehr besitzt, muß bei Rückfälligkeit nicht der Täter Konsequenzen fürchten, sondern zur Angst haben nach Auffassung der Deutschen die möglichen Opfer Grund.

Als der *Spiegel* vom 5. Oktober 1992 mit dem Riesenhakenkreuz erschien, welches das Brandenburger Tor überstrahlte, wie von Flakscheinwerfern auf den Nachthimmel projiziert, war das Titelbild keine Selbstanklage, sondern eine Drohgebärde. Deshalb wäre die Frage interessant, ob die Landsleute denn wirklich so können, wie sie drohen, daß sie wollen. Thema ist der Faschismus nicht als moralisches, sondern als technisches Problem. Wie könnte er unter den gegebenen Bedingungen funktionieren, und kann er das überhaupt?

Was den Willen betrifft, so sprechen die drei Wochen nach Rostock erhobenen Zahlen eine klare Sprache. Sie verdeutlichen, daß die rechtsradikalen Schlägerbanden umso mehr Sympathisanten finden, je aktiver sie sind, und je besser die Bevölkerung über ihre Aktionen unterrichtet ist:

Schönhuber soll Kanzler werden*	39%
Ausländer raus	26%
Gegen Ausländer wehren	37%
Deutschland den Deutschen	51%

* *Bild*-TED, die übrigen Zahlen Infas

Aber zwei Meldungen dazu zeigen schon die Schwierigkeiten:

1) Der SPD-Vorstand billigt am 12.9.1992 in Bad Salzuflen die sogenannten Petersberger Beschlüsse vom 24. August, das Einschwenken der SPD in der Asylpolitik auf den Unionskurs angesicht der Eskalation von Rostock.

2) Auf einer Klausurtagung der CSU in Wildbad Kreuth erklärt Theo Waigel gleichzeitig, die Wahlen im Jahr 1994 würden mit Positionen rechts von der Mitte gewonnen. Für die CDU komme es darauf an, die Distanz zur SPD zu vergrößern.

Da die SPD durch Nachrücken die auf Abstand bedachte Union nach rechts drängt, dürften beide Parteien bald die »Republikaner« überholen. Irgendwann fällt einer beim Rüberrutschen von der Bank. »Rechts« ist eine Bestimmung der Politik, die sich nicht beliebig steigern läßt. Keiner weiß am Ende, was rechter als rechts inhaltlich bedeuten soll. Vielleicht war Rostock das Ende der Phase, die mit der Ermordung Gomondais Ostern 1991 begonnen hat, und man kann diese Phase nun bilanzieren. Sie hat den Rechten Appetit gemacht, sie hat ihnen Erfolgserlebnisse und Motivationsschübe gebracht. Sie hat ferner die politischen Kräfteverhältnisse geklärt und gezeigt:

a) Der Staat ist nachgiebig bis zur Selbstverleugnung. Polizei und Justiz sympathisieren mit den Rechtsradikalen, freilich ohne deren Sympathie zu gewinnen.

b) Die großen Parteien sind anpassungswillig. Sie machen sich die Ziele der Rechtsradikalen auch deshalb zu eigen, weil sie selber keine anderen haben. Die Skins führen gewissermaßen das Establishment aus der Sinnkrise.

c) Die Linken leisten keinen Widerstand, eigentlich existieren sie nicht mehr. Es liegt nicht nur an der Polizei, daß sie die Linken immer erwischt und die Rechten nie. Als die Linken so massenhaft, spontan und dezentral operierten wie heute die Rechten, war die Polizei auch nicht immer zur Stelle. Heute müssen die Linken Ort und Termin für die Demonstration drei Tage vorher in der Zeitung verkünden, während es sich für die Rechten ohne umständliche Vorbereitung von selbst versteht, wann und wo sie zuschlagen werden.

d) Spielmacher und Ideengeber sind die Rechtsradikalen. Nur sie machen was, nur sie machen Schlagzeilen, nur sie haben klare Forderungen.

e) Die öffentliche Meinung ist auf ihrer Seite, von den Medien werden sie hofiert. Wer halbwegs überzeugend »Ausländer raus« brüllt, kann sich vor Talk-Show-Terminen kaum noch retten.

f) In einer Situation, wo Regierung, Staat, Medien, Institutionen, kurz: das ganze Establishment bei der Bevölkerung auf Ablehnung stoßen, gelten sie als die einzige Fundamentalopposition.

Doch jeder Erfolg, und besonders der frühe, ist auch eine Bürde. Von einem Spielmacher wird erwartet, daß er die Initiative behält. Mit der Popularität einer Bewegung wachsen die Anforderungen, welche die Öffentlichkeit an sie stellt. Favoriten dürfen ihre Anhänger nicht enttäuschen. Eine Bewegung muß in Bewegung bleiben, Stillstand ist Rückschritt. Sie braucht Dynamik, Steigerung. Daß die Verfolgung von Asylbewerbern nach Rostock steigerungsfähig wäre, ist unwahrscheinlich. Wenn die Angriffe auf Asylbewerberheime der Hauptinhalt der Bewegung bleiben, läuft sie Gefahr, sich zu verläppern. Als die Linken jede Nacht Mollies auf irgendwelche Bankfilialen warfen, war der monotone Aktionismus schon ein Ausdruck ihrer Perspektivlosigkeit und ein Vorbote ihres Niedergangs.

Hinzu kommt, daß die Asylbewerber zwar wehrlos und staatenlos sind, wie die als Volk betrachteten Juden waren. Aber der Feind muß nicht nur schwach sein, sondern man muß ihn auch dämonisieren können, und das ist bei den Asylbewerbern schwierig. Vom Weltasylantentum oder vom internationalen Asylantentum reden zu wollen, wäre idiotisch. Dem Begriff nach stellen die Asylbewerber keine völkische Gemeinschaft dar, der man verschwörerische Absichten unterstellen könnte. Sie sind leicht zu identifizieren und zu lokalisieren. Wenn man sie unbedingt loswerden will, schiebt man sie eben ab.

Die Juden hingegen waren nicht bloß anwesend, sie waren auch eingebürgert, überhaupt unterschieden sie sich nicht vom Rest der Bevölkerung. Das heißt, das Wirtsvolk und eigentlich die ganze Welt waren infiziert, verseucht. Die Reinigung dauert lang, man braucht dafür ein Programm, und das gibt der Bewegung den langen Atem. Asylbewerber sind nicht so ergiebig. Noch wichtiger: Der Feind muß das beneidete Vorbild sein. Die Juden als besonders völkisches Volk waren das. Die Asylbewerber sind das nicht.

Schlußfolgerung: Auch wenn die Angriffe auf Asylbewerber faktisch noch eine Weile weiterlaufen – ihre große Zeit ist vorbei. Sie stellen dann kein Politikum mehr dar, sie fallen in die Verbrechens- oder Betriebsunfallstatistik, etwa wie die späten Anschläge der RAF, die kaum noch Aufsehen erregten.

Die Rechten stehen also nach ihrem Erfolg von Rostock vor dem Problem, sich was Neues einfallen lassen zu müssen. Ob ihnen das gelingt? Und was es wohl ist? Möglichkeiten:

a) Statt der Asylbewerber die Linken verfolgen, wie der Verfassungsschutz meint? Es gibt heute die Rotfrontkämpfer aus den 20er Jahren nicht mehr, die sich mit den Nazis größere Straßenschlachten liefern würden. Die Rechtsradikalen haben keinen militanten Gegner. Eigentlich haben sie überhaupt keine Gegner. Außerdem würde beim Kampf »rechts gegen links« das Wichtigste fehlen, die völkische Komponente.

b) Randgruppen wie Drogenabhängige, Obdachlose, Homosexuelle quälen? Ist zu eng an der gewöhnlichen Gewaltkriminalität, nicht ergiebig genug, hat schon bei den Nazis nicht richtig funktioniert, und es fehlt wieder die völkische Komponente.

c) Massenorganisationen aufbauen, wie Jugendbund, Frauenbund, Männerbund, SA etc.? Die Organisationsbereitschaft in der Bevölkerung sinkt ständig. Vom Karnevalsverein bis zum Gesangsverein, von den Parteien bis zu den Kirchen: Alle verlieren Mitglieder. Auch im Ausland ist die zivile Organisation der Faschisten schwach, stark sind nur die regionalen bewaffneten Banden.

d) Die Anhänger organisieren und disziplinieren, also statt Massenorganisation Kaderschulung? Ob das mit den gegenwärtigen Anhängern gelingen kann, ist fraglich. Die Jugendlichen machen einen ziemlich kaputten und verwahrlosten Eindruck.

e) Wohltätigkeit? Die Suppenküchen waren wichtig für den Erfolg der SA. Gegen die Sozialhilfe könnten sie heute nicht konkurrieren.

f) Alle Ausländer rausschmeißen und schikanieren? Würde in den Großstädten, wo ihr Anteil bis zu 25% beträgt, ein echtes Sicherheitsproblem, von den Reaktionen des Auslands und den ökonomischen Folgen gar nicht zu reden. Überhaupt: Voraussetzung fürs Pogrom ist, daß die Opfer sich nicht wehren. Andernfalls gibt es kein Pogrom, sondern einen Kampf, und den wollen die Verfolger nicht, sonst würden sie kein Pogrom veranstalten.

g) Gemeinnutz vor Eigennutz, Arbeitsdienst, Volksgemeinschaft, oder überhaupt Nationalsozialistisches? Was nach Sozialismus riecht, hat heute keinen guten Geruch. In den 20er Jahren dagegen war die Sowjetunion Vorbild auch für deutsche Nationalkonservative gewesen und für die berühmten »linken Leute von rechts«. Das Ende des Kommunismus bedeutet für die Faschisten zwar den Fortfall eines Gegners. Es bedeutet aber auch den Verlust eines Vorbilds.

h) Propaganda der Tat Marke RAF? Attentate auf exponierte Personen sind politisch nur nützlich, wenn die Freund-Feind-Verhältnisse glasklar sind, etwa: Hier die Befreiungsbewegungen, dort der Imperialismus als der Feind des Volkes oder der Menschheit. So ein klares Feindbild haben nicht mal die Rechtsradikalen selber, die Bevölkerung schon gar nicht. Waffen besitzen die Rechtsradikalen zwar, und sie üben damit wohl auch fleißig. Aber wen sollen sie erschießen?

Das ist prinzipiell keine leichte Frage. Wenn man eine Pistole oder eine Schreibmaschine besitzt, ist das Problem nicht gelöst, sondern fängt das Knobeln erst an.

Wenn das Töten und Quälen politisch stabilisierend wirken soll, darf es keines sein, das nur billigend in Kauf genommen wird. Verständnis für die Täter ist zu wenig, beinahe kontraproduktiv. Staatstragende und gemeinschaftsbildende Mörder dürfen weder arme Würstchen noch Triebtäter sein, sondern sie müssen auch im moralischen Sinn als Helden gelten, die tapfer Schweres durchmachen bei ihrer schmutzigen Arbeit, welche im Dienst der Pflichterfüllung steht.

Ernst und feierlich muß getötet werden, nicht aus Spaß. Von dieser Ernsthaftigkeit sind die Landsleute einstweilen weiter entfernt denn je, Weizsäcker laufen die Fans davon. »Fidschis klatschen« wird zwar als Lausbubenstreich entschuldigt, der die Herzen der Alten erfreut, aber es ist eben deshalb *keine* patriotische Tat.

Einstweilen ist der Rechtsradikalismus ausschließlich destruktiv. Mit Destruktivität allein aber ist kein Staat zu machen. Es fehlt das Konstruktive, das den Nationalsozialismus ausgezeichnet hat. Evangelische Innerlichkeit oder grüne Erbaulichkeit wären die richtigen Zutaten, aber diese Zutaten mag keiner mehr, Pfaffen und Pfäffinnen Marke Antje Vollmer sind inzwischen Saalfeger. Könnte nach den Asylbewerbern die Regierung das neue Haßobjekt sein, und was hieße das?

9. November 1992

Jeder für sich ist ein Nichts

Seit dem Zusammenbruch des Ostblocks sind im Westen die vormals linken Intellektuellen auf der Flucht. Nicht, daß sie jemand verfolgen würde, nur vor der eigenen Vergangenheit laufen sie davon.

Zur eigenen politischen Biographie verhalten sie sich, als stünden sie schon um Papiere an, wo man den Bewerber zur Vorlage von Referenzen und zur Offenlegung seiner bisherigen Aktivitäten nötigt. Unklar ist nur, ob sie auf ein US-Dauervisum spekulieren oder diesmal auf ein Amt im großdeutschen Staat. Vorbeugend sorgen sie sich rückwirkend um ihre Zukunft in der veränderten Welt.

Dort, meinen sie, hätten Übereifrige gute Chancen, Abweichler keinen Zutritt und Lügen kurze Beine. Echt muß die Treue zu den neuen Machthabern sein, besser schon jetzt aus freiem Willen das Bekenntnis wechseln als später unter Zwang. Sie glauben an den Beflissenheitsbonus und verhalten sich dabei, als würde Dummheit prämiert.

In blinder Panik geben sie das einzige auf, was ihnen keiner nehmen könnte. Sie tauschen ihre Vergangenheit gegen illusionäre Hoffnungen auf eine Zukunft ein, als hätten Leute ihres Alters das Leben vor sich. In der Annahme, daß dies Selbstbehauptung sei, betreiben sie Existenzvernichtung. Weil sie nicht gewesen sein wollen, was sie waren, und weil sie in einem Alter sind, wo man nichts mehr werden kann, sind sie nichts. Das ist der Grund, warum sie Probleme mit der Identität bekommen und statt der eigenen lieber eine nationale hätten. Mit ihnen kehrt ein Typ zurück, der schon vor einem halben Jahrhundert beschrieben wurde:

»Aber es ist, als seien die vertriebenen Intellektuellen nicht bloß des Bürgerrechts, sondern auch des Verstandes beraubt worden. Denken, die einzige Verhaltensweise, die ihnen anstünde, ist in Mißkredit geraten. Der ›jüdisch-hegelianische Jargon‹, der einst aus London bis zur deutschen Linken drang und schon damals in den Brustton von Gewerkschaftsfunktionären übertragen werden mußte, gilt jetzt als vollends überspannt. Aufatmend werfen sie die unbequeme Waffe weg und kehren zum Neuhumanismus, zu Goethes Persönlichkeit, zum wahren Deutschland und anderem Kulturgut zurück. Die internationale Solidarität habe versagt. Weil die Weltrevolution nicht eintrat, seien die theoretischen Gedanken nichts wert, nach denen sie als Rettung aus der Barbarei erschien. Jetzt, da es wirklich so gekommen ist, da Harmonie und Progressionsmöglichkeit der kapitalistischen Gesellschaft sich als die Illusion entlarven, die die Kritik der freien Marktwirtschaft seit je denunzierte, da trotz und wegen des technischen Fortschritts die Krise, wie vorausgesagt, permanent geworden ist, und die Nachfahren der freien Unternehmen ihre Stellung nur durch Abschaffung der bürgerlichen Freiheit behaupten können, jetzt preisen die literarischen Gegner der totalitären Gesellschaft den Zustand, dem sie ihr Dasein verdankt, und verleugnen die Theorie, die sein Geheimnis aussprach, als es noch Zeit war. Daß die Emigranten der Welt, die den Faschismus aus sich erzeugt, gerade dort den Spiegel vorhalten, wo sie ihnen noch Asyl gewährt, kann niemand verlangen. Wer aber vom Kapitalismus nicht reden will, sollte auch vom Faschismus schweigen. Die englischen Gastfreunde von heute machen bessere Erfahrungen als Friedrich mit dem Lästermaul Voltaire. Mag das Loblied, das die Intellektuellen auf den Liberalismus anstimmen, oft schon zu spät kommen, da die Länder rascher in totalitäre sich umwandeln, als die Bücher Verleger finden, sie geben die Hoffnung nicht auf, daß irgendwo die Reformierung des westlichen Kapitalismus glimpflicher sich abspielt als die des deutschen und gut empfohlene Freunde doch noch eine Zukunft haben. Aber die totalitäre Ordnung ist nichts anderes als ihre Vorgängerin, die ihre Hemmungen verloren hat. Wie alte Leute zuweilen so böse werden, wie sie im Grunde immer waren, nimmt die Klassenherrschaft am Ende der Epoche die Form der Volksgemeinschaft an. Der Mythos der Interessenharmonie hat die Theorie zerstört; sie hat den liberalistischen Wirtschaftsprozeß als Reproduktion von Herrschaftsverhältnissen vermittels freier Verträge dargestellt, die durch die Ungleichheit des Eigentums erzwungen werden. Die Vermittlung wird jetzt abgeschafft. Der Faschismus ist die Wahrheit der modernen Gesellschaft, die von der Theorie von Anfang an getroffen war. Er fixiert die extremen Unterschiede, die das Wertgesetz am Ende reproduzierte.«

Max Horkheimer »Die Juden und Europa« (1939)

Verloren damals Intellektuelle aus berechtigter Angst ihren Verstand, so haben sie heute eigentlich nichts zu fürchten. Keiner erinnerte sich überhaupt noch an sie, wenn sie nicht dauernd von sich reden machten. Keiner nimmt sie ernst. Ungebeten drängeln sie sich wieder vor, diesmal, um am lautesten von allen den Kommunismus zu verdammen. Der gleiche kindische Narzißmus, der ihnen früher vorgegaukelt hatte, sie würden vom Verfassungsschutz bespitzelt, läßt sie wohl heute nicht loskommen von der fixen Idee, die künftigen Machthaber hätten ein Auge auf sie geworfen, schauten ihnen in die Seele und führten über deren Regungen Buch.

Der Herr, bangen und hoffen sie, kennt alle meine Sünden und Verdienste. Nichts haben sie aus den Fehlern der Kollegen im Osten gelernt. Die zwangen sich, Demokratie etc. zu mögen, weil sie den kommenden Machtwechsel spürten, und mußten am Ende erfahren, daß ihre Liebe auf keine Gegenliebe stieß.

Obendrein standen die hiesigen Altlinken längst auf der richtigen Seite, und wo man ist, kann man nicht mehr hin. Angepaßte haben es schwer, guten Willen zu beweisen, weil der allerbeste zu keiner sichtbaren Veränderung führt. Wenn ein Kommunist keiner mehr ist, hört er auf, das Proletariat zu agitieren. Wenn ein im Herzen linker Intellektueller nicht mehr links ist, macht er weiter wie bisher.

Seit Jahren verstauben Marx, Horkheimer, Adorno, Fanon in den Regalen, von der revolutionären Umwälzung der kapitalistischen Gesellschaft sprach keiner mehr. Die Zeiten waren auch nicht danach, daß man dazu verleitet worden wäre. Die Berufstätigkeit hatte aus Rebellen Kollegen gemacht, und kollegial war die Art und Weise, wie sie nun die Gesellschaft und das von ihr hervorgebrachte Unrecht sahen.

Nichtsdestotrotz beschwören nun lauter mustergültig Resozialisierte einander, endlich von den verhängnisvollen linksradikalen Irrtümern abzulassen. Leute mit Familie, festem Wohnsitz, Beruf und ersten Altersgebrechen tun so, wie wenn sie ein Haufen Wildkatzen wären. Es klingt, als müsse eine aufgewühlte Menge beschwichtigt werden, die gerade den Regierungssitz stürmen will. Aber jeder mahnt jeden nur, zu unterlassen, was ohnehin keiner täte. Man würde die Szene vielleicht komisch finden, wenn das ganze Schauspiel nicht so langweilig wäre. Es findet auch weitgehend unter Ausschluß der breiteren Öffentlichkeit statt.

Das sinnlos erscheinende Ritual dient der Abwehr einer vergessenen, sich neuerdings aber wieder aufdrängenden Erkenntnis. Wen meinen sie nur, rätselt man zunächst, wenn die Altlinken gegen die Marxisten polemisieren. Die gibt es doch nicht mehr. Mindestens 20 Jahre ist es her, seit zum letzten Mal die materialistische Lehre zitiert wurde, wonach das gesellschaftliche Sein das Bewußtsein bestimmt:

> »Daß in jeder Laufbahn, vor allem aber in den freien Berufen, fachliche Kenntnisse mit vorschriftsmäßiger Gesinnung in der Regel verbunden sind, läßt leicht die Täuschung aufkommen, die fachlichen Kenntnisse täten es allein. In Wahrheit gehört es zur irrationalen Planmäßigkeit dieser Gesellschaft, daß sie nur das Leben ihrer Getreuen einigermaßen reproduziert. Die Stufenleiter des Lebensstandards entspricht recht genau der inneren Verbundenheit der Schichten und Individuen mit dem System.«[15]

Erst seit die Intellektuellen die Theorie durch ihr Verhalten verifizieren, kommt sie ihnen wieder in den Sinn. Gegen den Marxismus machen sie Front, weil sie die innere Stimme zum Schweigen bringen wollen, die ihnen sagt, daß das »Wes Brot ich eß, des Lied ich sing« ihre berufliche Zukunft ruinieren wird. Wenn, wie ersichtlich,

[15] »Dialektik der Aufklärung«, S. 178.

das gesellschaftliche Sein das Bewußtsein direkt bestimmt, ohne Vermittlung durch die Vernunft: Wozu dann die Intellektuellen?

Aus berechtigtem Zweifel an der Rentabilität ihres einseitigen Handels mit den künftigen Machthabern streiten die Altlinken das Profitinteresse ab. Sie schützen Selbstlosigkeit und Uneigennützigkeit vor, weil sie die Blamage fürchten. Sie können nicht ganz vergessen haben, was sie früher lasen:

»Eine sonderbare Paradoxie: die Leute haben nur das engherzigste Privatinteresse im Sinne, wenn sie handeln, zugleich aber werden sie in ihrem Verhalten mehr als jemals bestimmt durch die Instinkte der Masse. Und mehr als jemals sind die Masseninstinkte irr und dem Leben fremd geworden. Wo der dunkle Trieb des Tieres – wie zahllose Anekdoten erzählen – aus der nahenden Gefahr, die noch unsichtbar scheint, den Ausgang findet, da verfällt diese Gesellschaft, deren jeder sein eigenes niederes Wohl allein im Auge hat, mit tierischer Dumpfheit, aber ohne das dumpfe Wissen der Tiere, als eine blinde Masse jeder, auch der nächstliegenden Gefahr, und die Verschiedenheit individueller Ziele wird belanglos vor der Identität der bestimmenden Kräfte. Wieder und wieder hat es sich gezeigt, daß ihr Hangen am gewohnten, nun längst schon verlorenen Leben so starr ist, daß es die eigentlich menschliche Anwendung des Intellekts, Voraussicht, selbst in der drastischen Gefahr vereitelt. So daß in ihr das Bild der Dummheit sich vollendet: Unsicherheit, ja Perversion der lebenswichtigen Instinkte und Ohnmacht, ja Verfall des Intellekts. Dieses ist die Verfassung der Gesamtheit deutscher Bürger.« Walter Benjamin

»Reise durch die deutsche Inflation« (1928)

Nicht um des Vorteils willen, sondern aus Überzeugung wollen sie folglich geworden sein, wie sie sind. Gemeinsam mit dem früheren Gegner feiern sie ihre eigene politische und moralische Niederlage, nämlich den Zusammenbruch des Kommunismus, als strahlenden Sieg der Vernunft.

Je krasser sie gegen die elementarsten Regeln der Lebensklugheit verstoßen, desto mehr berufen sie sich auf höhere Einsicht. Und je austauschbarer sie sind, desto fester glauben sie an ihre Einzigartigkeit. Deshalb legen die Konformisten Wert darauf, als Ketzer zu erscheinen. Je lauter einer mit den Wölfen heult, desto vorbehaltloser wird er sich als Tabubrecher und Querdenker bewundern. Je älter das Rezept, desto penetranter spielt sich sein Anpreiser als Neuerer auf.

Wie wenn es der Ermunterung noch bedürfte, rät etwa Vordenker Hubert Kleinert (»Grüne«) seinen Parteifreunden zum Verzicht auf Ziele, die längst aufgegeben wurden. »Gesinnungspazifismus und Menschenrechtsuniversalismus, die basisdemokratischen Illusionen wie die Selbstverwirklichungsimpulse sollen dabei ebenso auf der Strecke bleiben wie jene schlechten Achtundsechziger-Traditionem namens Rechthaberei und Dogmatismus«, faßt die *FAZ* vom 1.12.1992 die Empfehlungen des Realpolitikers zusammen. Nachträglich wird als programmatisches Ziel definiert, was die Partei aus Opportunismus ohnehin seit Jahren praktizierte. Zweck der Übung ist es, Mitläufertum in Gesinnungstäterschaft zu verwandeln.

Guten Gewissens und mit Einsatzfreude wollen die Altlinken tun, was sie bislang zaudernd, weil schlechten Gewissens taten. Sie hoffen, daß der neue Staat Leute braucht, die zum Jagen keiner tragen muß. Dann könnte es sein, daß er für sie Verwendung hätte, denn in einer

Disziplin sind sie unerreicht. Jahrelanger Übung verdanken sie die Fähigkeit, sich mit stets gleichbleibendem Elan für die verschiedensten Ziele zu engagieren. Sie haben das schon mit den Hungernden in der Dritten Welt und mit einheimischen Krötenarten durchgespielt, sie können sich motivieren. Wie, wenn man die alte Kunst in den Dienst des neuen Staates stellte? Ein der Linken zugerechneter Frankfurter Soziologieprofessor hat das ausprobiert.

Als er im *Spiegel* 1/1993 verständnisvolle Worte für die rechtsradikalen Schläger und Mörder in der Zone fand, klang es fast wie »Wacht auf, Verdammte dieser Erde«. Die BRD, so der Professor, zwinge dem Osten die »Multikulti-Moral« auf. Dagegen bilde sich begreiflicherweise Widerstand:

> »Gegen diese moralische Fremdbestimmung wehren sich die jugendlichen Gewalttäter stellvertretend für das Volk. Die eigentlichen Adressaten des Protests sind weit weg, in Bonn. Der Westen selbst, in seiner Dünkelhaftigkeit, ist nicht greifbar und ansprechbar. So ziehen die Enttäuschten dorthin, wo er seinen Geßlerhut aufgepflanzt hat, Symbol seiner Fremdherrschaft: ein Asylbewerberheim. [...] Pragmatische Maßnahmen allein helfen jetzt wohl nicht mehr. Gefordert sind symbolische Akte. Solidarität mit den Bedrohten und Zusammenstehen gegen die Gewalt ist das eine. Änderung des Grundgesetzes und bedingte Schließung der Grenzen das andere. Das Volk sieht darin auch eine Anerkennung seiner selbst. Auf dieser Grundlage kann man über Einwanderung reden. Vielleicht muß dazu erst eine Generation von Politikern und Intellektuellen heranwachsen, die das eigene Volk unverkrampft annimmt, anstatt es auf immer anderen Altären des Natio-

nalismus und des Sozialismus, des Multikulturalismus und des Universalismus zu opfern.«

Zwar fordert der Soziologe unter eigenem Namen nur, was vor ihm andere Soziologen, Kolumnisten, Politiker propagierten: Die Intellektuellen sollen völkisch empfinden, damit die Verbrüderung von Mob und Elite als Einheit der Nation erscheint. Das hindert den Mitläufer aber nicht daran, sein Nachplappern als Pionierleistung eines Einzelgängers zu begreifen. Weil viele sich nach dem gleichen Muster verhalten, entsteht das Phänomen einer Masse ohne deren äußeres Erscheinungsbild. Zahllose Autisten sagen zeitgleich, aber jeder für sich: Ich bin der einsame Rufer in der Wüste, ein unabhängiger Geist mit Mut zur eigenen Meinung.

Als Mut geben die Intellektuellen die Schamlosigkeit aus, mit welcher sie sich der Bewußtseinsindustrie unterwerfen. Statt daß sie die Propaganda kritisieren würden, hämmern sie sich deren Lügen um so brutaler ein, je schwerer sie den Verstand beleidigen. Nur fünfmal oder fünfzigmal den Spätkapitalismus eine Zivilgesellschaft zu nennen genügt beim Gesinnungstraining nicht. Pausenlos aufsagen müssen die Kandidaten ihren Spruch, denn das Prinzip der Propaganda wie der Autosuggestion ist die unermüdliche Wiederholung.

Die gehirnwäscheartige Selbstindoktrination wird erforderlich, weil weniger die eigene politische Praxis als vielmehr deren spätere Bewertung den Intellektuellen zu schaffen macht. Kompensation leisten müssen sie für jenen Teil ihrer Vergangenheit, in welchem die revolutionären Aufrufe und die Balgereien mit der Polizei längst vorbei und Urheber von einer Art Veteranenstolz geworden waren. Rückblickend, in geselliger Runde und nach der zweiten Flasche Wein, kam es den Genossen vor, als hätten sie wie die Pariser Kommunarden mit dem Schießgewehr auf der Barrikade gekämpft. Dabei hatten die meisten nur an einer Seminarbesetzung teilgenommen, das Schwänzen der Vorlesungen einen Streik genannt und auf der Straße die alterstypische Aufsässigkeit gezeigt.

Deshalb stehen sie vor einer dreifachen Schwierigkeit. Einerseits läßt eine Tat sich leicht bereuen, während deren spätere Wertschätzung zu den unverzeihlichen Dingen gehört. Ferner ist dumm dran, wer sich schuldig fühlt, aber nichts verbrochen hat. Was soll er künftig unterlassen? Drittens braucht man übermenschliche Kräfte, eine nicht begangene Tat zu bereuen, wenn diese Tat, hätte sie stattgefunden, eine gute gewesen wäre, keine schlechte. Die simple und offenkundige Wahrheit nämlich ist, daß selbst der auf vielerlei Weise unerfreuliche Sowjetkommunismus ein Segen war und sein Zusammenbruch eine Katastrophe.

Gründe für die Annahme, daß die Menschheit vor der Alternative Sozialismus oder Barbarei stand, gab es stets genug. Heute ist diese Annahme Gewißheit. Nicht mal mehr auf den Augenschein können die Altlinken noch verweisen, wenn sie ausgerechnet jetzt den Kapitalismus preisen. Wieder kommen sie zu spät. Früher hätten sie den Westen dafür loben müssen, daß er die Massen konsumieren ließ. Damals aber, zu Zeiten des Massenwohlstands, war ihnen Triebbefriedigung mittels Einstecken und Abschleppen suspekt.

Heute wiederum, wo die vormaligen Kämpfer gegen den Konsumterror die Fuhre zu *Metro* für ein Menschenrecht halten, um welches die Ossis 40 Jahre lang betrogen worden sind, prangert die CDU das »hemmungslose Streben nach materiellen Werten an«, weil die faktische Verarmung, teilweise Verelendung breiter Bevölkerungsschichten nach einer moralischen Rechtfertigung verlangt.

Während die Altlinken mit eiserner Energie sich selber bezwingen, indem sie genau den Westen lieben, den sie vorher haßten, gibt es diesen Westen schon nicht mehr. Hart muß es sein, wenn man sich dazu durchgerungen hat, etwas ans Herz zu drücken, was einem verhaßt gewesen war – und im Moment, wo man zugreifen will, ist es weg. Die Linke, schrieb etwa SPD-Funktionär Peter Glotz in der *FAZ* vom 20.11.92, müsse »ihre psychischen Hemmungen gegenüber Wirtschaftsindividualismus, Handelsgeist und der Figur des Unternehmers überwinden«. Forscher, kühner sollten die Genossen sein, aber nicht im Kampf gegen den Klassenfeind. Mehr Temperament sollten sie vielmehr bei der Umarmung des Gegners zeigen, denn:

> »1989 wurde die These, eine Kollektivwirtschaft sei der kapitalistischen ökonomisch überlegen, endgültig widerlegt.«

Da möchte einer mit der Zeit gehen, aber die ist ihm voraus, und er kommt zu spät. Während Glotz Kohls Vertrauen in die Überlegenheit der freien Marktwirtschaft zur Nachahmung empfiehlt, fängt Kohl gerade an, sich für den Staatsinterventionismus zu erwärmen. Während der Sozialdemokrat mit dem Eifer des Frischbekehrten das Kapital als ökonomischen Weltmeister aller Klassen rühmt, meint ein Kapitalist wie der Bahn-Chef Heinz Dürr zur Lage in den sogenannten neuen Bundesländern: »Die Marktwirtschaft hilft uns hier kurzfristig nicht mehr weiter.« (*Stuttgarter Zeitung* vom 4.12.92).

Die *Zeit* vom 5.12.92 titelt: »Das Vertrauen in den Markt verblaßt.« Und während im Feuilleton der *FAZ* unter der Rubrik »What's left?« am 3.12.92 ein Altlinker meinte: »Die europäische Linke hat sich längst mit dem Kapitalismus versöhnt«, waren im Wirtschaftsteil des Blattes am 28.11.1992 schon Zweifel angemeldet worden, ob der Kapitalismus in Rußland funktionieren werde:

> »Doch die Erwartungen wurden enttäuscht: die Produktion wurde nicht angekurbelt, sondern fiel in wachsendem Tempo, der Rubel trieb in die Hyperinflation, Löhne und Renten fielen immer weiter hinter den Preisgalopp zurück. Dringend nötige Investitionen blieben aus, weil die Bedingungen dafür nicht geklärt sind. Sehr hohe Einkommens- und Mehrwertsteuern führten zu einer gigantischen Kapitalflucht und Steuerhinterziehung. Wirtschaftskriminalität, Verbrechen und Korruption bis in die höchsten Etagen der Macht hinauf stiegen sprunghaft. Viele Betriebe, vor allem in der Industrie, stehen still. Es droht eine Massenarbeitslosigkeit. Immer breitere Kreise der Bevölkerung versinken in Armut und Elend.«

Nur der Wirtschaftsteil der *FAZ* vermittelt noch eine Ahnung davon, wie es einst bei den Altlinken klang, damals, als sie von den Arbeitern erzählten, die in der Fabrik und im Bergwerk verkamen; von den Arbeitslosen, die am Elend starben; von den Revolutionären, die massenhaft umgebracht, inhaftiert und deportiert worden sind; vom Hunger in der Dritten Welt; von den Kolonialvölkern, die ausgebeutet, beraubt, versklavt und massakriert worden sind; von zwei Weltkriegen und vom deutschen Faschismus.

Als hätten sie die Litanei nie heruntergebetet, kennen die umgepolten Altlinken heute keine Opfer mehr als die des Stalinismus. Die selektive Blindheit brauchen sie, um glauben zu können, was sie meinen, sagen zu müssen: Der Westen sei ökonomisch und moralisch überlegen.

Während deutsche Wirtschaftsforschungsinstitute vom kalten Bürgerkrieg in Rußland sprechen und der Privatisierung dort attestieren, sie sei nichts anderes als die Aneignung des Volksvermögens »durch die derzeitigen Besitzer und politisch einflußreiche Kreise« (*Spiegel* 43/1993), bejubeln die Schöngeister das als Demokratisierung. Mehr als die Kommunistenfresser der Adenauer-Ära werden sie dabei deformiert. Anders als damals nämlich legt heute das Kapitel keinen Wert auf den schönen Schein, der seinen Lobrednern das Gesicht wahren half. Im Osten, wo die lokalen Strauchdiebe noch auf eigene Rechnung und eigenes Risiko die Bevölkerung plündern, zeigt sich das freie Unternehmertum ungeschminkt in seiner zeitgemäßen Form.[16]

Wo angeblich dem Gesetz des Marktes erst zur Geltung verholfen werden soll, hat es sich schon von den Hemmnissen befreit, die einstweilen seine Wirkungsweise im Westen noch mildern und verfälschen. Weil auf dem Weltmarkt ein riesiges Überangebot an Menschen besteht, bekommen die Massen im Osten ihre eigene Wertlosigkeit zu spüren. Für die Überflüssigen bedeutet bürgerliche Freiheit daher, daß sie verhungern und erfrieren dürfen und keine Geheimpolizei sich die Mühe macht, sie dabei zu stören. In der *FAZ* vom 17.10.92 berichtete Kerstin Holm über die Lage im nachkommunistischen Rußland:

[16] Das Wesen ist keine Konstante, sondern es ändert sich: »Als reines Wesen des deutschen Fabrikanten trat der massenmörderische Faschist hervor, nicht länger vom Verbrecher anders unterschieden, als durch die Macht.« (»Dialektik der Aufklärung«, S. 272)

»Die atemberaubende Talfahrt des Rubel wurde in Rußland nur von dem rapiden Wertverlust des Begriffs Demokratie überholt. [...] Demokratie assoziierten die Menschen mit dem Westen, mit Freiheit von Bevormundung, vor allem aber mit Wohlstand. Doch die Wirtschaftslage war noch nie so schlecht wie in der Freiheit, der größte Teil der Bevölkerung so verarmt. Und die Korruption der neuen Eliten stellt alle Erinnerung an die in dieser Hinsicht oft geschmähte Breschnew-Zeit in den Schatten. [...] Bei Schnee und eisigem Wind sind die ungeheizten Wohnungen in Petersburg Stadtgespräch. ›So war es auch 1941‹, erinnern sich Menschen, die den Krieg erlebt haben. Vor allem alte Leute klagen, sie erfrören zu Hause. Die neben Luxuslimousinen sichtbarsten Symbole der russischen Marktwirtschaft, alte Frauen, die vor Metrostationen ein paar Flaschen Cola oder Bier feilbieten, haben eine Schneedecke auf Kopf und Schultern und zittern vor Kälte. [...] Nach der Ansicht eines Petersburger Pädagogen wächst in Rußland eine neue verlorene Generation heran. [...] Unverzeihlich grausam findet er jedoch, wie die Gesellschaft mit ihren Alten umgeht, jener Generation, die den Krieg durchgemacht und aus bloßem Enthusiasmus praktisch umsonst gearbeitet hat. Diesen Menschen, die mit ihren erbärmlichen Renten weit unterhalb des Existenzminimums dahinvegetieren, wird bedeutet, stellt der Akademiker kopfschüttelnd fest, ihr Platz sei auf dem Friedhof.«

Ohne Beschönigung stellt im Osten die Bildung von Kapital sich als Fortsetzung des Beutezugs dar, dessen Resultat die verelendeten Massen in der Dritten Welt und der Wohlstand in wenigen reichen Ländern gleichermaßen sind. Den großen Reichtum weniger Länder als Beweis für die ökonomische Überlegenheit des Kapitals zu werten, wie dies die Altlinken heute tun, heißt die Welt aus der Perspektive eines Räubers zu betrachten, der seinen Beruf, weil der einträglich ist, auch für nützlich hält.

Nicht, weil sie ihre politische Meinung ändern, werden die Intellektuellen zu Verrätern, und nicht ihre früheren Überzeugungen, sondern die Wahrheit verraten sie. Deshalb, weil sie den Westen um seiner Erfolge willen preisen in genau dem Moment, wo sie die »Theorien über den Mehrwert« nicht studiert haben, sondern nur die Augen aufmachen müßten, um das Geheimnis seines Erfolgs zu durchschauen.

Unter dem Vorwand, sie urteilten nach moralischen Kriterien, himmeln die Intellektuellen nur gewissenlos den Sieger an. Verblendet von der Zuversicht, er werde seine Beute mit ihnen teilen, unterstellen sie ihm höhere Interessen als die, welche ihr eigenes Verhalten bestimmen. Während die Intellektuellen die Brutalität und Skrupellosigkeit des Siegers als dessen Tatkraft bewundern, erwarten sie von ihm, daß er die skrupulösen Denker mit der Abneigung gegen Gewalt, der Wahrheitsliebe und dem unbestechlichen Gerechtigkeitssinn schätze, die sie selber nicht mehr sein wollen, und die sie auch nicht mehr sind.

Rätselhaft, welchen Gewinn sich Enzensberger davon verspricht, wenn er, als Weizsäckers »persönlicher Gast« auf Staatsbesuch in Mexiko, gegenüber der *FAZ* (vom 26.11.1992) das »kubanische Experiment« für »politisch und wirtschaftlich gescheitert« erklärt, wo doch Weizsäcker für solche abgedroschenen Phrasen keinen Bauchredner braucht. Jeder Dummkopf sieht, und jeder Experte sagt, das südamerikanische Massenelend werde den kubanischen Versuch, es zu beenden, vermutlich überdauern – ebenso, wie Pinochet, Allende und Ernst Jünger alle von den Nazis ermordeten Schriftsteller überdauert hat. Rätselhaft, warum ein Josef Fischer (vormals »Revolutionärer Kampf«, heute »Grüne«), der mit jeder Partei koalieren würde, die Rechten mit seiner Zudringlichkeit zur Notwehr treibt. Alexander Gauland in der *FAZ* vom 16.11.1992 über Fischers »Die Linke nach dem Sozialismus«:

»An dem neuen Buch von Joschka Fischer ärgert mich am meisten, daß ich fast mit jedem Satz übereinstimme. Es ist richtig, daß der Sozialismus ein großer Irrtum war und in der früheren Sowjetunion ein riesiges Beinhaus hinterlassen hat. [...] Es ist ebenfalls richtig, daß der Ursprung all dessen schon in der Marxschen Theorie liegt, die fast zwangsläufig Geheimpolizei und Terror hervorbringen mußte. Es ist auch richtig, daß Rußland ohne dieses fürchterliche Experiment heute wahrscheinlich ein entwickeltes Industrieland wäre. Und natürlich hat Joschka Fischer recht, wenn er feststellt, daß das kapitalistische Modell dem sozialistischen überlegen ist. [...] Und natürlich kann man sich mit dem Schlußzitat von Manès Sperber identifizieren, daß es künftig notwendig sein wird, ›außerhalb des Absoluten und gegen das Absolute zu leben‹. Fischer gibt in seinem Buch allen recht, die die Säulenheiligen der Linken kritisiert haben. Er stimmt Kant gegen Hegel zu, verteidigt Bernstein gegen Marx, beruft sich auf Sperber gegen Lenin, gibt Fest gegen Bloch und Habermas recht und ebenso Bell und Jonas gegen Johano Strasser. [...] Bleibt die Frage, weshalb plötzlich als neue Einsicht verkündet wird, was wir ›Rechten‹ schon immer wußten. [...] Was sollen wir eigentlich von der Urteilsfähigkeit eines Politikers halten, dessen bisherige Analysen alle falsch waren und der dem verdutzten Publi-

> kum nunmehr die Positionen des politischen Gegners als neueste Einsichten anpreist?«

Wie ein Verbrecher, der aus Eitelkeit oder Strafbedürfnis die Polizei auf seine Spur bringt, provozieren die Altlinken, daß man sie verachten und zurückstoßen muß. Statt daß sie ihre Verläßlichkeit unter Beweis stellen würden, stellen sie sich selber das schlechteste Zeugnis aus. Wenn sie heute als engagierte Gegner des Sozialismus öffentlich auftreten, wie sie 1968 als engagierte Sozialisten aufgetreten waren, ist die Schlußfolgerung unvermeidlich, daß sie 1933 als engagierte Nazis aufgetreten wären. Rechnet man die früheren militanten Massendemonstrationen aus geringfügigem Anlaß und ihr Ausbleiben nach Rostock zusammen, kommt ein Typ heraus, wie er von Hannah Arendt 1950 beschrieben wurde:

> »Eine ganze Reihe Deutscher, die sogar besonders nachdrücklich auf der deutschen Schuld im allgemeinen und ihrer eigenen Schuld im besonderen besteht, gerät in eigenartige Verwirrung, wenn sie ihre eigene Meinung artikulieren muß; diese Personen machen aus irgendeiner Mücke gleich einen Elefanten, während etwas wirklich Ungeheuerliches gleichzeitig ihrer Aufmerksamkeit völlig entgeht.«[17]

Da sie früher gegen den weit entfernten Faschismus verbal zu Felde zogen, während sie heute seine Nähe still zu genießen scheinen, muß man denken, daß sie ihn unter dem Vorwand des Protestes hatten herbeireden wollen.

Warum verhalten sich die Altlinken so närrisch? Warum werfen sie so leichtfertig die Vergangenheit weg, die

[17] Hannah Arendt, »Besuch in Deutschland«, in: »Zur Zeit. Politische Essays«, Berlin 1986, S. 57f.

ihr Leben ist – dann jedenfalls, wenn man unter Leben mehr versteht als den bloßen Vollzug der physischen Existenz? Man könnte glauben, es geisterten ihnen zwar noch die alten Merksätze im Kopf herum. Nur wird, was damals als Kritik gemeint war, heute als ein Urteil begriffen, das jeder an sich selber vollstrecken muß.

Wenn ihnen jemand sagte, daß sie Schweine seien, verstünden sie das nicht als Beleidigung, sondern als Aufforderung zu grunzen. Aus ihrem alten Spruch »Trau keinem über 30« ziehen sie heute den Schluß, sie müßten sich wie Unzurechnungsfähige benehmen, da sie ja nun über 30 sind. Früher lasen sie, was Adorno und Horkheimer in der »Dialektik der Aufklärung« unter dem Titel *Gezeichnet* schrieben, heute leben sie danach:

> »Im Alter von 40 bis 50 Jahren pflegen Menschen eine seltsame Erfahrung zu machen. Sie entdecken, daß die meisten derer, mit denen sie aufgewachsen sind und Kontakt behielten, Störungen der Gewohnheiten und des Bewußtseins zeigen. Einer läßt in der Arbeit so nach, daß sein Geschäft verkommt, einer zerstört seine Ehe, ohne daß die Schuld bei der Frau läge, einer begeht Unterschlagungen. Aber auch die, bei denen einschneidende Ereignisse nicht eintreten, tragen Anzeichen von Dekomposition. Die Unterhaltung mit ihnen wird schal, bramarbasierend, faselig. Während der Alternde früher auch von den anderen geistigen Elan empfing, erfährt er sich jetzt als den einzigen fast, der freiwillig ein sachliches Interesse zeigt.
>
> Zu Beginn ist er geneigt, die Entwicklung seiner Altersgenossen als widrigen Zufall anzusehen. Gerade sie haben sich zum Schlechten verändert. Vielleicht liegt es an der Generation und ihrem besonderen äußeren Schicksal. Schließlich entdeckt er, daß die Erfahrung

ihm vertraut ist, nur aus einem anderen Aspekt: dem der Jugend gegenüber den Erwachsenen. War er damals nicht überzeugt, daß bei diesem und jenem Lehrer, den Onkeln und Tanten, Freunden der Eltern, später bei den Professoren der Universität oder dem Chef des Lehrlings etwas nicht stimmte! Sei es, daß sie einen lächerlichen verrückten Zug aufwiesen, sei es, daß ihre Gegenwart besonders öde, lästig, enttäuschend war.

Damals machte er sich keine Gedanken, nahm die Inferiorität der Erwachsenen einfach als Naturtatsache hin. Jetzt wird ihm bestätigt: unter den gegebenen Verhältnissen führt der Vollzug der bloßen Existenz bei Erhaltung einzelner Fertigkeiten, technischer oder intellektueller, schon im Mannesalter zum Kretinismus. Auch die Weltmännischen sind nicht ausgenommen. Es ist, als ob die Menschen zur Strafe dafür, daß sie die Hoffnungen ihrer Jugend verraten und sich in der Welt einleben, mit frühzeitigem Verfall geschlagen würden.«

Der besondere Kretinismus der Altlinken rührt daher, daß sie ihre politischen Überzeugungen nicht aufgeben können, ohne zugleich die Hoffnungen ihrer Jugend zu verraten. Sie können das nicht, weil sie einer Generation angehören, die im Unterschied zu anderen Generationen mit 20 nicht von der Filmkarriere oder einer Forscherlaufbahn schwärmte, sondern von der Revolution.

Sie wollen den Preis nicht zahlen, den es kosten kann, wenigstens mit seinen Wünschen und Hoffnungen einmal außerhalb der bürgerlichen Gesellschaft gestanden zu haben. Sie ertragen es nicht, in eine Situation zu geraten, wie sie Hannah Arendt aus der NS-Zeit beschreibt:

»Gewiß war es nicht leicht, dem Druck eines Alltagslebens standzuhalten, das von den Doktrinen und den

Praktiken der Nazis völlig durchdrungen war. Die Situation eines Nazigegners ähnelte dem Schicksal eines normalen Menschen, der zufällig in eine Nervenheilanstalt gesteckt wird, in der alle Insassen an ein und derselben Wahnvorstellung leiden: Unter solchen Umständen wird es schwierig, seinen eigenen Sinnen noch zu trauen. Und es bestand die dauernde Belastung, sich gemäß den Regeln der kranken Umgebung verhalten zu müssen, die schließlich die einzig greifbare Realität war, in welcher es sich ein Mensch niemals leisten durfte, den Orientierungssinn zu verlieren. Diese Situation verlangte ein hellwaches Bewußtsein der gesamten eigenen Existenz, eine Aufmerksamkeit, die niemals in die automatischen Reaktionen zurückfallen durfte, mit denen wir den Alltag meistern. Daß solche automatischen Reaktionen ausbleiben, rührt hauptsächlich von der Angst vor einer falschen Anpassung her.«[18]

Selbst diese Angst, die, teilweise zur Hysterie gesteigert, einmal das Kennzeichen der Protestbewegten war, damals, als sie mit Wohnung und Kleidung gegen den Konformitätszwang aufbegehrten, stellt sich heute als eine dar, welche die einzelnen nur im Kollektiv empfinden können, und welche das Kollektiv nur empfinden kann, wenn es mit der übermächtigen historischen Tendenz im Bunde ist. Jeder für sich ist ein Nichts.[19]

[18] ebenda, S. 57 f.

[19] Jürgen Busche, *kein* Linker, brachte in der *Süddeutschen* vom 8.1.94 das Verhalten der »anpassungsflinken Intellektuellen der ehemaligen Linken« auf die Formel: Gemäß den Erfordernissen der Entspannungspolitik »lehnte man sich an die Sowjetunion an. Als sie zusammenbrach, war das linke Kostümstück in Deutschland durchgefallen. Den linken Chargen bleibt wie vordem den rechten die Blamage.«

Politiker und Militärs

Seit die Staaten ihre imperialen Ambitionen verleugnen müssen, ohne von ihnen lassen zu können, und die Kriegsministerien in Verteidigungsministerien umbenannt worden sind, treten die Streitkräfte bei ihren Eroberungszügen als Beschützer und Befreier auf. Stets figuriert die Attacke als Rettung aus höchster Not. Selbst der Überfall auf Polen 1939 war keine Ausnahme von der Regel, daß die militärische Offensive sich als konsequente Fortsetzung einer Menschenrechtskampagne mit anderen Mitteln verkaufen lassen muß. Damals beflügelte der Gedanke an die möglichen Leiden einer deutschstämmigen Minderheit die Einbildungskraft, heute läßt man sich zu seinen chauvinistischen Omnipotenzphantasien von gegen ihren Willen geschwängerten bosnischen Frauen animieren, die in astronomischer Menge das Opfer legendärer serbischer Zeugungskraft geworden sind, wenn man den unersättlichen hiesigen Medien glauben will.

Statt weit scheußlicherer Verbrechen, wie sie von Banden jeglicher Provenienz in Jugoslawien begangen werden, prangert die Interventionspropaganda vor allem Vergewaltigungen an, weil in diesem Delikt der faktische Bürgerkrieg mit seinem unübersichtlichen Frontverlauf sich reduziert auf ein imaginäres Gegenüber von wehrloser Unschuld und brutalem Triebtäter. Letzterer kann nicht umgestimmt, sondern nur ausgeschaltet werden, weil er keine Ziele verfolgt, die sich auch mit anderen

Mitteln erreichen ließen, sondern das Motiv des Vergewaltigens, Quälens und Tötens der damit für ihn verbundene Lustgewinn selber ist. In der Stilisierung einer Partei zum tollwütigen Hund liegt schon die Aufforderung beschlossen, daß sie eliminieren müsse, wer dazu die nötige Feuerkraft besitzt. Während die Menschenrechtler die Waffen segnen, tricksen sie sich freilich selber aus, da sie unbekümmert um die eigene Stellung das Militär zur einzig wirksamen Ordnungsmacht erklären und die Auffassung des Generalinspekteurs der Bundeswehr bestätigen, der (laut *Spiegel* vom 18.1.93) erkannt haben soll, es gebe nur noch »zwei Währungen in der Welt: wirtschaftliche Macht und die militärischen Mittel, sie durchzusetzen«.

Obgleich alle schon der Auffassung sind, daß die Politik eine zu vernachlässigende, nicht mal mehr erwähnenswerte Größe sei, führt in der Übergangsphase vom Frieden zum Krieg der Bedeutungsverlust ziviler Funktionsträger noch nicht dazu, daß sie abtreten müssen. Vielmehr behalten alle Machtdarsteller ihre Rollen, und nur deren Charaktere ändern sich. Früher waren die Militärs die Spinner, die im Sandkasten oder im Manöver den unvermeidlichen atomaren Schlagabtausch gewannen, und besonnene Politiker holten die Paranoiker mit gutem Zureden oder unter Anwendung milden Zwanges in die Wirklichkeit zurück.

Heute müssen sachkundige, umsichtige Militärs den Tatendrang durchgeknallter Politiker dämpfen, ihnen geduldig erklären, daß der Balkan nun mal nicht im Handstreich zu erobern ist. Albern sahen früher die Generäle nicht bloß wegen der putzigen Kostüme aus, sondern weil sie berufsbedingt unter ewiger Kindheit litten: fortwährend etwas spielen zu müssen, ohne es jemals wirklich tun zu dürfen. Seit das Ende dieser Phase winkt, haben die Militärs unverkennbar an Statur gewonnen. Da sie gute Aussichten auf den Erwerb wirklicher Macht besitzen, suchen sie seltener Trost im Größenwahn und können statt dessen Realitätssinn entwickeln. Umgekehrt wirkt daneben der Kanzler wie ein Operetten-General, wenn er trotzig dem Osten »blühende Landschaften« befiehlt oder Europa die politische Einheit unter seiner Führung.

Lange also, bevor der Ernstfall von den zivilen Befehlshabern in Wirtschaft und Staat verlangt, daß sie sich freiwillig dem Kommando der Militärs unterwerfen, kippt allmählich das Herrschaftsgefüge um. Weil die Kontrolle über die Gesellschaft und deren Entwicklung ihnen entglitten ist, erscheinen die Parlamentarier und sämtliche Funktionäre des Parteienstaats dem Publikum als parasitäre Kaste, vom Hinterbänkler bis zum Bundeskanzler stehen die Schaumschläger ausnahmslos unter Korruptionsverdacht. Behelfsweise wird ihnen unterstellt, daß sie Schmiergelder, überhöhte Bezüge und geldwerte Vorteile erhielten. Gemeint aber ist damit, daß jegliches Einkommen bei ihnen ein erschlichenes sei, weil sie den Anforderungen ihres Berufes nicht genügen.

Im stets abfällig gebrauchten Modewort von der »politischen Klasse« drückt sich die Aversion der Beherrschten gegen eine funktionslos gewordene Elite aus, die noch immer Privilegien genießt, obgleich sie nicht mehr die Macht besitzt, welche beispielsweise ihre permanente Medienpräsenz legitimieren würde. Je häufiger die Politiker zum Zweck der Eigenwerbung vor die Öffentlichkeit treten, je fleißiger sie Erklärungen abgeben und von sich reden machen, desto mehr machen sie sich beim Publikum verhaßt. Ihr Image gleicht sich dem der Intellektuellen an, die man als aufgeblasene Schwätzer verachtet.

Um den Volkszorn von sich selber abzulenken, schwärzen die Mitglieder der zur Ohnmacht verurteilten Exekutive andere nutzlose Esser an. Haltet den Dieb, schreien die Verantwortungsträger mit den langen Fingern, wenn sie gerade beim unerlaubten Griff in die Benzinkasse erwischt worden sind; Arbeitslose, Sozialhilfeempfänger und Asylbewerber seien die wahren Schmarotzer. »Rettet den Sozialstaat vor den Betrügern«, forderte Arbeitsminister Blüm. Schwarzarbeit sei kein Kavaliersdelikt, sondern »das ist Diebstahl an den Kollegen«. Seine Kampfansage, schrieb die *Stuttgarter Zeitung* vom 13.2.1993, richte sich gegen »Abstauber, Mitnehmer und Betrüger, die unseren Sozialstaat ruinieren«.

Aus der gesellschaftlichen Nähe der Politiker zur Lumpenbourgeoisie resultiert, daß gut besoldete Inhaber hoher Staatsämter sich tatsächlich benehmen, wie wenn sie schon in der Gosse gestrandet wären. Sie müssen das Selbstbewußtsein von Groschenjungs besitzen, sonst stiegen sie nicht zu jedem Krösus ins Boot und ließen auch mal einen silbernen Teelöffel liegen. Am 29.11.1993 stöhnte die *FAZ* über »Späths Traumschiff-Affäre, Rita Süssmuths Dienstwagen-Affäre, Krauses Putzfrauen-Affäre, Streibls Amigo-Affäre, Lafontaines Ruhegeld-Affäre, Wedemeiers Strom- und Möbel-Affäre, Eichels Dienstvilla-Affäre, Heide Pfarrs Renovierungs-Affäre und jetzt auch noch die Gehalts-Affäre in Sachsen-Anhalt«.

Ohne den Begriff der pathischen Projektion wiederum ist das Verhalten von beispielsweise Familienministerin Rönsch nicht zu verstehen, die nach »Sozialbetrügern« fahndet, seit sie beim Bewirten privater Gäste auf Staatskosten ertappt worden war. Nur der Schreckensvision, die eigene überflüssige Berufsgruppe würde einer gesellschaftlich nützlichen Tätigkeit zugeführt, kann ihr häßlicher Wunsch entstammen, daß Sozialhilfeempfänger Schnee schippen und Müll sammeln sollen.

Zielstrebig steuert die Entwicklung der Bundesrepublik zu auf den Punkt, wo es sinnvoll erscheinen könnte, eine Gruppe von Angstbeißern auch formell zu entmachten, die aus eigener Perspektivlosigkeit keine Rücksicht mehr auf die Belange der Gesellschaft nimmt. Angesichts von Politikern jedenfalls, die zum Krieg aufstacheln, bietet die außenpolitisch erfahrungsgemäß weniger abenteuerlustige Militärdiktatur als das kleinere Übel sich förmlich an.

Februar 1993

Die Serben und die Kinder

Als Mitte Februar in Liverpool zwei Zehnjährige einen Zweijährigen getötet hatten, enthüllten die nachfolgenden Ereignisse die Gemütslage einer Gesellschaft ohne Zukunft. Nur starke Polizeikräfte hinderten den Mob daran, daß er die Kinder lynchte, die doch das Werkzeug des gleichen, allerdings latenten Wunsches gewesen sein mußten, der nun als lautstarke Forderung aus der Menge kam.

Empfindlich und empfänglich, wie Zehnjährige auf Blicke, Gesten und Verhaltensweisen reagieren, hatten sie wohl das Massenbedürfnis gespürt, dessen ungehemmter Artikulation ihre Tat dann als Vorwand dienen sollte. Vielleicht hatten sie statt auf den Wortlaut auf den Tonfall gehört, wenn die Erwachsenen zu Kindern oder über Kinder sprachen. Es muß wie ein Seufzer geklungen haben, etwa: »Wären sie doch alle tot.« Solch inständiges Bitten einfach abzuweisen, waren die kleinen Übeltäter nicht hart genug.

Nicht aus Brutalität, sondern aus Willfährigkeit, aus großem Einfühlungsvermögen in die Erwachsenenseele, verübten die Kinder den Mord, dessen soziale Funktion es war, die Anstifter in ihrem vorgefaßten Urteil über die Angestifteten zu bestärken. Seither hat die Öffentlichkeit einen neuen Feind. »Was wächst da für eine Generation heran«, gruselt sich der *Spiegel.* »Kinder, die töten« titelt (am 1.3.93) das Blatt, »Tötet die Kinder«[20] ist die logische Schlußfolgerung aus folgenden Zeilen:

> »Die Weltbevölkerung vermehrt sich explosionsartig. Alle drei Sekunden wird ein Mensch geboren. Die Erde ist in Gefahr, die ökologische Bedrohung wächst dramatisch.«

B-Bombe, hieß die Überschrift zu diesem Text, mit welchem das Nachrichtenmagazin am 8.3.1993 in den Tageszeitungen warb.

Bedrohlich sind schon die Kinder selbst, nicht erst die Taten, zu denen sie durch Duldung oder Ermunterung verleitet werden, damit der gegen sie gerichtete Eliminierungswunsch als gerechtfertigt erscheinen kann. Der Nachwuchs wird zum Verursacher von Todesängsten, wenn die Erwachsenen den Gedanken nicht ertragen können, daß jemand sie überleben wird. Unerträglich ist dieser Gedanke dann, wenn eine an ihrem Fortbestand zweifelnde Gesellschaft Trost in der Gewißheit fand, es werde auch keine andere auf sie folgen. Weil sie durch ihre bloße Existenz schon die Zuversicht der Alten ad absurdum führen, man würde durchhalten bis zum endgültigen Ende, verbindet sich mit Kindern die Vorstellung, daß sie grausam wären, bevor sie es wirklich geworden sind. Nichts als das ganze Elend von Menschen, die gesellschaftlicher Gründe wegen unfähig geworden sind, sich

[20] Am 11.6.1993 titelte *Bild*: »Millionen hörten es erschüttert im TV. Solingen-Mutter: Verbrennt meinen Sohn, wenn er's war.« Im Bericht wurde die Mutter mit den Worten zitiert: »Wenn mein Sohn schuldig ist, gehört er auch angezündet.« Am 10.9.1993 hieß die Schlagzeile: »Sommer der toten Kinder. Mord Nr.19. Mädchen auf Scheiterhaufen verbrannt.« Im Bericht stand: »Eine Blutspur führt durch Deutschland. Ein mörderischer Sommer. Die Opfer: Kinder.«

mit ihrer Sterblichkeit abzufinden, spricht aus der Klage der Justizministerin: »Die Abstumpfung unserer Kinder gegenüber den Leiden anderer ist bestürzend.«

Denn wäre statt der Existenz der Kinder deren Verhalten gemeint, dürfte man nicht über Empfindungsarmut klagen. Es läßt die Kleinen nicht kalt, wenn sie sehen oder hören: »Erst geköpft, und dann gehangen. Aufgespießt auf lange Stangen.« Sie freuen sich daran. Das taten sie, wie die Märchen bezeugen, schon immer. Neu aber ist, daß sie bisweilen in der Lage kommen, sich selber und anderen solches Vergnügen zu verschaffen. Aus Zuschauern sind Darsteller geworden. Denn nicht nur im Porno, sondern auch in der Horrorshow bevorzugen die Erwachsenen heute Kinderstars, welche senile Gelüste in jungem Fleisch verkörpern, dessen Konservierung am eigenen Leib den Alten trotz Nikotinverzicht und Trimmdich nicht gelingen will. Und wo eine Nachfrage besteht, läßt das Angebot nicht lange auf sich warten.

Obendrein kann man den guten Glauben, daß sämtliche bosnischen Frauen von Serben auf bestialische Weise geschwängert worden wären, kaum ohne die unerfreuliche Gewißheit haben, daß nun das nächste Entsetzen erst mal auf sich warten lassen wird. Neun Monate müßte es normalerweise dauern, bis die Geschändeten niederkommen mit der speziellen Teufelsbrut, die freilich nur ein Teil der allgemeinen ist. Als Pausenfüller und Appetitmacher sorgen derweil andere »Kinder, die töten« dafür, daß man guter Hoffnung bleibt. Die kleinen Killer geben einen Vorgeschmack auf das Unheil, dessen die Welt sich demnächst zu erwehren haben wird. Sie sind schon so, wie die von muslimischen Frauen gegen ihren Willen geborenen Tschetniks einmal werden: zu schlecht, als daß sie am Leben bleiben dürften, und zu schwach, um gegen den Vollzug des über sie verhängten Urteils Widerstand zu leisten. Mit dem Unterschied allerdings, daß sie nicht von Serben sind. Die Reisewelle ins Land der lendenstarken Männer rollt erst an, bislang bevorzugten deutsche Touristinnen ohne männliche Begleitung Tunesien und Jamaika. Wie kommt es dann, daß die Kleinen trotz einwandfreier Abstammung an die grausamen Schlächter auf dem Balkan erinnern?

Leutheusser-Schnarrenberger: »Ich bin überzeugt davon, daß Primitiv-Gewaltprogramme im Fernsehen ebenso wie die Schundstreifen auf Video dafür verantwortlich sind.« Deshalb, so Margret Funke-Schmidt-Rink, jugendpolitische Sprecherin der FDP im Bundestag, sei eine »ständige Abrüstungskonferenz gegen Gewalt im Fernsehen« einzurichten. Und Herta Däubler-Gmelin rechnete in *Bild am Sonntag* vor: »Ein normaler Jugendlicher, der täglich zwei bis drei Stunden vor dem Fernseher sitzt, hat bis zu seinem 18. Geburtstag an die 20.000 Gewalttaten, Morde und Verbrechen angesehen.«

Längst nicht so viele, wie die Medien ohne genaue Prüfung des Sachverhalts aus Jugoslawien melden. Längst nicht so ekelhafte, wie der von Hundeföten besessene CDU-Abgeordnete Stefan Schwarz zusammenphantasiert.[21] Längst nicht so schlüpfrige, wie der alte Mann von der »Gesellschaft für bedrohte Völker« sie erzählen

[21] *Bild* fantasierte mit. Mitte März brachte das Blatt eine detailverliebte Vergewaltigungsserie, Folge 6 vom 20.3.1993 hieß »Die perverseste Massenvergewaltigung der Gegenwart«. Frauen erzählten, was ihnen von Serben widerfahren war. Männerfeindlichkeit vorwerfen kann man dem Blatt deshalb nicht. Am 16.3.1993 berichtete es von einer Frau, die ihren Mann verzehrt hatte: »Sie zog der Leiche die Haut ab, entfernte schnibbelnd Penis und Hoden. Den Schädel steckte sie in den Backofen (225 Grad), röstete ihn. Die Hände briet sie in einer Pfanne. Aus den Rippen machte sie ›Spare Ribs‹. Die Leber zerhackte sie, dünstete Geschnetzeltes.«

muß, damit seine glattrasierten Hängebäckchen sich röten und nochmal frisches Leben in die morschen Glieder strömt. Auch die Kleinen sind freilich schon auf den Geschmack gekommen. Während die Bauchaufschlitzereien aus den Trickfilmstudios ihnen vorenthalten werden sollen, hat in der Szene sich der neue Trend zur Authentizität durchgesetzt. »Man Eater« ist out, Propagandavideos aus dem jugoslawischen Bürgerkrieg sind der neue Hit unter den Bads.

Aufnahmen von echten verstümmelten Leichen etwa, wie sie im Fernsehen gezeigt worden sind, zum Zwecke der Aufklärung, wie es hieß, in Wahrheit aber aus ganz anderen Motiven, unter denen die Befriedigung sadistischer Gelüste das bekannteste ist. »Im Krieg«, schreibt beispielsweise Eric Ambler in »Der Levantiner«,

> »ist es nicht nur möglich, sondern auch nötig und ratsam, sich an Greuel zu gewöhnen. Woran ich mich nie wirklich habe gewöhnen können, das ist der Mann, der Abbildungen davon sammelt und aufbewahrt. [...] Zuletzt hatte ich eine Kollektion dieser Art bei einem Leutnant der Special-Forces in Vietnam gesehen. Er führte sie ständig mit sich herum, weil sie ihn, wie er behauptete, an alles das gemahnte, wogegen er kämpfte. Ich glaubte es ihm nicht. Er behielt die Sammlung, weil er seine Freude daran hatte. Der britische Polizeibeamte in Malaya, der so besonders stolz auf ein Photo von sich war, das ihn, die Flinte in der Hand und einen Fuß waidmännisch auf den aufgeschlitzten und ausgeweideten Leichnam eines chinesischen Freiheitskämpfers gestellt, im Dschungel zeigte, mutete demgegenüber ehrlicher an. Auf dem Bild grinste er stolz, und er hatte stolz gegrinst, als er es mir zeigte.«

Ambler ignoriert freilich, daß solche Fotos oder Filme eine stimulierende Wirkung besitzen. Sie reizen zur Nachahmung, sie wecken beim Betrachter, der sie nicht angeekelt weglegt, die gleiche Mordlust, die sie zeigen, nur diesmal als gerechtes Verlangen nach Strafe für den Übeltäter getarnt. Die Fotos in der Tasche des Leutnants stellen gewissermaßen den Ausgleich zu seinen eigenen Taten her, sie sorgen für die moralische Balance: Der Mann ist mit sich und der Welt im reinen.

Das sind in Deutschland jene auf *taz* und *FAZ* abonnierten Gruppen nicht, die zwar die Fotos in der Tasche haben, aber derzeit kein Schießeisen in der Hand. So kommt es dann, daß nicht im Hinterzimmer, sondern in der ARD-Sendung *Presseclub* (am 7.3.1993) ein *Welt*-Redakteur erzählt: »Was für Frankreich der Maghreb ist, mit allen Anforderungen an Intervention, ist für Deutschland jetzt Osteuropa.« Nötig für Bosnien sei jetzt »eine militärische Intervention für ein paar Wochen in großem Umfang«. Man habe nämlich »nur die Wahl zwischen Pest und Cholera. Wenn wir uns gedanklich in Deutschland nicht auf die Rolle einer Ordnungsmacht einstellen, haben wir, wenn wir nichts tun, die Flüchtlingswellen.« Erforderlich sei ferner,

> »darüber nachzudenken, wie wir die neue Ordnung gestalten wollen, weil der gegenwärtige Trend in Osteuropa ist, leider auch in Westeuropa hie und da: runter zu kleinen Einheiten, die nicht lebensfähig sind. Es ist doch Unfug, Ministaaten à la Slowenien, Kroatien zu gründen, Staaten mit zwei Millionen Einwohnern.«

Erst den Zerfall Jugoslawiens in völkische Kleinstaaten propagandistisch und diplomatisch unterstützen, um aus den Zerfallsprodukten dann mit militärischen Mitteln eine der deutschen Ordnungsmacht unterstehende Einflußzone zu machen: Ein Selbstmordprogramm, wären seine Erfinder noch im wehrpflichtigen Alter.

Da sie es nicht sind, wird man ihnen unterstellen dürfen, daß ihr Vernichtungswunsch[22] sich gegen die Serben und gegen die eigenen Kinder gleichermaßen richtet.

März 1993

[22] Es scheint, als würde solche Destruktivität sexueller Frustration entstammen. Im Januar und Februar 1993 waren Massenvergewaltigungen in Bosnien der Knüller, der *Stern* brachte sie aufs Titelblatt. Am 15. März erschien dann der *Spiegel* mit der Titelgeschichte »Was hilft gegen Impotenz?« Man braucht kein Psychoanalytiker sein, um zu begreifen, daß das eine Titelthema das andere erklärt. Die Alternden werden mit dem Nachlassen des sexuellen Verlangens nicht fertig, da sie zur Sublimierung nicht fähig sind. Ein mörderischer Haß auf die Jungen schwelt deshalb in ihnen, und sie malen sich gern sadistische Exzesse aus, weshalb sie von Massenvergewaltigungen gar nicht genug hören können. Das befriedigt ihre Lust und bestärkt sie zugleich in der tröstlichen Meinung, daß der Geschlechtsakt grundsätzlich eine barbarische, also strafbare Angelegenheit sei. Die Jungen in einen Krieg gegen Serbien zu schicken, wie dies auch von Cohn-Bendit und anderen Männern in den Wechseljahren gefordert wird, heißt demnach, zwei Fliegen mit einer Klappe schlagen. Auf einen Streich ist man alle los, die ihr Glück bei den Frauen suchen, und die ihnen welches schenken.

Wir haben es immer gewollt

Als in der Karwoche am Gründonnerstag das Bundesverfassungsgericht der Regierung die Erlaubnis gab, zum dritten Mal in diesem Jahrhundert in einen Krieg gegen Serbien einzutreten, nannten Voreilige das einen historischen Augenblick. Sie sollten das monumentale Wort nicht an Bagatellen verschwenden. Die historischen Augenblicke kommen noch.[23] Statt aus dem Gerichtssaal wird das Fernsehen dann von Schlachtfeldern berichten, und die Zuschauer werden nicht enttäuscht sein.

Nicht, daß die Landsleute sich frohen Herzen und mit Hurra-Gebrüll in das Abenteuer stürzen würden. Gierig und triebhaft zwar, aber auch gequält und mürrisch sehen sie dabei aus, fast wie Katzen, die nicht lassen können von der heißen Milch, an der sie sich immer wieder die Zunge verbrennen. Scheinheilig trauern sie inzwischen sogar den Verhältnissen nach, die ihnen früher die Hände

[23] Jedenfalls kommen sie näher. Am 28.12.1993 titelte die *FAZ:* »Rühe besorgt wegen des ›Krisenpotentials in unserer näheren und weiteren Nachbarschaft‹.« Wenn der Verteidigungsminister sich sorgt, heißt das, daß er aufrüsten will. In der Woche davor hatte CDU-Fraktionsvorsitzender Schäuble gefordert, den Einsatz der Bundeswehr auch im Inland in Erwägung zu ziehen, weil: »Die Grenzen zwischen äußerer und innerer Sicherheit verwischen im Zeitalter weltweiter Wanderungsbewegungen und internationalen Terrorismus zunehmend.« *(FAZ* vom 22.12.1993). Schäuble vermied es, ausdrücklich auf Jelzin hinzuweisen, der bekanntlich den Reformprozeß gerettet hat, indem er das Parlament von Panzern der Armee zusammenschießen ließ.

banden. »1988 waren die Westdeutschen glücklich und zufrieden. Sie hatten keine ernsthaften Sorgen«, meinte rückblickend Anfang 1993 die *FAZ.* »Wir haben«, erinnerte sich wehmütig ein anderes Blatt, vor der Wiedervereinigung »in anormalen Zeiten gelebt. Es war eine sehr schöne Zeit. Jetzt aber holt uns die ›Normalität‹ eines europäischen demokratischen Staates ein. Es hat keinen Sinn, die Augen davor zu verschließen.«

Im Gegenteil, denn furchtlos den Tatsachen ins Gesicht zu schauen heißt, sich mit dem Gedanken anzufreunden, »gerade das Erbe Hitler-Deutschlands gebiete es, daß Deutschland künftig an vorderster Front mitkämpfe, wenn es darum geht, Aggressoren zu wehren«. Deutschland ist, »ob wir es wollen oder nicht, auf dem Weg, eine der wenigen Ordnungsmächte dieser heillosen Erde zu werden«.

Die Traumkarriere verhieß den Machthungrigen und den Ehrgeizigen im Land die Erfüllung einer alten Sehnsucht. Anfangs der 80er Jahre hatten sie das muskelschwache Vaterland auf andere Weise zum Weltmeister machen wollen, durch einen Titelgewinn in den Disziplinen Abrüstung und Gewaltverzicht. Dank der Wiedervereinigung winkte nun der Sieg in einem gewinnträchtigeren Spiel. Den Stahlhelmern in der CDU schlossen sich Veteranen aus der Protestbewegung mit der Parole an, daß statt der Internationale die Bundeswehr das Menschenrecht erkämpfen solle, zum dritten Mal in diesem Jahrhundert auf dem Balkan.

Freudig verwundert stellte die *Stuttgarter Zeitung* vom 11.3.1993 daher fest: »In der Debatte um Moral und Gewalt, um Krieg und Frieden haben sich neue, überraschende Fronten gebildet.« Da stünden zum Beispiel auf derselben Seite »Grüne, die alternative *tageszeitung* und die konservative *Frankfurter Allgemeine,* die ebenfalls fast gleichlautend unisono die Tatenlosigkeit des Westens beklagen, die das ›Zusehen bei Grausamkeiten für Komplizenschaft‹ halten und ein militärisches Eingreifen fordern, um dem Völkermord in Bosnien ein Ende zu bereiten.«

Auch der Papst war mit von der Partie. »Macht den unsagbaren Grausamkeiten ein Ende«, sprach er, »mit denen die Würde des Menschen verletzt und Gott, der gerechte und barmherzige Vater, beleidigt wird.« Das war am Ostersonntag. Anderntags düsten die himmlischen Heerscharen los, geflügelte Engelmacher vom Typ F-15, F-16 und Mirage 2000. Grade hatte man unter Anleitung der Presse Bosnien durchgenommen und Srebrenica, Zepa, Gradacac buchstabieren gelernt. Jetzt kam Nordost-Italien mit den NATO-Basen Aviano, Cervia, Istrana, Villafranca, Vicenza hinzu. Gründlicheren Geographieunterricht als den täglichen Frontbericht gibt es nicht.

»Ein historischer Augenblick«, meinte US-Admiral Mike Boorda – einerseits. Andererseits aber so aufregend wieder nicht. Schließlich habe man, bekannte der General, »für diesen Einsatz 41 Jahre lang geübt«. Auch der deutsche Ober-Kinkel verplapperte sich. Daß nun deutsche Soldaten serbische Flugzeuge als Ziele für den Abschuß orten dürften, und zwar mit ausdrücklicher Billigung des Bundesverfassungsgerichts, sei »das, was wir immer gewollt haben«.

War es das? Von Anfangserfolgen auf den Endsieg zu schließen, kann ein Trugschluß sein, nicht nur, weil das Sprichwort sagt, es lache am besten, wer zuletzt lacht. Auch die Erfahrung lehrt, daß immer dann, wenn die Deutschen nach Europa griffen, der lachende Dritte Amerika hieß. Fest steht einstweilen nur, wer bislang die Hauptverlierer waren: die Menschen in den ehemaligen Ostblockstaaten, jene zumal, die in Banden- und Bürgerkriegen umkamen, die auf der Flucht oder im tiefsten Elend sind.

Doch während die NATO triumphierend meint, daß ihr die Welt gehöre, und während die Deutschen meinen, daß ihnen die NATO bald gehören wird, sind beide im Innern vom Verfall gezeichnet, dessen Kompensation der Zweck ihrer militärischen Unternehmungen ist. Sie werden damit nur die gesellschaftliche, ökonomische und politische Krise verschärfen, die Europa ohnehin bedroht. Man habe sich daran gewöhnt, stand in der Zeitung, »daß im Osten und Südosten Europas nach dem Zusammenbruch des Kommunismus zahlreiche neue Staaten entstanden sind, auch die Trennung zwischen Tschechen und Slowaken haben wir achselzuckend hingenommen«. Allerdings wäre es, fuhr in mißbilligendem Ton der Kommentator fort, »eine groteske Folge der neuen Unübersichtlichkeit, wenn der überall zu beobachtende bedrohliche Rückzug auf sich selbst dazu führen würde, daß im Westen gewachsene Länder wie die Schweiz zerfallen. In Italien droht übrigens das gleiche Schicksal.«

Nicht nur dort. Der NATO-Einsatz in Bosnien, ausgerechnet von Italien aus, könnte der Beginn einer Jugoslawisierung Europas sein, und vielleicht ist es eben dies, was die Deutschen schon zweimal versuchten, und was ihnen beim dritten Mal vielleicht gelingen wird. Das wäre immerhin eine Erklärung für die unwiderstehliche Anziehungskraft, welche die Schluchten des Balkans für die Landsleute seit Karl May zu besitzen scheinen, und für einen Haß auf die Serben, der von Heldenverehrung fast nicht mehr zu unterscheiden ist.

Mai 1993

Tu es nicht

Als am 19. April 1993 frühmorgens Kampfpanzer der US-Armee die Davidianer-Ranch bei Waco/Texas attackierten und wenig später das ganze Anwesen in Flammen stand, war das ein besonderer Grund zum Zweifel an der Belehrbarkeit des menschlichen Verstandes. Denn seit nunmehr 51 Tagen lief ein Stück, dessen einzige Botschaft hieß: Laß es bleiben, tu es nicht.

Es begann am 28. Februar damit, daß man vorm Fernseher doppelt sah, weil sich Bilder vom bosnischen Bürgerkrieg mit ähnlichen aus den USA vermischten. Auf zwei weit auseinanderliegenden Bühnen wurde seither simultan die gleiche Situation gezeigt, nur mit entgegengesetzter Bewertung. Mal waren die Belagerer die Bösewichter und die Belagerten Unschuldslämmer, mal war es gerade umgekehrt, und man hätte glauben können, das gesplittete Spektakel habe jemand arrangiert, um bei Akteuren und Publikum eine Reflexion zu erzwingen. Diese setzt normalerweise ein, wenn einer an sich selber zweifelt, und das muß er, wenn die eigenen Überzeugungen und Verhaltensweisen ihm bei einer anderen Person begegnen, die er für einen Schurken hielt. Doch der Aufwand war umsonst.

Besten Gewissens versorgte in Bosnien die amerikanische Luftwaffe das von serbischen Verbänden eingekesselte und von muslimischen Einheiten gehaltene Srebrenica mit Lebensmitteln. Besten Gewissens drohten die USA den Serben mit Strafaktionen, falls sie die Belagerung muslimischer Stützpunkte nicht abbrechen würden. Besten Gewissens hungerte gleichzeitig in den USA selber das FBI nach allen Regeln der Kriegskunst eine Gruppe systematisch verrückt gemachter Zivilisten aus.

Vorwerfen ließ sich ihnen nur, daß sie bewährter amerikanischer Siedlertradition die Treue hielten. Mit Gewehrsalven hatten sie eine anstürmende Hundertschaft der Polizei von ihrem Privatbesitz verjagt, weil die zudringlichen Beamten sich – aus der Perspektive der Ranchbewohner betrachtet – wie ein Haufen Banditen oder Indianer benahmen. Seither hielten 500 Mann vom FBI die Widerspenstigen umzingelt, Rücksicht auf deren labile psychische Verfassung nahm man nicht. Ebensowenig nahm man Rücksicht auf die Kinder. Mittels Lautsprecherbatterien und tieffliegender Hubschrauber sorgten die Belagerer von Waco seit dem 6. März dafür, daß die Eingeschlossenen Nacht für Nacht von scheußlichem Lärm gequält wurden. Kommandanten von UN-Konvois, die bei den Belagerern auf freie Durchfahrt für Milchpulver und Medikamente gedrungen hätten, gab es nicht, ebensowenig den dramatischen Filmbericht, der die verzweifelte Lage der Menschen – unter ihnen Verwundete und Kinder – in den grellsten Farben malte. Vollkommen abwegig die Idee, daß den Davidianern jemand hätte Waffen liefern wollen. Denn in Waco sollten die Verteidiger kapieren, was die Verteidiger von Srebrenica und Sarajevo nicht einsehen durften: Daß der Unterlegene kapitulieren oder krepieren muß.

»Ranch Apokalypse«, wie die Davidianer ihr Sarajevo nannten, war hermetisch abgeriegelt, auch die Stromversorgung wurde unterbrochen. Ferner war es einem permanenten Nervenkrieg ausgesetzt. Kein Versuch wurde hingegen unternommen, die als unzurechnungsfähig Eingeschätzten zu beruhigen, wie man dies mit Geisteskranken tut, etwa durch den Rückzug der Bewacher auf außer Sichtweite liegende Positionen. Der martialische Truppenaufmarsch, der im Krieg ein legitimes Mittel zur Einschüchterung des militärischen Gegners ist, trieb die Sektenmitglieder, die doch keine professionellen Soldaten, sondern unter Weltuntergangsängsten leidende Paranoiker waren, nur noch tiefer in die durchaus mit der amerikanischen Alltagserfahrung konvenierende Vorstellung hinein, daß sie beim Verlassen ihrer Festung nichts als den sicheren Tod im Kugelhagel einer aufs Showdown erpichten Polizei zu erwarten haben würden.

Endzeitstimmung herrschte also in Waco, Endzeitstimmung kam unterdessen auch in Washington auf, denn nach knapp hundert Tagen im Amt war Billy-Baby auf der Popularitätsskala tiefer gerutscht als innerhalb der gleichen Frist je ein Präsident vor ihm. Wieder war der Mann der schnellste, der als erster Politiker mit einem echten Einwortprogramm nach ganz oben kam. *Change*, immer nur *Change* klang es, wenn er sprach – solange, bis das Publikum nachgab und die Leerformel für die Zauberformel nahm. Deren Wirkungskraft aber lag in des Propheten flächigem Gesicht begründet, das als Projektionsleinwand für alle Kinderfilme mit sämtlichen stupsnasigen, sommersprossigen Figuren diente, die das Genre entwickelt hat. Clinton wurde von den Amerikanern gewählt, damit er sie nach Entenhausen führte, dorthin, woher er augenscheinlich selber kam. Es spricht für die Gutmütigkeit der amerikanischen Bevölkerung, daß sie auf die schwere ökonomische und soziale Krise nicht mit Großmachtehrgeiz reagierte, sondern mit dem Wunsch, auf der Welt möge es zugehen wie im Disney-Film.

Wunder hatten die Amerikaner sich von Clinton versprochen, nach knapp 100 Tagen im Amt brauchte der Hoffnungsträger selber eines, und es durfte gern ein größeres sein. Scheußlich muß es in den Ohren des Kennedy-Epigonen geklungen haben, wenn sein Gegenspieler und Bruder im Leid, nämlich der widerspenstige Jesus-Epigone David Koresh in Waco erklären ließ, daß er auf ein Zeichen Gottes warte. Keiner mag es, wenn die eigene innere Stimme wie ein Echo aus dem Mund eines Irren kommt. Tatsache ist, daß zwei Idole in der gleichen Patsche saßen: Dort kein *Change* in Sicht, hier ließ der *Jüngste Tag* auf sich warten.

Schließlich, am 19. April, kam er dann, der Befreiungsschlag des Präsidenten gegen sein lästiges Alter ego – wenn man diesen Überlegungen folgen will. Unbezweifelbar aber ist zumindest, daß der Mann um einen Erfolgsnachweis allmählich sehr verlegen war. Langsam keimte der Verdacht, daß man diesen Clinton früher schon mal gesehen habe, nur in anderer Kostümierung. Nannte er sich damals nicht Gorbatschow? *Perestroika* statt *Change* hieß es zwar bei dem, aber bedeuten beide Vokabeln nicht das gleiche, soviel wie *blühende Landschaften* etwa, diesmal in die Sprache der Bonner Agrarromantik übersetzt?

Ob nun Gorbatschows Doppelgänger oder Kohls Zwillingsbruder – Clinton war der Prototyp des Politikers, den die Krise zur Ohnmacht verdammt. Weder wollte die Weltkonjunktur auf sein Kommando hören, noch stimmte wenigstens der Kongreß seinen Reformvorhaben zu. Logisch, daß der Präsident trotz seiner Vergangenheit als Vietnamkriegsdrückeberger schnell den ersten Hauptsatz der zeitgenössischen politischen Philosophie begriff: Es passiert nichts Gutes, außer die Army tut es.

Und so schickte er die Panzer los. Mittels aufmontierter, bis in Baumwipfelhöhe reichender Rammen stießen die schweren Kettenfahrzeuge, wie sie zuletzt im Golfkrieg eingesetzt worden waren, Teile der hölzernen Außenwände ein, um im gleichen Arbeitsgang das Gebäude mit CS-Gas vollzupumpen. Es geschah, was alle Beobachter und Kenner der als »Selbstmordsekte« bezeichneten Gruppierung erwartet hatten. Hatten sie es heimlich auch gewünscht? Während das Fernsehen aus dem jugoslawischen Bürgerkrieg immer nur die Resultate zeigt, war über *CNN* diesmal die Welt live dabei, wie die belagerte Siedlung samt ihrer Verteidiger und übrigen Bewohner lichterloh brannte. Nach Beendigung der friedensschaffenden Maßnahme fiel deren Bilanzierung den Gerichtsmedizinern zu, rund drei Wochen durchstöberten sie die Trümmer. Anders als auf ähnlichen Schauplätzen im jugoslawischen Bürgerkrieg filmte das Fernsehen die Recherche nicht. Diesmal waren die Fundstücke ungeeignet, Appetit auf Serben zu erzeugen, wenn beim Abendessen in Großaufnahme genossen. Nach Beendigung ihrer Sortierarbeit konnten die Experten 72 Leichen melden, unter ihnen die von 17 Kindern.

Hauptsächlich aus Sorge um deren Wohlergehen, erklärten die Justizministerin und der Präsident anderntags, sei der Sturm auf die Ranch befohlen worden; man habe die Information bekommen, die Kinder würden von David Koresh sexuell mißbraucht. Noch am gleichen Tag gab das FBI vor der Presse zu, keinerlei neue Erkenntnisse besessen zu haben. Später, am 5. Mai, legten Fachärzte für Psychiatrie in Houston ihr Gutachten über die Davidianer-Kinder vor, die zu Beginn der Belagerung freigekommen und seither untersucht worden waren. Kein sexueller Mißbrauch, lautete der Befund.

*

Wieder war ein Punkt erreicht, wo man hätte glauben dürfen, daß das Zeichen nicht zu übersehen war. Aller

Welt hatte Waco bewiesen, was von militärischen Operationen zu halten ist, die als Unternehmungen zur Rettung von Frauen oder Kindern ausgegeben werden, wo sie doch in Wahrheit solche zur Tötung oder Kampfunfähigmachung eines Gegners sind. Wer die Katastrophe von Waco nicht als Warnung davor begriff, nun mit ganzen Armeen den sexuell mißbrauchten Frauen in Bosnien zu Hilfe zu eilen, mußte blind und taub sein.

Und so fügte es sich gut, daß am 20. April 1993, dem Tag danach, in der *New York Times* ein vom American Jewish Congress unterzeichneter und an Clinton gerichteter offener Brief erschien, dessen Anfang wie das rechte Wort zur rechten Zeit klang. »Ihre Präsidentschaft hat unserer Nation und der Welt neue Hoffnung und neuen Schwung gegeben«, hieß es dort, Clinton habe sich »den Herausforderungen in unserem Lande mit Mut und Glaubwürdigkeit gestellt«. Angesichts der Ereignisse vom Vortag entlarvte sich die Phrase selbst, ohne daß es weiterer Erklärungen bedurft hätte.

Nur war dieser Effekt keineswegs bezweckt. Allen Ernstes wurde Clinton vielmehr für bisheriges Wirken gelobt und zu weiterem ermuntert; gleiche Tatkraft wie daheim solle er nun auf dem Balkan zeigen. Auch der American Jewish Congress hatte sich eingereiht in die breite Front gegen den neuen Weltfeind Nummer eins, dessen Vorgänger und möglicher Nachfolger doch die Juden selber sind. Wenige Namen nur braucht man austauschen, wenn man den offenen Brief des American Jewish Congress als antiamerikanisches oder antisemitisches Pamphlet verwenden will. Er wird hier in vollem Wortlaut zitiert:

»Sollen wir dafür beten, daß sie alle sterben, Herr Präsident?

Sehr geehrter Herr Präsident,

wir schreiben Ihnen diesen offenen Brief als Freunde. Ihre Präsidentschaft hat unserer Nation und der Welt neue Hoffnung und neuen Schwung gegeben. Sie haben uns dazu aufgefordert, unseren Idealen zu folgen, statt unseren Ängsten zu erliegen.

Während Sie sich den Herausforderungen in unserem Lande mit Mut und Glaubwürdigkeit gestellt haben, haben Sie gegen die serbische Aggression und Unmenschlichkeit auf dem Balkan bisher keine Aktivitäten veranlaßt. Wir sind uns sicher: Sie sind über die serbische Aggression bestürzt und haben darauf gedrungen, die Sanktionen zu verschärfen und das Flugverbot zu erzwingen. Aber nachdem der völkermordende Granatenbeschuß auf Srebrenica und Sarajevo täglich weitergeht, ist deutlich, daß diese Maßnahmen das Massaker nicht beenden werden.

Slobodan Milošević, Präsident von Serbien, hat Ihnen höhnisch dafür gedankt, daß Sie nicht interveniert haben, um das Gemetzel zu beenden. Milošević und seine serbischen Freunde in Bosnien glauben, sie hätten grünes Licht von Amerika bekommen (die Politiker Europas haben ihnen längst den Weg freigegeben), und so haben sie den Angriff auf Srebrenica und Sarajevo mit ungezügelter Brutalität und Raserei fortgesetzt.

Angesichts der serbischen Greueltaten urteilte der UN-Flüchtlingsbeauftragte in Sarajevo, Larry Hollingworth, über die serbischen Verantwortlichen: »Ich hoffe, ihre Träume werden durch die Schreie der Kinder und das Weinen ihrer Mütter unterbrochen.« Aber was ist mit uns, Herr Präsident? Wird unser Schlaf gestört durch die Schreie der Kinder und das Weinen ihrer Mütter?

Die Frage, warum die Welt nichts getan hat, um den

Holocaust zu verhindern, hat die zivilisierte Welt bis heute verfolgt. Tragischerweise wird uns die Antwort nun offenbar. Es ist der gleiche Grund, warum die Welt jetzt nichts unternimmt, und es ist der gleiche Grund, warum wir Amerikaner nichts unternehmen, um die ethnischen Säuberungen, die systematische Vergewaltigung von Frauen und kleinen Mädchen, die Niedermetzelung der Unschuldigen, die Schandtaten, die jetzt die Ausmaße eines Völkermords annehmen, zu stoppen. Es war Feigheit, Herzlosigkeit und fehlendes moralisches Empfindungsvermögen der westlichen Welt, die den Holocaust ermöglichten. Haben wir wirklich nichts aus dieser Erfahrung gelernt?

Ist die mächtigste Nation der Erde, die einzige Supermacht, hilflos angesichts der brutalen Aggression Serbiens? Da sind jene, die behaupten, dem sei so. Aber Sie selbst, Herr Präsident, haben während Ihrer Wahlkampagne überzeugend argumentiert, daß es nicht der Entsendung umfangreicher amerikanischer Bodentruppen bedürfe, um die serbische Aggression zu stoppen. Sie haben erklärt, daß gezielte Luftangriffe, die Aufhebung des Waffenembargos gegen die bosnischen Muslime und andere begrenzte Maßnahmen die serbische Aggression wirkungsvoll eindämmen könnten. In diesen Tagen haben weltweit Gedenkveranstaltungen an die sechs Millionen Juden erinnert, die während des Holocausts vernichtet wurden. Sie waren genauso Opfer der Gleichgültigkeit der Welt wie der Brutalität der Nazis. Sie haben, sehr verehrter Präsident, persönlich an der Einweihung des neuen US-Holocaust-Gedenk-Museums teilgenommen. Wenn das Gedenken an diese Opfer uns nicht dazu bewegt, auf das Leiden und die Verfolgung in unserer Zeit zu reagieren, welchen denkbaren Zweck soll diese Erinnerung haben?

Wenn wir uns nicht dazu durchringen können, das Blutbad in Bosnien zu beenden, dann hören wir doch wenigstens auf uns einzumischen, indem wir verhindern, daß bosnische Muslime sich selbst verteidigen können. Herr Präsident, heben Sie das Waffenembargo jetzt auf! Ihr eigenes Expertenteam, das gerade aus Bosnien zurückgekehrt ist, hat darauf gedrängt, daß Sie das Embargo beenden. Sie haben auch zu militärischer Intervention aufgerufen, um belagerte Städte zu beschützen, die überfüllt sind mit Flüchtlingen. Ihr Elend geht weit über menschliche Leidensfähigkeit hinaus. Und Sie haben gefordert, daß bewaffnete Einheiten die Hilfstransporte zu diesen verhungernden Menschen begleiten. Handeln Sie nach diesen Empfehlungen, Herr Präsident!

Die *New York Times* vom 20. März berichtete über ein kleines Mädchen, das mit einem von einer explodierenden Granate zerfetzten Gesicht ins Krankenhaus von Srebrenica gebracht wurde. »Ich muß gestehen, wir alle hofften und beteten, daß sie sterben würde – und sie starb«, wurde ein UN-Repräsentant zitiert.

Ist das wirklich das Beste, was wir tun können, Herr Präsident? Sollten wir beten, daß die Muslime in Bosnien alle sterben?

Wie Sie so oft gesagt haben, Herr Präsident, wir können mehr tun. Und in den Worten des Weisen Hillel: ›Wenn nicht jetzt, wann?‹«

Keine Zweckentfremdung also, daß die deutsche Gesellschaft für bedrohte Völker diesen Text für ihre Propaganda nutzte und ihn in der *Zeit* vom 30. April zusammen mit zwei eigenen offenen Briefen publizierte, deren einer den Bundespräsidenten rügte, weil er »zum Völkermord an den Bosniern geschwiegen« habe, während der andere den Bundeskanzler bat, die Serben daran zu hindern, daß sie »einen erneuten Völkermord in Europa vollenden«.

Starke Parolen, wie sie vor elf Jahren zuletzt gedroschen wurden. Damals, im Juni 1982, prangerte die westdeutsche Linke Holocaust, Vernichtung und Völkermord an. Wie in Auschwitz, mußte der *taz*-Leser glauben, ging es gerade im Libanon zu, wo die Palästinenser sich in Juden und die Juden sich in Nazis verwandelt hatten. Tatsache ist, daß die israelische Armee dort gegen die PLO einen Präventivkrieg führte und es keiner von der appetitlichsten Sorte war.

Wie die muslimischen Soldaten im bosnischen Bürgerkrieg sich heute in den Dörfern und Städten hinter den eigenen Frauen und Kindern verschanzen, deren Flucht oder Evakuierung sogar mit Gewalt verhindern, zogen damals die bewaffneten Formationen der PLO sich vor den anrückenden israelischen Panzerverbänden in die Großstadt Beirut zurück. Seit die zivilisierte Welt vom Krieg einen ästhetischen Genuß erwartet, nehmen die Militärs auf Frauen, Kinder, Alte, Kranke der eigenen Partei keine Rücksicht. Statt deren Wohngebiete kampflos dem Gegner zu überlassen, wenn die Front nicht mehr zu halten ist, provozieren die Anführer im Vertrauen auf den Propagandaerfolg das Gemetzel an den eigenen Leuten.

Wie die serbischen Belagerer Sarajevos heute hatten die israelischen Militärs damals wenig Lust, Beirut im verlustreichen Straßenkampf erobern zu lassen. Also schnitt man die Einwohner von jeder Versorgung ab, ferner wurden nicht nur feindliche Stellungen gezielt beschossen, sondern ganze Viertel von der Luftwaffe bombardiert. Wochenlang gehörten der Rauchpilz über der Stadt und in Brand geschossene Hochhäuser, meist Hotels, zu jeder Tagesschau. Während die israelische

Armee sich auf konventionelle Kriegsführung beschränkte, besorgten mit ihr verbündete christliche Milizen die Schmutzarbeit:

> »Als besonders grausames Kapitel des [libanesischen] Bürgerkriegs gilt das ›Septembermassaker‹ in Sabra und Shatila. Die Bewohner der ›Camps‹ von Beirut [südlicher Stadtrand] erinnern sich an jene drei Tage im September 1982, als christliche Milizen unter den Augen israelischer Soldaten in die Lager eindrangen und Tausende wehrloser Zivilisten, meist Frauen, Kinder, Greise, ermordeten. Bis heute gedenkt man jährlich mit einer Trauerfeier dieses Massakers. Zuvor waren die Lager mit Artilleriegeschossen und von Jagdflugzeugen so gut wie dem Erdboden gleichgemacht worden – dies ist heute noch deutlich zu erkennen.«[24]

Eines der Kriegsziele nämlich war, was die heutige Propaganda in Anspielung auf die Praxis der Nazis *ethnische Säuberung* nennt. Damals sollten Palästinenser jedweder Art aus dem Südlibanon vertrieben werden, nicht um die Welt von einer minderen Rasse zu säubern, sondern weil die Palästinenser, wie sie selber erklärten, die Feinde Israels waren. Aber die Leute verschwinden nicht, wenn man sie gemäß den Genfer Konventionen behandelt. Wieder kam es zu schlimmen Massakern, wie es schon bei der Gründung Israels zu Massakern gekommen war.

Überall, wo heute irgendwelche Völker leben, hatten zuvor andere gelebt, nirgends haben die Vorgänger ihren

[24] Ende Juli 1993 griff die israelische Armee mit Artillerie und Bombern Dörfer im Südlibanon an. Rund 100 Zivilisten starben, rund 300.000 waren auf der Flucht. Grund für die *FAZ* vom 28. Juli 1993, sich zu erinnern.

Nachfolgern freiwillig Platz gemacht, stets war die Niederlassung mit Krieg, Massakern und Vertreibung verbunden.

Absolut nichts aber hat das alles mit Auschwitz zu tun, einem System zur Vernichtung von Menschen, die in keinerlei Feindschaft, Rivalität, Konkurrenz oder auch nur Beziehung zu den Deutschen standen. Falsch ist es deshalb, wenn den Amerikanern ein Völkermord an den Indianern vorgeworfen wird. Falsch ist es, die Israelis anzuklagen, weil bei der Gründung ihres Staates Hunderttausende Palästinenser vertrieben worden sind. Falsch war es 1982, die Aktionen der israelischen Armee im Libanonkrieg mit den Operationen der SS zu vergleichen. Falsch ist es heute, von Deportationen zu reden, wenn die israelischen Behörden Hamas-Aktivisten außer Landes jagen. Ebenso falsch ist es heute, im Zusammenhang mit dem bosnischen Bürgerkrieg von Völkermord zu sprechen, wo die Serben nur das tun, was in vergleichbarer Lage alle machen, nämlich Geschichte, wie man die stets bestialischen Gründungsakte oder Akte der Selbstbehauptung von Völkern oder Nationen später nennt.

Umso erstaunlicher, daß nun ausgerechnet der American Jewish Congress zwischen Völkermord und normaler Geschichte nicht mehr unterscheiden kann, weil die Amerikaner wie die Juden auf diesen Unterschied besonderen Wert legen müßten. Israel wie die USA sind vergleichsweise junge Nationen in dem Sinn, daß man die Umstände der Landnahme und Besiedlung noch erinnert. Anderswo mögen die Leute den Unsinn glauben, ihre Nation sei das Ergebnis friedlicher Vermehrung. Daß es nicht so war, müßten Juden und Amerikaner besser wissen.

Umso rätselhafter sind ferner die Motive, weil man zwar den Deutschen, nicht aber dem American Jewish

Congress simple niedere Beweggründe wie zum Beispiel Rache für verlorene Kriege, alte Feindschaft oder das Interesse an der Gewinnung von Einflußzonen unterstellen kann.

Überhaupt stimmt seit geraumer Zeit nicht mehr die Vorstellung, daß die Deutschen in der internationalen Hetzkampagne gegen Serbien federführend wären. Neben den französischen Neuen Philosophen Glucksman, Lévy, Finkielkraut wirkt ein Reißmüller fast gemäßigt. Unbestreitbar ist, daß die Serben den Haß gerade solcher Gruppierungen und Kreise im Westen auf sich ziehen, die sich als Hüter von Zivilisation und Humanität begreifen.

Ebenso unbestreitbar ist, daß die außerordentliche Vehemenz des gegen die Serben gerichteten Hasses nicht mal zu verstehen wäre, träfen alle Greuelmeldungen zu. Nicht mal der bosnische Rundfunk unterstellt den Serben ein Verbrechen, welches die USA im Vietnamkrieg (zwei Millionen Tote, davon die Hälfte Zivilisten) erwiesenermaßen begangen haben, ohne daß die Verantwortlichen bestraft worden wären oder deren Aburteilung durch einen internationalen Gerichtshof zur Debatte stünde: nämlich gegen die Zivilbevölkerung gerichtete Flächenbombardements unter Einsatz von Napalm. Selbst wenn bislang im jugoslawischen Bürgerkrieg 200.000 Menschen umgekommen wären und sie sämtlich auf das Konto von Milošević gingen: ein kleiner Fisch, verglichen mit dem US-Protegé Mobutu etwa oder dem früheren haitianischen Diktator Baby Doc, welcher derzeit völlig unbehelligt in seiner Villa an der Côte d'Azur residiert.

Richtig ist, daß muslimische Gefangene in serbischen Lagern bestialisch behandelt wurden. Nur dürften französische Intellektuelle sich darüber wenig wundern, bekleidete ihr heutiger Präsident doch das Amt des Innenministers, während die *Grande Nation* im Kolonialkrieg gegen die algerische Befreiungsfront mit Folterungen und Massakern traurigen Ruhm erwarb. Und wäre der bosnische Bürgerkrieg ein serbischer Verwüstungsfeldzug, den die Belgrader Regierung durch Waffenlieferungen unterstützt: Weit schmutziger war das Spiel, das die Westmächte bei der Hochrüstung rivalisierender Banditenhaufen in Afghanistan trieben.

So wirkt die Argumentation des American Jewish Congress demagogisch, heuchlerisch, widersprüchlich. Einerseits wird die Belieferung der Muslime mit Waffen gefordert, andererseits als emotionales Druckmittel das von einer Granate zerfetzte Gesicht eines kleinen Mädchens genommen, was nun eher gegen zusätzliche Waffenlieferungen spräche als dafür. Ferner erkennt man in diesem bosnischen Mädchen unschwer seine palästinensische Leidensgefährtin wieder, deren Gesicht von einem aus nächster Nähe abgefeuerten Hartgummigeschoß zertrümmert worden ist, oder auch von scharfer Munition, denn beim Niederwerfen der Intifada – einer Rebellion aufgehetzter Kinder – können die israelischen Sicherheitskräfte sich bisweilen Zimperlichkeiten nicht leisten. Schließlich sollten Amerikaner vermeiden, allzusehr ihre Außenpolitik mit der Sorge um kriegsverletzte Kinder zu begründen, weil sich mancher erinnern könnte an den alten Spruch: »Hey, hey, hey, LBJ, how many kids did you kill today«.

Und das widersinnige Wort vom »völkermordenden Granatenbeschuß« erinnert nur an die stereotype Meldung hiesiger Sender, daß bei israelischen Angriffen auf PLO-Stellungen wieder soundsoviele Zivilisten umgekommen seien. Je genauer man den Text studiert, desto mehr verfestigt sich der Eindruck, daß er gar nicht die Serben meint, die den amerikanischen Juden in der Tat auch herzlich egal sein dürften – ebenso egal, wie den Deutschen Polizeimaßnahmen im weit entfernten Israel sein müßten.

Lachhaft, wenn die Patrioten an die eigene Adresse, also an die USA, die rhetorisch gemeinte Frage richten: »Ist die mächtigste Nation der Erde, die einzige Supermacht, hilflos angesichts der brutalen Aggression Serbiens?« Mit den Serben würde sie schon fertig werden, aber mit sich selber nicht. Wer kann die Supermacht unter Kontrolle halten, seit es das Gleichgewicht des Schreckens nicht mehr gibt? Wer hindert nun die USA daran, die Vietnamkriege demnächst reihenweise zu führen? Das ist das Problem, nicht Serbien.

Wie das Produkt einer ungeheuren Verdrängungsleistung wirkt deshalb die nach Taten schreiende Empörung über die Vorgänge auf dem Balkan. Dort wird der Westen offenbar mit den von ihm nie überwundenen oder von ihm aufgegebenen Geschäftsgrundlagen dessen konfrontiert, was er als seine Zivilisation bezeichnet: Tiefgefrorene Barbarei. Nun herrscht Tauwetter, und den Zivilisationsaposteln graut davor. Deshalb geraten sie in Panik, denn sie fordern für Bosnien Maßnahmen, deren wahrscheinlichstes Resultat statt der Befriedung der dortigen Bevölkerung ihre Ausrottung wäre. Mit Gewalt, auch militärischer, wollen sie scheinbar Fremdes niederringen, das sie in Wahrheit selber sind.

Nachtrag

In einem Interview mit dem *Spiegel* vom 16.8.1993 hat Bosniens Vizepräsident Ejup Ganić erklärt, warum seine Regierung die Opfer eines aussichtslos erscheinenden Krieges nicht scheut:

> »Wenn ein Staat seit tausend Jahren besteht – und so lange gibt es Bosnien im Prinzip bereits –, dann wird die Vernichtung dieses Staates innerhalb eines Jahres nicht möglich sein. Das ist wie eine Sekunde im Leben eines Menschen.«

Auf die Frage, wie die bosnische Bevölkerung trotz Fortsetzung des Kriegs den Winter überleben wolle, antwortete er frohgemut:

> »Zehn Prozent von uns werden umkommen. Der Rest überlebt. Wir haben in 17 Monaten Krieg 200.000 Tote zu beklagen. Dann wird es eben noch einmal 200.000 Tote geben.«

Wie kommt es nun, daß gerade feinsinnige westliche Intellektuelle Partei für ein Regime ergreifen, das seinen inhumanen Charakter kaum verbirgt?

In Joseph Conrads Erzählung »Herz der Finsternis« wird der blutige Raubzug europäischer Abenteurer und Geschäftsleute im Kongo beschrieben. Einer der erfolgreichsten unter ihnen ist ein Herr Kurtz, bei dem sich humanitäres Sendungsbewußtsein, Eloquenz, Sadismus und Geschäftssinn zu optimaler Effizienz verbinden. Als weißer Stammeshäuptling führt er im Dschungel das Terrorregime eines Irren. Auf Stangen gespießte Köpfe von Eingeborenen, die er enthaupten ließ, zieren den

Weg zu seiner Behausung. Gleichwohl versteht er sich als »Gesandter der Barmherzigkeit und der Wissenschaft und des Fortschritts«, und seine Bewunderer, die ihn als Demagogen kennen, sagen von ihm: »Die Menschen blickten zu ihm auf – seine Güte leuchtete aus jeder Handlung.« Er wirkt, wie der ideelle Gesamteuropäer sich heute sieht, eine Missionarsmischung aus Rupert Neudeck und Elie Wiesel, und so wird er auch beschrieben:

»Ganz Europa war am Zustandekommen des Herrn Kurtz beteiligt gewesen; und alsbald erfuhr ich auch, daß ihn die Internationale Gesellschaft zur Unterdrückung primitiver Bräuche eigens mit der Ausarbeitung eines Berichtes betraut hatte, der ihr zur Orientierung für die Zukunft dienen sollte. [...] Er begann mit der These, [...] ›durch schlichte Willensäußerung könnten wir [Weiße] eine schier unbegrenzte Macht zum Guten [über die Wilden] ausüben‹, etc., etc. Von hier aus stieß der Flug seiner Gedanken himmelan und riß mich mit sich fort. Der zusammenfassende Schluß seiner Rede war grandios, wenn auch schwer im Gedächtnis zu behalten, wißt ihr. Er vermittelte mir die Vorstellung einer fremdartigen Unermeßlichkeit, die von erhabener Güte beherrscht wird. Es ließ mich vor Begeisterung erzittern. Dies war die unbegrenzte Macht der Beredsamkeit – der Worte – glühender, edler Worte. Da gab es keine praktischen Hinweise, die den Zauberfluß der Rede unterbrochen hätten, wenn nicht eine Art Fußnote auf der letzten Seite, die offensichtlich viel später und mit unsicherer Hand hingekritzelt worden war, als eine methodische Anleitung betrachtet werden kann. Sie war sehr einfach, und am Ende dieses bewegenden Appells an alle uneigennützigen Gefühle flammte sie einem

> entgegen, strahlend und erschreckend – wie ein Blitz aus heiterem Himmel: ›Rottet all diese Bestien aus!‹«[25]

In letzter Konsequenz entpuppt sich die abendländische Humanität als ein Euthanasieprogramm. Vom Bösen und von der Bestialität ist die Welt erst wirklich befreit, wenn alle Menschen tot sind, d.h. erlöst von ihren irdischen Schwächen und Qualen. Sobald aber

> »ein Mensch von dem Bewußtsein erfüllt ist, daß er entscheiden darf, wer leben soll und wer nicht – dann ist er auf dem besten Weg, der gefährlichste aller Mörder zu werden: Der von sich überzeugte Mörder, der nicht aus Gewinnsucht tötet, sondern um einer Idee willen.«[26]

April 1993

[25] Joseph Conrad, »Drei Erzählungen«, Frankfurt 1968, S. 143 f.
[26] Agatha Christie, »Mit offenen Karten«, S. 124

Rassismus für den gehobenen Bedarf

Meine Damen und Herren, im Frühjahr noch, als die Referatthemen festgelegt wurden, war meine Absicht die, Ihnen zu erzählen, warum das Gerede von den vielen Kulturen barer Unfug ist: Nichts als das falsche Bewußtsein einer halbgebildeten Mittelschicht, die ihren Rassismus besser zu verpacken sucht und die Gelegenheit nutzt, bei den Armen bißchen Lebensgefühl abzuschnorren.

Inzwischen fürchte ich, daß man das Thema ernster nehmen muß. Wenn der Veranstalter in seiner Einladung zu dieser Tagung schreibt: »Das Zusammenleben von Menschen unterschiedlicher Kulturen wird im wiedervereinigten Deutschland wie in einem künftigen Europa eine schlichte Tatsache sein«, dann sehe ich die Gefahr heute auch. Tatsächlich vergeht seit dem Pogrom von Rostock kein Tag ohne den Beweis, daß im Einheitsstaat ein zweiter Menschenschlag haust, einer mit befremdlicher Mentalität sowie abartigen Sitten und Bräuchen.

Es sieht danach aus, als wären die vielen Kulturen keine leere Drohung gewesen, nur daß es am Ende die Landsleute selber sind, die das Ensemble atavistischer Gemeinwesen installieren und bilden. Vor unseren Augen wird gewissermaßen eine Lüge wahr gemacht, und das ist ein etwas verwirrender Vorgang.

Erwarten Sie deshalb nicht von mir, daß ich für die jüngste Entwicklung eine zumindest in sich geschlossene

Erklärung liefern kann, obgleich der auf dem Podium das eigentlich müßte.

Schon bei den Vokabeln fangen die Schwierigkeiten an. Wenn in den neuen Bundesländern die Halbwüchsigen jede Nacht auf Menschenjagd ziehen, begleitet vom beifälligen Gegröl der Alten, dann läuft die Klage über Fremdenfeindlichkeit oder Rechtsextremismus ungefähr darauf hinaus, einen Bauchaufschlitzer wegen Mangel an Zartgefühl zu tadeln. Obendrein meinen beide Begriffe Randerscheinungen, sie setzten eine davon verschiedene Normalität voraus. Die Nazis etwa waren 1935 keine Rechtsextremisten, sie waren nicht mal rechts, sondern sie waren überall.

Auch heute existiert fast kein Rechtsextremismus mehr, denn es fehlt die Normalität links von ihm, auf die er sich logischerweise beziehen müßte. Ein Schimpfwort hat sich also beinahe in einen Kosenamen verwandelt. Von Rechtsextremismus zu sprechen, hieß früher, einer bestimmten politische Gruppe alles Schlechte nachzusagen, und bedeutet heute, daß man die Entwicklung im neuen Deutschland hemmungslos beschönigt. Gemeint ist damit beispielsweise, daß die SPD unter ihren Wendehälsen an der Spitze die »Republikaner« rechts überholt und Schönhuber neben Kronawitter* schon als gemäßigt gelten kann. Wir sehen, wie alle Parteien in einer Ecke sich zusammendrängen und aneinanderkuscheln, sie wirken wie die Flügel einer Einheitspartei, der freilich bislang noch das Programm, der Führer und die Massenbasis fehlen.

Wenn also heute jemand das Gefühl bekommt, er wisse

* Georg Kronawitter war ein populistischer SPD-Politiker und bis 1993 Oberbürgermeister in München. Franz Schönhuber war Vorsitzender der Partei »Die Republikaner«. (A.d.H.)

nicht mehr, wo oben und wo unten, wo links und wo rechts sei, dann ist nicht immer das Hirn defekt, sondern die Desorientierung spiegelt oft die Verworrenheit der Verhältnisse wider. Mit der Vereinheitlichung der Parteien scheint die Auflösung aller Institutionen verbunden zu sein, welche der Gesellschaft bislang eine bestimmte Gestalt gaben. Heute wird das Asylrecht der Stimmungslage geopfert, morgen werden es vielleicht die Versammlungsfreiheit oder die Freizügigkeit sein. Zur Abschaffung von Grundrechten paßt die Preisgabe aller politischen und moralischen Prinzipien, handele es sich dabei um den heiligen Schwur, niemals Bundeswehreinsätzen im Ausland zuzustimmen, oder um den simplen Grundsatz, daß man sich nicht dauernd beim Lügen und Betrügen erwischen lassen soll.

Dergleichen Überlegungen sind nicht neu, Besorgtes über den Zustand der Parteien oder der Republik liest man in jedem zweiten Leitartikel, ganz unabhängig von der parteipolitischen Orientierung des Blattes. Auch ein gewisser Zusammenhang zwischen dem Niedergang von Staat und Gesellschaft einerseits und andererseits den fortgesetzten, kollektiv begangenen Gewaltverbrechen wird in der Regel nicht geleugnet. Aber stets werden die Bandenüberfälle auf Asylbewerber und ihre Wohnungen nur als Symptome betrachtet, als Begleiterscheinungen, und meiner Ansicht nach wird damit ihre wahre Bedeutung unterschätzt. Der kommt man, wenn überhaupt, nur auf die Spur, wenn man die Augen vor der Wirklichkeit nicht verschließt und sich zur ausgesprochen unangenehmen Einsicht durchringt, daß es Dinge gibt, die es gar nicht geben dürfte.

Keine Angst, meine Damen und Herren, ich habe nicht vor, Sie zum 150. Mal eindringlich vor Auschwitz zu warnen, was sowieso keinen schreckt, weshalb man, wenn man schon mahnend den Zeigefinger erhebt, statt auf Auschwitz besser auf Dresden deuten sollte. Ich will Ihre Aufmerksamkeit vielmehr auf die Täter, Mittäter und Sympathisanten lenken, darauf, daß ihr moralisches und äußeres Erscheinungsbild in den neuen Bundesländern wie eine Bestätigung der Regel wirkt, daß der Rassismus zur Rassenbildung führt, und zwar bei den Rassisten selber. Denn anders als das Tier gehört der Mensch nicht kraft Geburt einer Rasse an, sondern durch seine Existenz in einem Rudel von Verfolgern, wie selbst Hitler zugab, insofern er immer wieder betonte, »Rasse sind wir nicht, Rasse müssen wir erst werden«.[27]

Die Menschen werden, was sie tun, weil ihre Tätigkeit das Bewußtsein, die Physiognomie und den ganzen Körper prägt. Identität im Denken, Fühlen, Handeln, Aussehen, wie die Rassenhorde sie entwickelt, ist kein Naturprodukt, sondern Anpassung an die Erfordernisse der Jagd auf andere Menschen. Diese Anpassung sorgt dafür, daß die vielen einzelnen als Glieder einer Meute funktionieren und wie auf Kommando handeln können, ohne daß einer das Kommando geben muß. Ferner dient sie der reflexartigen Feindidentifikation, die nur zwischen Gleich und Ungleich oder Bekannt und Fremd unterscheidet und daher höchste Ansprüche an die Gleichförmigkeit des Verfolgerkollektivs stellt. Abweichung von der Art bedeutet Todesgefahr wie im Krieg, wo man riskiert, von den eigenen Kameraden irrtümlich erschossen zu werden, wenn man spaßeshalber eine Phantasieuniform anzieht, oder wie im Rattenkäfig, wo das Tier mit dem abweichenden Geruch von den anderen zerrissen wird.

[27] Hannah Arendt, »Elemente und Ursprünge totaler Herrschaft«, Band 2, S. 121

Um zu verstehen, was gegenwärtig in der Zone, aber nicht nur dort geschieht, kann es nützlich sein, sich an eine Theorie zu erinnern, derzufolge »wilde Stämme und barbarische Völker nicht der Beginn, sondern der Überrest großer Zivilisationen sind«, und was für große Zivilisationen gilt, gilt natürlich noch mehr für die kleinen.[28] Es findet – so meine Spekulation – die Regression des höher organisierten Gemeinwesens statt, das der DDR-Staat einmal gewesen war, seine Rückbildung in eine Horde, nicht anders übrigens als in der Bundesrepublik, die es nun seit zwei Jahren in ihrer alten Form nicht mehr gibt.

Beiderseits der ehemaligen Grenze leben die Menschen jetzt in einem Verwaltungsgebilde, dem etwas Entscheidendes fehlt. Es fehlt ihm das, was man bei anderen Nationen als eigene Staatsidee bezeichnet, und was wohl bei der Person ihrem Selbstbewußtsein entspricht. Dies Bewußtsein stellt meine Relation zu anderen her, ich vergleiche mich mit ihnen, ich messe mich an ihnen, und sie geben mir Sicherheit, indem sie bestimmte Erwartungen an mich richten.

Der große Vorteil für die Deutschen, solange sie in der BRD und in der DDR lebten, war der, daß beide Staaten wußten, wem sie es recht machen sollten, wem sie zu gefallen hatten, im einen Fall dem Westen, im anderen dem Ostblock. Das Bewußtsein von den Erwartungen, die an sie gerichtet wurden, stellte ihre Beziehung zur Menschheit her, der sie sich folglich zugehörig fühlen durften. Solange es den Ost-West-Konflikt gab, war man zwangsläufig mit dabei bei dem großen Spiel, das alle Nationen miteinander verhäkelte durch die nationenübergreifende, universelle Frage, ob der Kapitalismus oder der Sozialismus die besser Gesellschaftsform sei. Im

[28] Arendt, ebenda, S. 68

Streit um Objektives erfahren die Personen sich als gleichrangige Subjekte, man könnte sagen als Mitglieder der menschlichen Gattung. Dort, wo es nur um meinen subjektiven Vorteil geht, ist es egal, ob der andere mein Hund oder der Nachbar ist. Mit beiden kann ich raufen, weil ich mein Steak behalten will. Über die Frage aber, ob zwei mal zwei vier ist, kann ich nur mit meinem Nachbarn streiten, und dieser Streit gibt uns beiden die Sicherheit, dass wir Menschen sind.

Ich glaube, daß dies hier ohnehin nie sonderlich stark entwickelte Bewußtsein den Landsleuten gegenwärtig abhanden kommt. Als Indiz dafür würde ich beispielsweise ein Gespräch mit Neubrandenburger Jugendlichen werten, das in der *Stuttgarter Zeitung* vom 16.10.1992 abgedruckt war:

> »Peter Müller, 16, lacht, als er beschreibt, wie tief sein Springerstiefel im Bauch des Mannes steckte. Gabi, Sabine und Sonja, adrett gekleidet und so giggelig, wie 14- bis 15jährige Mädchen eben sind, lachen mit. Der Kerl habe ja wohl schon auf dem Boden liegen müssen, meinen sie. Nein, korrigiert Peter, der habe noch gekniet, als ihn die Stiefelspitze traf. [...] Und wenn ein Mensch getötet würde? ›Pech für den, der erwischt wird.‹ Das sehen Gabi, Sabine und Sonja, die der Schilderung mit fröhlicher Unbefangenheit gefolgt sind, ganz ähnlich: ›Jeder soll machen was er denkt.‹ ›Die hätten zu Hause bleiben können.‹ ›Wenn einer von den Ausländern draufgeht, ist mir das gleichgültig.‹ ›Solange es kein Deutscher ist, würde es mich nicht interessieren.‹ Sie sagen dies, höflich antwortend, ganz ruhig und unaufgeregt und blicken den Fragesteller mit großen klaren Augen an.«

Auffällig ist weniger die Grausamkeit als der Ausfall jeglichen Unrechtsbewußtseins. Das Unrechtsbewußtsein wiederum fehlt, weil es den Kindern, in denen sich ja nur die Eltern spiegeln, an jeglichem Gattungsbewußtsein mangelt. Weil sie sich selbst nicht zur Menschheit zählen, weil sie gar kein Gefühl für den universellen Zusammenhang haben, können sie lächelnd töten. Vielleicht ist dies der Grund, weshalb die Deutschen in mancherlei Hinsicht den afrikanischen Eingeborenenstämmen[29] zu ähneln scheinen, wie Hannah Arendt sie beschreibt:

> »Sie sind die Überlebenden einer großen Katastrophe, auf die weitere, kleinere Katastrophen gefolgt sein mögen, bis sie die katastrophenhafte Einförmigkeit ihrer Existenz als etwas Natürliches und Selbstverständliches empfanden. Was sie von anderen Völkern unterschied, war nicht die Hautfarbe; was sie auch physisch erschreckend und abstoßend machte, war die katastrophale Unterlegenheit oder Zugehörigkeit zur Natur, der sie keine menschliche Welt entgegensetzen konnten. Ihre Irrealität, ihr gespenstisch erscheinendes Treiben, ist dieser Weltlosigkeit geschuldet. Da sie weltlos sind, erscheint die Natur als die einzige Realität ihres Da-

[29] Der Gedanke, daß sie ein Ensemble von Stämmen seien, ist den Deutschen weder fremd, noch wird er von ihnen gar als beleidigend empfunden. In der *FAZ* vom 2.10.92 beispielsweise meinte Friedrich Karl Fromme unter dem Titel »Was nicht verloren ist«: »Das Postulat der ›inneren Vereinigung‹ unterstellt, daß die Deutschen in Ost und West einander fremd geworden seien. Dagegen sprechen die lange gemeinsame Geschichte mit allen ihren Wechselfällen, die bundesstaatliche deutsche Einheit immerhin von 1871 bis 1933, nachwirkend bis 1945. Auch vor 1871 gab es Deutschland als Kulturnation, wie man es heute nennen würde. Nichts spricht dafür, daß selbst vierzig Jahre SED-Herrschaft gemeinsame Eigenschaften eines gewiß in Stämme gegliederten Volkes mit einem Schlag ausgelöscht haben sollen.«

> seins; und sie gibt sich selbst dem Beobachter als eine so überwältigende Realität – mit weltlosen Menschen kann die Natur nach Belieben umspringen –, daß an ihr gemessen die Menschen etwas Imaginäres, Schattenhaftes, ganz und gar Unwirkliches annehmen. Das Unwirkliche liegt darin, daß sie Menschen sind und doch der dem Menschen eigenen Realität ganz und gar ermangeln. Es ist diese mit ihrer Weltlosigkeit gegebene Unwirklichkeit der Eingeborenenstämme, die zu den furchtbar mörderischen Vernichtungen und zu der völligen Gesetzlosigkeit in Afrika verführt hat.«[30]

Weltlosigkeit, wie Hannah Arendt sie den Eingeborenenstämmen attestiert, scheint mir der treffendere Begriff für ein Phänomen zu sein, das man auch als an Autismus grenzenden Realitätsverlust bezeichnen könnte. Ich meine damit etwa den Plan, in Peenemünde am zweiten Jahrestag der dritten deutschen Einheit den 50. Jahrestag der V2 zu feiern – ein Vorhaben, das kein Einzelfall ist und mehr als nur die böse Absicht und eine schmutzige Gesinnung verrät, nämlich eine schwere Störung der Wahrnehmungsfähigkeit und eine außerordentliche Trübung des berechnenden Verstandes. Man kennt dies Verhalten sonst von Personen, die in der selbstgesuchten Vereinsamung vollkommen verwahrlosen, keine Rücksicht mehr auf das Urteil anderer Menschen nehmen und überhaupt auf die Regeln der Zivilisation. Beobachtet wurde eine solche Regression beispielsweise vergangenes Jahrhundert an Gruppen Weißer, die in Südafrika den Kontakt zur Zivilisationen verloren, selber wie die Eingeborenen lebten und also, wie der Fachausdruck hieß, verkafferten oder verburten. Da sie sich als Gruppe nicht mehr an die

[30] Arendt, ebenda, S. 121

Regeln der Zivilisation gebunden fühlten, galten diese Regeln auch intern nicht mehr, was den kompletten Zusammenbruch der herkömmlichen Moral bedeutet.

Ein ähnlicher Zusammenbruch könnte vielleicht die Erklärung liefern für eines der rätselhaftesten Phänomene im Gefolge der Wiedervereinigung, für die Tatsache nämlich, daß die »neue Teilung« so schleppend vorankommt. Seit der Einheit ist das Land eigentlich ein Kandidat für Prozesse, wie sie sich in Jugoslawien abgespielt haben und in der Tschechoslowakei sich anbahnen, wobei die Trennung der Ostdeutschen von den Westdeutschen sogar leichter durchzuführen wäre als die der Kroaten von den Serben, weil – mit Ausnahme West-Berlins vielleicht – keine strittigen Gebietsansprüche existieren. Es stehen sich hier zwei um den Reichtum konkurrierende Bevölkerungsteile gegenüber, deren jeder länger die Eigenstaatlichkeit besessen hat als die Slowaken oder die Kroaten. Obgleich jedoch die Ossis außerdem eine Gruppe bilden, die jedem hier verhaßt sein müßte, entsteht kein offener Streit. Begründete und berechtige Abneigung gegen sie ist zwar latent vorhanden, aber sie artikuliert sich kaum.[31]

Um diesen Gedanken zu verdeutlichen, will ich mich bemühen, über die Ossis einmal so zu reden, wie hier im Westen eigentlich jeder von ihnen denken müßte, der nur etwas gesunden Menschenverstand und ein halbwegs intaktes moralisches Urteilsvermögen besitzt. Jeder hier

[31] »Vom Traum zum Trauma« nennt die *Zeit* ihre Wiedervereinigungsserie (seit dem 10.9.1992), »Die neue Teilung: Deutsche gegen Deutsche« titelt der *Spiegel* (vom 17. August), und selbst *Bild* (vom 5.9. 1992) gesteht: »Im Westen Deutschlands ist praktisch die gesamte Bevölkerung gegen zusätzliche Belastungen zugunsten der Menschen im Osten. [...] Typische Stimme gestern: ›Kohl und Waigel sollen sich das an den Hut stecken. Ich habe die Schnauze voll.‹«

merkt doch, daß das Gebrüll der Ossis Betrug gewesen war, als sie im Herbst 1989 nach Demokratie und Einheit riefen. So riefen sie nur, weil sie unseren Luxus wollten; im Ostblock die Reichsten zu sein war ihnen nicht genug. Das zeigt sich jetzt, wo sie die Einheit und die Demokratie besitzen, aber noch nicht unser ganzes Geld. Wenn wir es nicht hergeben, drohen sie uns mit sozialen Explosionen. Seit sie wählen dürfen, mögen sie nicht mehr, da sie unter freien Wahlen freie Auswahl im Autosalon verstanden. Seit sie die Marktwirtschaft von uns bekommen haben, sollen wir die Sozialisten sein, ihnen die Rente und Krankenkasse bezahlen und obendrein Fabriken schenken.

Daß ihr Rassismus hochkonzentrierte ordinäre Schäbigkeit ist, geben sie selber zu, andere zu verfolgen halten sie nämlich unter Verweis auf die angebliche eigene schwierige Lage für ihr Recht. Gut fühlen sie sich, wenn sie der Feigling sind, der brutal seine schwache Frau verprügelt, weil er selber vor einem Stärkeren gekrochen ist. Auf die Idee, daß auch mal Ossi-Busse im Westen brennen könnten, solche mit Pendlern aus Rostock beispielsweise, die den Hamburgern die Arbeitsplätze nehmen, kommen diese sonderbaren Menschen mit dem abgeschalteten moralischen Empfinden nicht. Unerbittlich und erbarmungslos sind sie gegen Arme, aber von den Reicheren erwarten sie Mitleid und Mildtätigkeit. Grausamkeit und Weinerlichkeit sind jeweils separat schon ekelhaft, in der ossitypischen Mischung aber bilden sie gemeinsam ein Brechmittel von besonderer Wirkungskraft. Selber haben die Ossis sich unter Vortäuschung ideeller Beweggründe bei uns eingeschlichen, nicht aus Not, sondern wegen des erhofften materiellen Vorteils. Treffen sie aber einen Elendsflüchtling, fallen sie über den Bedürftigen her und beschimpfen ihn als

Scheinasylanten, wo sie doch selber Wirtschaftsflüchtlinge im unangenehmsten Sinn des Wortes sind.

Weil wir reicher sind als sie, kommen sie uns auf die soziale Tour: Teilen ist ein Gebot unter Christenmenschen, Geben ist seliger denn Nehmen. Bittet ein Ärmerer sie ums Nötigste, darf er froh sein, wenn sie ihn nicht töten. Müssen vor ihrer Haustür Asylbewerber nachts unter freiem Himmel schlafen, fühlen die Ossis weder Mitleid noch Empörung darüber, daß den armen Menschen keiner hilft, sondern sie fühlen sich belästigt. Nicht die Not, sondern die Notleidenden wollen sie beseitigt wissen. Unentwegt fordern sie für sich selber Solidarität, ohne sie anderen jemals zu gewähren. Als sie nach der Maueröffnung in den Westen durften, klauten sie dort wie die Raben, lauter Krimskrams, den sie gar nicht nötig hatten. Nimmt bei ihnen sich ein armer Teufel von noch weiter östlich, was er dringend braucht, aber nicht bezahlen kann, möchten sie ihn am liebsten lynchen. Jeder weiß, daß in der Zone Zehntausende auf unsere Kosten den Staat beim Begrüßungsgeld betrogen und ihn immer noch beim Arbeitslosengeld, bei der Arbeitslosenhilfe und bei der Sozialhilfe betrügen. Kriegt aber ein armer Schlucker aus Rumänien vom Staat, den *wir* bezahlen, gerade soviel, daß er nicht verhungert, toben *sie* und beschweren sich, daß *ihr* gutes Geld verschleudert werde. Offensichtlich glauben sie, daß ihnen eigentlich alles gehören müßte und wir mit ihrem Geld gefälligst sparsam umzugehen hätten.

An die Ausländer, sagen sie, würden sie sich erst ganz langsam gewöhnen müssen. Daß aber wir von ihrer unerfreulichen, nimmersatten, raffgierigen Sorte gleich 17 Millionen auf einen Schlag verkraften mußten, halten sie für unsere Pflicht. Nicht nur, daß sie stets zu feige waren, gegen das von ihnen angeblich ungeliebte Regime zu protestieren, als der Protest noch soviel Mut gekostet hätte, wie man braucht, um den Verzicht auf Beförderung und Bevorzugung zu riskieren – den Verzicht auf die Zuweisung einer der begehrten Wohnungen im Neubauviertel etwa, wo heute die widerlichsten Rassisten sippenweise nisten. Sondern in typischer Radfahrermanier treten die ewigen Mitläufer wieder nur die Schwachen. Statt sich mit den Gleichaltrigen anderer Nationalität eine faire Prügelei zu liefern, wenn ihnen schon nach Prügeln und Nationalitätenkrieg zumute ist, überfallen Horden glatzköpfiger Klopse die Familien in Asylbewerberheimen, weder Frauen noch Kinder schonen sie dabei. Die Gesichter dieser Helden kann man, wenn man's aushält, lange betrachten, und findet doch keinen menschlichen Zug darin. Abstoßend häßlich sind sie und in der Häßlichkeit einander zum Verwechseln ähnlich.

*

Dies, meine Damen und Herren war eine kurze Liste zutreffender Beobachtungen und richtiger Überlegungen, die eigentlich keiner weiteren Kommentierung oder Zuspitzung mehr bedürften, um Verärgerung, bittere Vorwürfe, moralische Empörung hervorzurufen. Sonderbarerweise tun sie es nicht, und mir scheint, daß die Hauptreaktionen sich als lustloses »Richtig so«, als gleichgültiges »Was ist denn schon dabei« oder als resigniertes »Da ist nichts mehr zu machen« charakterisieren lassen.

Gewiß kann Nachsicht aus Gründen der Sympathie für die Landsleute, d.h. das völkische Gemeinschaftsgefühl, eine Rolle spielen, aber beliebt sind die Ossis hier ebenso gewiß nicht. Es wäre auch übertrieben, zu behaupten, daß die Ossis durch Hoyerswerda und Rostock für Westdeutschland ein strahlendes Vorbild geworden wären, obgleich man seither ihren politischen Führungsanspruch als denjenigen einer Avantgarde faktisch anerkennt.

Zwar sind die Ossis Schrittmacher, Protagonisten, absolut auf der Höhe ihrer Zeit, während der Westen noch die – freilich rapide verblassende – Erinnerung an bessere Tage besitzt. Aber bewunderte, gar geliebte Nationalhelden sind die Ossis trotzdem nicht, deshalb vielleicht, weil der Verfall des Denkens in moralischen Kategorien soweit fortgeschritten ist, daß die Menschen zur Begeisterung wie zur Empörung eigentlich gleichermaßen unfähig werden.

Mag sein, daß dies nun ist, was als Kultur bezeichnet wurde, ein Wort, das eine noch hinter die animalische Existenzform zurückfallende, bloß vegetabilische Daseinsweise meint, jenseits nicht nur von Gut und Böse, sondern auch jenseits von Trauer und Glück, und manchmal ein wenig unheimlich, insofern auch die wuchernden Gebilde dazugehören, die im Labor beim Experiment mit Pilzsporen oder Bakterien entstehen.

Wie ich Ihnen zu Beginn meines Vortrags schon gestand, sind mir weder die aktuellen Zusammenhänge restlos klar noch die Konsequenzen. Nach Rostock steht man ein wenig belämmert da, nicht weil die Sache so schrecklich gewesen wäre, sondern weil sie die Gesetze der Logik gleich reihenweise außer Kraft gesetzt hat. Es ist nicht einzusehen, welchen Vorteil der Staat sich davon versprach, zum Pogrom zu ermuntern und es zu dulden, denn Kapitulation vor dem Mob bedeutet für ihn den Verlust seiner Autorität.

Im Unterschied zur Bundesregierung wußten die Nazis noch, daß der Machthaber spontane, unorganisierte, eigenmächtige Aktionen der Bevölkerung selbst dann nicht dulden darf, wenn er die Ziele solcher Aktionen billigt.

Weit schärfer und grundsätzlicher, als die durchweg regierungsnahe bundesdeutsche Presse die Pogrome von Hoyerswerda und Rostock kritisierte, hatte deshalb der *Völkische Beobachter* vom 26.4.1938 den Wiener Raub- und Pogromantisemitismus verurteilt:

> »Mußte den Norddeutschen der Nationalsozialismus also vielfach erst auf die privaten, sozusagen unpolitischen Gefahren des Judentums aufmerksam machen, so ist es in Wien im Gegenteil die Aufgabe einer verantwortungsbewußten, um die Untadeligkeit und Reinheit der Bewegung besorgten Volkserziehung, den überschäumenden Radikalismus einzudämmen und die verständlichen Reaktionen auf die jüdischen Übergriffe eines geschlagenen Jahrhunderts in geordnete Bahnen zu lenken. Denn – das merke sich jeder – Deutschland ist ein Rechtsstaat. Das heißt: In unserem Reiche geschieht nichts ohne gesetzliche Grundlage. [...] Pogrome werden keine veranstaltet, auch nicht von der Frau Hinterhuber gegen Sara Kohn im dritten Hof, Mezzanin, bei der Wasserleitung.«[32]

Wenn aber das Gewährenlassen des Rostocker Mobs nicht Vorsatz und Absicht war, sondern eine Panne, ist nicht einzusehen, warum die dafür Verantwortlichen dann nicht zur Rechenschaft gezogen wurden. Die Tatsache, daß der Ministerpräsident, der Innenminister und die ganze Clique noch immer im Amt sind, statt vor dem Untersuchungsrichter zu stehen, wirft mehr als nur die üblichen Fragen nach der Moral von Politikern auf. Sie zeigt vielmehr exemplarisch, daß das Gesetz von Ursache und Wirkung für die handelnden Personen dergestalt

[32] Hans Safrian, »Die Eichmann-Männer«, Wien 1993, S. 33

aufgehoben ist, daß ihre Taten oder Unterlassungen für sie keine Konsequenzen haben. Damit aber tritt ein Zustand ein, wo das Denken seinen Sinn verliert, und über diesen Zustand kann man dann auch wenig Vernünftiges sagen.

Ziemlich genau kenne ich dagegen die lange Vorgeschichte. Es ist die Geschichte einer Konditionierung, einer Gewöhnung an die absurde Idee, man könne hinsichtlich der Menschen heute von Kulturen sprechen, und wenn Sie noch Geduld haben, will ich Ihnen diese ebenso lehrreiche wie beispielhafte Geschichte gern erzählen.

*

Erlauben Sie mir, daß ich zum Stichwort Kultur kurz mich selbst zitiere, aus einem Bändchen, welches 1984 erschien. Dort hieß es:

> »Kultur, früher das *Wahre, Schöne, Gute,* später *Das Beste,* noch später in der Gunst des Publikums ganz tief gesunken, erfreut sich seit geraumer Zeit wieder stetig wachsender Beliebtheit. Die beiden Kulturen, die etablierte und die alternative, die einem angeblich von Glotz in die Welt gesetzten Gerücht entstammen, haben sich wie ein paar Karnickel vermehrt, vor lauter Eßkultur, Wohnkultur, Körperkultur, Freikörperkultur und nicht zuletzt politischer Kultur kann man sich kaum noch retten.«[33]

Weil heute die Anspielung auf Glotz keiner mehr begreift, muß ich kurz den Hintergrund schildern. Vermut-

[33] Wolfgang Pohrt, »Stammesbewußtsein, Kulturnation«, Berlin 1984, S. 85. Siehe auch Pohrt »Werke Band 4«, S. 278.

lich wissen Sie alle noch, daß es Ende der 60er Jahre mal eine Protestbewegung gab, die sich als politische verstanden hat. Sich selber als politisch zu verstehen hieß, in Kategorien wie Unterdrückung und Befreiung, revolutionär und reaktionär, rechts und links, bürgerlich und marxistisch, kapitalistisch und proletarisch, imperialistisch und antiimperialistisch, nationalistisch und internationalistisch zu denken.

Gegenstand solcher Überlegungen war die Verteilung von Macht und Reichtum, treibende Kraft hinter den Gedanken aber die Empörung über die herrschende Klasse in den wenigen reichen Ländern. Ihr wurde vorgeworfen, mit allen Machtmitteln den von ihr selbst geschaffenen Zustand einer Welt verewigen zu wollen, in der zwei Drittel der Menschheit bitterstes Elend, entsetzliche Armut und nackten Hunger litten. Der eine Unterschied zu heute war der, daß es damals um Solidarität mit den »Verdammten dieser Erde« ging, nicht um den Schutz des tropischen Regenwaldes vor ihnen. Der andere Unterschied bestand darin, daß französische Proletarier, amerikanische Schwarze, vietnamesische Befreiungskämpfer, kubanische Revolutionäre einem in jeder Hinsicht nahestanden, und deutsche Unternehmer, Angestellte oder Durchschnittsspießer in jeder Hinsicht fern.

Zehn Jahre später, also ums Jahr 1980 herum, war die Forderung vergessen, daß man Menschen nicht nach ihrer Herkunft einstufen soll, sondern nach ihrem Bewußtsein, ihrem Willen, ihrer moralischen Integrität, ihrer politischen Vernunft und vor allem nach ihrem Verhalten in den gesellschaftlichen Auseinandersetzungen. Statt der antiimperialistischen Linken gab es die sogenannten Alternativen, eine heimattümelnde Sammlungsbewegung hartgesottener Softies im Schlabberlook. Wie alle Egoisten bedurften sie des Gemeinschaftserlebnisses, das die politische Solidarität ersetzen muß. Gemeinschaftserlebnisse stellen sich ein, wenn viele dasselbe tun und dies ein bißchen anders als die anderen. Christen beten, Soldaten marschieren, Burschenschaftler trinken Bier.

Bei den Alternativen war das so, daß sie Körner aßen, im selbstgezimmerten Hochbett schliefen und gelbes Ölzeug trugen. Weil dies vornehmlich eine bestimmte Altersgruppe tat, beklagte man den Zerfall der Nation in zwei einander fremde Gruppen, die man aus Gründen, die ich später erkläre, die »zwei Kulturen« nannte. Nicht nur das Lebensgefühl der Jungen, ihre Hoffnungen und Wünsche seien sternenweit von denen der Alten entfernt, sondern der Verlust selbst einer gemeinsamen Sprache drohe den verfeindeten Generationen, hieß es damals.

Die einschlägigen Medien bauschten die Sache mächtig auf, es stand wieder mal das Schicksal der Nation auf dem Spiel, und Politiker wie Glotz, Eppler oder Vogel begriffen die vermeintliche Zerrissenheit als Chance für die eigene Profilierung. Sie spielten den Vermittler und leierten allerlei Beschnupperungsveranstaltungen an, die unter dem Obertitel »Dialog zwischen den Generationen« liefen.

Passiert war in Wahrheit, was man überall beobachten kann: Je ähnlicher die Leute einander werden, desto verkrampftere Formen nehmen die Abgrenzungsbemühungen an. An der Schwelle zur eigenen Couchgarnitur, kurz bevor die Kinder so senil wie ihre Eltern werden, färben sie sich noch mal die Haare grün. Was als Zeichen erbitterten Widerstandes erscheint, signalisiert schon die Kapitulation.

Ähnlich verhielt es sich mit der Protestbewegung, die während der 70er Jahre alle Ziele aufgab, durch welche sie sich substantiell vom Rest der Gesellschaft unterschieden hatte. Faktisch mit dem einstmals verachteten

Gegner identisch geworden und ihm zum Verwechseln ähnlich, kam es nun auf deutliche Zeichen an, wie im Krieg, wo die Soldaten aller Parteien dasselbe tun und verschiedene Uniformen tragen müssen, damit man sie auseinanderhalten kann.

An die Stelle des politischen Inhalts trat, was man damals den »Lebensstil« nannte. Vom Normalbürger unterschied sich der Körnerfresser durch seine Konsumgewohnheiten, eben dadurch, daß er demonstrativ Müsli aß. Das Kommunikationsproblem zwischen den Generationen entsprang nicht ihrer Zerstrittenheit, wie behauptet wurde, sondern ihrer stillschweigenden Übereinkunft in allen grundsätzlichen Fragen. Sie hatten sich nichts zu sagen, weil es kein Thema für Kontroversen gab.

Als überzeugter Marxist entwickelt man einen missionarischen Eifer und eine nervtötende Geschwätzigkeit, denn man hat Argumente genug, um andere überzeugen zu wollen. Wenn hingegen der Omo-Fan den Persil-Fan oder der Weintrinker den Biertrinker trifft, gilt die Regel, daß über Geschmack sich schlecht streiten läßt, und jede Diskussion schal wird.

*

Statt »Kapitalismus oder Sozialismus« hieß die Gewissensentscheidung ums Jahr 1980 herum also »Jute oder Plastik«, und das war ein die Wesensgleichheit schon implizierender marginaler Unterschied. Denn zwei Personen müssen sich verteufelt ähneln, wenn die Hauptdifferenz zwischen ihnen die ist, daß die eine auf Wolle und die andere auf Baumwolle schwört.

Warum also, so die Frage, nahm man die Bagatelle dermaßen tragisch, daß man von zwei Kulturen sprach? Gewiß hat dabei der Wunsch eine Rolle gespielt, Belanglosigkeiten in den Rang von Bedeutsamem zu erheben, aber der Bedarf an Bedeutsamkeit ist mit simplem Geltungsbedürfnis nicht zu erklären – hatte zuvor doch niemand die Kultur vermißt. Bis zum Ende der 60er Jahre war sie das Privatvergnügen der gebildeten Stände gewesen, Zeitvertreib einer kleinen Minderheit, deren Mitglieder obendrein zur Protestbewegung überliefen, die vom Theater und von der Literatur nicht etwa Kultur, sondern politische Parteinahme und politische Botschaften verlangte.

Schon das Wort war verpönt, ein Schimpfwort fast. Wurde es überhaupt verwendet, dann in der Verbindung *Kulturrevolution.* Darunter verstand man nicht die Verbesserung der Kultur, sondern ihre Zerstörung im Interesse einer von traditionellen Zwängen, Vorstellungen, Sitten, Bräuchen, Tabus und Verhaltensregeln befreiten Gesellschaft.

Umso erstaunlicher also, daß Anfang der 80er Jahre in der Bundesrepublik plötzlich gleich zwei Kulturen in aller Munde waren und man nicht abfällig oder höhnisch, sondern ernsthaft und zustimmend davon sprach. Offenbar begann sich damals schon das Krisenbewußtsein zu regen, das in der Folgezeit die Herausbildung völkischer und chauvinistischer Bewegungen gefördert hat. Scheinbar ahnten oder spürten alle, daß es mit dem Kapital wieder mal zu Ende ging.

Für die Deutschen bedeutete dies, ein durch die Geschichte extrem kompromittiertes völkisches Bewußtsein revitalisieren zu müssen. Notwendig war daher ein Zwischenschritt. Statt den Kulturkampf gleich in die große Arena zu tragen, wurde er erst mal daheim vor dem Spiegel geübt. Von der deutschen Kultur im Unterschied zur fremdartigen oder artfremden hätte damals noch keiner zu reden gewagt, jeder hätte sonst den Braten gerochen.

Von der alternativen und der etablierten Kultur zu sprechen, klang hingegen ganz harmlos und unverfänglich. Gab es einen des Nationalismus weniger verdächtigen Sport, als untereinander über den richtigen Lebensstil zu streiten? Nicht mal das Wort Nation kam darin vor.

Oft versteht man gesellschaftliche Phänomene in Deutschland nur, wenn man zwischen Inhalt und Form unterscheidet. Auf den Inhalt – alternativ gegen etabliert, Körnerfresser gegen Toastbrotfans – nämlich kam es damals erst in zweiter Linie an. Wichtiger war, die Form zu entwickeln und bestimmte Kategorien oder Denkweisen einzubürgern. Daß die Menschen sich vornehmlich nicht durch Reichtum und Macht, sondern durch Kultur unterscheiden, mußte allmählich zum Grundrauschen der Hirntätigkeit werden. War nun dieser Punkt erreicht, wurde es fürs Austauschen der Inhalte Zeit.

Alternativ und etabliert waren schnell vergessen, deren Stelle nahm das Nationale ein – also statt alternativer und etablierter Kultur mehrere nationale Kulturen. Und was war denn schon dabei: Kann es Sünde sein, von der Kultur zu sprechen? Schließlich sprachen wir doch die ganze Zeit schon davon.

Erst also war der Lebensstil der Sirup, und die Kultur war die Pille. Hatte man sich an den Geschmack gewöhnt, wurde die Kultur ihrerseits zum Sirup, und die Pille drin war die Nation. Damit war freilich die Katze noch immer nicht aus dem Sack. Statt von der eigenen Nationalkultur oder nationalen Identität sprach man erstmal von der anderen. Die der Juden, Roma, Sinti, Indianer, Palästinenser wurde nun entdeckt und erforscht.

Jüdische, nicht deutsche Geschichte, Sitten, Bräuche faszinierten zunächst den Völkerkundler. Einen Zigeuner so zu nennen war verpönt, über Roma und Sinti Bescheid zu wissen Pflicht – gerade so, als müsse der andere mir seinen Ahnenpaß zeigen und als könne er von mir verlangen, daß ich mich für seine Privatangelegenheiten interessiere. Denn es ist seine Privatangelegenheit, welcher Religionsgemeinschaft oder Volksgruppe er sich aus welchen Gründen zurechnen zu können meint.

Damals, als die Zigeuner noch nicht deutschen Rasen verdreckten, sondern deutsche Herzen beglückten, die der Linken vornehmlich, die einen mit dem Dauergedudel von Häns'che-Weiss-Platten nervten – damals schon roch der verbissene Folklorerummel stark nach Rassenkunde, aber er war ja angeblich so herzensgut gemeint.

Hatten nicht gerade die von den Nazis als minderwertig eingestuften und deshalb verfolgten und ermordeten Völker verdient, daß die Deutschen nun ihnen, d.h. weniger den Menschen, aber ihrer Kultur, den nötigen Respekt erwiesen? Und kann man den Respekt gegenüber einem Volk besser zum Ausdruck bringen als dergestalt, daß man seine Musik liebt, seine Geschichte erkundet sowie seine Sitten und Bräuche studiert? Nun, hätten die Landsleute ihre eigene Geschichte besser gekannt, hätten sie gewußt, daß in den Schaltstellen der SS Deutsche saßen, die Geschichte des Judentums und Hebräisch besser konnten als die meisten Juden.

Vom Interesse an der fremden Kultur zum Interesse an der eigenen war es dann nur noch ein kleiner Schritt. Parallel zur Friedensbewegung, die den äußeren Feind identifizierte, nämlich die Deutschland mit ihren Atomraketen bedrohenden Supermächte, kam im Inneren die Suche nach der nationalen Identität in Schwung. Man dürfe die nationale Frage nicht den Rechten überlassen, sondern müsse sie selber stellen, tönte es von links. Begriffe wie Volk, Heimat, Vaterland galten nicht mehr als reaktionäre Lebenslügen, die immer falsch sind und bei den Deutschen außerdem verbrecherisch.

Freimütig bekannten sich vielmehr die zum Patriotismus konvertierten Linken dazu, die damals tonangebend für das ganze Meinungsklima waren. Wenn wir vom jüdischen Volk und vom Volk der Sinti sprechen dürfen, warum denn dann vom deutschen nicht? Wenn die anderen auf ihre Kultur stolz sein dürfen – und wir ermuntern sie ja ausdrücklich dazu –, gilt dann für uns nicht gleiches Recht?

*

Nun war man zwar die Hemmungen los, aber man muß nicht nur wollen, sondern auch können. Sich zur Kultur des eigenen Volkes bekennen, ist nicht leicht, wenn die Bevölkerung die eigene Muttersprache nicht richtig kann, eigentlich von jedweder Kultur keine Ahnung hat, meistens *Bild*-Zeitung liest, das eigene Essen nicht besonders mag, nicht mal ein richtiges Nationalgericht besitzt.

Doch auch dies Problem wurde mit Hilfe des Tricks gelöst, im Falle verschiedener Konsumgewohnheiten von verschiedenen Kulturen zu sprechen. Exemplarisch war nämlich damit der Begriff fungibel geworden, also willkürlich applizierbar. Vorher: Wenn Zucker draufsteht, muß auch Zucker drin sein. Nachher: Steht Zucker drauf, und Salz ist drin, müssen wir umdenken. Fortan ist Zucker das, was man in die Suppe streut. Was wie heißen soll, entscheide ich.

Wenn ich im Falle von Hartbrotfans und Weichbrotfans von zwei Kulturen spreche, sind sie das. Das ist eben meine Definition von Kultur oder mein Verständnis von ihr. Mag schon sein, daß man früher anders dachte, aber daran bin ich nicht gebunden. Ich nämlich denke grundsätzlich alles um.

Diese Umdenkerei wäre nun ein reichlich irres, aber

harmloses Gesellschaftsspiel, würden die Umdenker auch neue Wörter erfinden, statt die alten zu benutzen. Selbstverständlich tun sie das nicht, und der Effekt der Taschenspielerei ist, daß neue Inhalte alte Bedeutungen bekommen. Aller konventionellen inhaltlichen Bestimmungen entleert, hatte beispielsweise die Kultur doch ihre Bedeutung als eines Mittels zur Unterscheidung wesensverschiedner Gruppen von Menschen beibehalten, schließlich war der Name noch der gleiche. Nur die Notwendigkeit bestand nicht mehr, daß als wesensverschieden deklarierte Gruppen von Menschen sich hinsichtlich solcher Eigenschaften unterscheiden müssen, wie die meisten, wenn nicht alle Leute sie doch heute gar nicht erwerben können.

Traditionsgemäß versteht man unter Kultur – um aus einem philosophischen Lexikon zu zitieren – die Gesamtheit »der Leistungen und Werke eines Volkes«. Zweifellos schwingt in diesem Begriff, anders als im Begriff der Zivilisation, schon die völkische Relativierung mit, also die Unterscheidung nicht zwischen wahr und falsch oder gut und schlecht, sondern meinetwegen zwischen deutsch und undeutsch. Trotzdem steckt im Verweis auf die Leistungen und die Werke der Anspruch, daß die Kultur sich an einem objektiven Maßstab müsse messen lassen, und daß eben nicht alles, was an menschlichen Hervorbringungen existiert, deshalb auch schon Kultur und insofern gleichwertig ist.

Zum Begriff der Kultur gehört die Unterscheidung zwischen primitiven Kulturen und Hochkulturen, wie zur Zivilisation die Unterscheidung zwischen Zivilisation und Barbarei gehört. Sinnvoll und möglich ist die Unterscheidung zwischen primitiven und Hochkulturen wiederum nur, wenn ich einen inhaltlich bestimmten Begriff von Kultur überhaupt besitze, demzufolge sie meinetwegen für den Menschen Verfeinerung seiner Sinne, Entwicklung seines Verstandes, Überwindung roher Begierden, Versittlichung seiner gesellschaftlichen Verhältnisse, Nutzbarmachung des Landes etc. bedeutet, kurzum: Emanzipation von den Zwängen und der Not des unmittelbaren Naturzusammenhangs.

Zu behaupten, daß man im gegebenen Fall es mit zwei verschiedenen Kulturen und durch sie geschiedenen Gruppen von Menschen zu tun hätte, war also ursprünglich zwar ein gravierendes, folgenschweres Urteil. Zugleich aber war es eines, das nicht absolut willkürlich gefällt werden konnte, sondern der Überprüfung standhalten mußte.

Andere oder sich selbst einer bestimmten Kultur zuzurechnen, verhieß insofern kein ganz unbeschwertes Vergnügen, als dafür bestimmte Bedingungen erfüllt werden mußten. Denn ein Angehöriger der französischen oder deutschen Kultur, also sagen wir mal ein vollwertiger Franzose oder Deutscher, bin ich nur, wenn ich über die Leistungen und Werke meines Volkes zumindest dergestalt verfüge, daß ich sie wiedergeben kann. Nicht, daß ich als Deutscher unbedingt ein Goethe sein müßte, aber Goethe gelesen und davon auch was behalten haben muß ich schon.

Bringt man dieses Argument in Diskussionen vor, so tritt immer jemand auf, der einem zu verstehen gibt, daß man ein bißchen hinter dem Mond sei und den wissenschaftlichen Fortschritt verschlafen habe. War einmal, sagt er beispielsweise, mittlerweile hätten die Reformer den Kulturbegriff entschlackt und modernisiert, heute würde er ganz anders definiert. Goethe und Mozart zu verlangen, sei altmodisch und elitär, keineswegs ginge die Kultur in den Vorstellungen auf, die das Bildungsbürgertum sich von ihr machte.

Neben der bürgerlichen Kultur gebe es noch die bäuerliche oder die proletarische, eben die ganze Alltagskultur. An die Stelle des wertenden Kulturbegriffs sei der wertfreie der Ethnologen oder Kulturanthropologen gerückt. Alle regelhaft wiederkehrenden Verrichtungen sind demnach Kultur, ob ich nun jeden Abend meine Pellkartoffeln mit Salzhering vertilge und mich dann, vollgepumpt mit Kartoffelschnaps, auf den Strohsack werfe, oder ob ich jeden Abend ins Theater gehe und anschließend fürstlich dinieren kann. Ist im einen Falle eben die proletarische und im anderen die bürgerliche Kultur.

Oder wenn die Menschenfresser Menschenfleisch essen, ist das eben ihre Kultur, keiner soll darüber rechten. Obendrein – und bei diesem besonders dummen Einwand hält der Fortschrittsmensch sich immer für besonders pfiffig – sei es schon falsch, überhaupt von *der* Kultur zu reden, wo doch heute jeder Laie weiß, daß es nur Kulturen gibt, und der Fachmann zusätzlich die Subkulturen kennt.

Oder hat einer schon mal *die* Banane gesehen, wo man in der Realität doch nur Bananen findet? Nicht bedacht hat der Pfiffikus freilich, daß ich die Banane schon im Kopf haben muß, um in der Realität bestimmte Gegenstände als Bananen identifizieren zu können.

Über die erkenntnistheoretischen Implikationen dieses modernisierten Kulturbegriffs könnte man noch lange lamentieren, und noch länger über den moralischen Wert einer Theorie, die so volkstümlich und menschenfreundlich daherzukommen scheint, wenn sie Armut und Elend mit jeder anderen gleichrangigen Kultur verklärt, auf die keiner verächtlich hinabblicken dürfe, was mit anderen Worten doch nur heißt, daß es gar nichts daran auszusetzen gibt, wenn der eine im Daunenbett und der andere unter der Brücke schläft – jedem Tierchen sein Pläsierchen, jeder Gruppe ihre Kultur.

Hier aber kommt es mir auf einen anderen Punkt an, auf den Trick nämlich, den Inhalt des Begriffs der Willkür preiszugeben, ihn zur Definitionsfrage zu erklären, und gleichzeitig das Wort mit seinem Nimbus beizubehalten.

Was Kultur ist, und wann zwei Kulturen verschieden sind, bestimme dann nach Maßgabe meiner subjektiven Interessen ich, da ich die absolute Definitionsmacht besitze. Ich sage beispielsweise, die aus Rumänien zugewanderten Zigeuner besäßen eine von der deutschen verschiedene Kultur, weil sie mit der Toilettenspülung nicht umzugehen wissen.

Vollkommen berechtigt und keineswegs diskriminierend ist diese Entscheidung im Sinne der Kulturanthropologie, die von den Subjekten ja nicht verlangt, daß das eine die 60.000 Schriftzeichen der chinesischen Hochsprache beherrsche und das andere eine fundierte humanistische Bildung besitze, damit man von zwei verschiedenen Kulturen sprechen kann. Wichtig ist nur die Regelhaftigkeit, aufs Klo geht der Mensch ziemlich regelmäßig, und wie er's macht, das ist dann eben ein Element der Alltagskultur, das zur Unterscheidung zwischen verschiedenen Kulturen so gut taugt wie jedes andere, wenn auch das Erlernen der chinesischen Schriftzeichen oder der Erwerb einer humanistischen Bildung 20 Jahre dauert und die Unterweisung im Umgang mit dem Druckspüler vielleicht 20 Sekunden.

Damit ich meine Entscheidung treffen kann, wie es mir gefällt, relativiere ich also den Kulturbegriff erst mal bis zur Bedeutungslosigkeit, nenne die Ansprüche, die man früher an ihn stellte, elitär, und behaupte, er diene lediglich der Klassifikation und beinhalte keine Wertung. Wenn die Entscheidung aber gefallen ist, hat sie plötzlich nicht mehr den Charakter eines bloßen Klassifizierens oder bloß subjektiven Beliebens. Dann schlägt der Begriff mit der Wucht seiner ganzen Bedeutungsschwere zu, die er in Deutschland traditionsgemäß besitzt. Die andere Kultur ist dann nicht mehr bloß die andere, sondern die fremde, und die fremde ist nicht mehr bloß die fremde, sondern die inferiore.

Obwohl die Einheimischen nichts, nicht mal die eigene Sprache, so gut können, daß ein Ausländer sie nicht in zwei Jahren einholen und übertreffen könnte; obgleich sie also, gemessen an einem emphatischen Begriff von Kultur, eigentlich kulturlose Barbaren sind, rechnen sie selber sich einer Hochkultur zu, welche sich von der primitiven der zugewanderten rumänischen Zigeuner unterscheidet, und die berufen sich dabei auf ihre Fähigkeit, im Klo den richtigen Hebel zu drücken.

Die Voraussetzungen für diesen Irrsinn, nämlich die Entleerung des Kulturbegriffs von einem bestimmten Inhalt – die wurden in der Bundesrepublik eben damals geschaffen, als die Medien, prominente Politiker und natürlich die Alternativen selbst den Begriff zur Kennzeichnung zweier Gruppen verwandten, die alle beide nichts von dem besaßen, was Kultur einmal hieß. Die Folge davon, daß Kultur nun alles und jedes bedeuten konnte und es im Belieben der einzelnen stand, sich mit dem Prädikat zu schmücken, war eine sensationelle Kulturvermehrung.

Lange bevor die multikulturelle Gesellschaft gefordert wurde, gab es sie schon dergestalt, daß neben den im Zitat bereits genannten Kulturen auch noch die Unternehmenskultur, die Streitkultur, die Diskussionskultur, vermutlich auch die Armutskultur und Gott weiß wie viele andere Kulturen existieren.[34]

*

Die zentrale Lüge des Geredes von den verschiedenen Kulturen besteht also darin, daß es Einwanderer zu Angehörigen einer anderen Kultur erklärt, obgleich diese Einwanderer sich in allen Dingen von Belang überhaupt nicht von den Einheimischen unterscheiden müßten. Wenn sie es doch tun, liegt das nicht an ihrer Herkunft, sondern an den Bedingungen im Einwanderungsland, an den Erwartungen nämlich, die man in der Bundesrepublik an die Einwanderer richtet. Weil sie als Einwanderer nicht akzeptiert werden, sondern Ausländer bleiben sollen, müssen sie hier die Exoten spielen. Spanier müssen, wenn die Deutschen sie mal mögen sollen, Flamenco tanzen, was sie wie die meisten Spanier in ihrem Herkunftsland ebensowenig taten, wie unter Ihnen vermutlich niemand jodelt, obgleich wir hier in Bayern sind.

Wenn das Verständnis der Deutschen für die Ausländer geweckt werden soll, müssen letztere eine Folkloreshow und Spezialitäten vom Grill servieren, weil die Deutschen ihr Vorurteil bestätigt haben möchten, daß die Ausländer anders sind als sie. Nur begreiflich, daß dann Einwande-

[34] Drei Tage nach den Morden von Mölln stellte das *Hamburger Institut für Sozialforschung* sich selbst und seinen neuen Forschungsbereich »Nationalismus, Ethnizität und Fremdenfeindlichkeit« der Presse vor. Die *taz* zitierte den Leiter dieses neuen Forschungsbereichs, Uli Bielefeld: »Wir müssen eine *Denkkultur* aufbauen und uns in sozialwissenschaftliche Politikberatung einmischen.« In der *Zeit* vom 20.11.92 meinte Klaus Hartung: »Gibt es eine neue Dreistigkeit im Umgang mit deutscher Geschichte? Nein, die linke *Defensivkultur* übertreibt mal wieder.«

rer in der Bundesrepublik manchmal so türkisch werden, wie sie in der Türkei nie gewesen waren und die hochmoderne türkische Oberschicht überhaupt nicht ist.

Denn in keinem der Herkunftsländer von Einwanderern dominiert noch unangefochten eine auf Tradition basierende geschlossene Lebensform mit festen Sitten, Bräuchen, Trachten, Festen, was schon daraus ersichtlich wird, daß diese Länder zu Auswanderungsländern geworden sind. Wenn eine Gesellschaft ihre Mitglieder nicht mehr halten, beschäftigen und ernähren kann, steckt sie selber in einem krisenhaften Umbruch, welcher von der materiellen Produktion bis zu den Lebensgewohnheiten sämtliche Sphären erfaßt.

Während man die Einwanderer zum Festhalten an einer fiktiven Tradition unter dem Vorwand animiert, sie sollten Verbindung zur Heimat halten, ändern sich dort die Verhältnisse schneller als hier. Anpassungsprobleme haben die Menschen dann in jedem Fall, ob sie auswandern oder im Land bleiben, das gewaltigen Umwälzungen unterworfen sein wird. Nirgendwo, schon gar nicht im Herkunftsland, werden sie die Bedingungen wiederfinden, unter denen sie aufgewachsen und mit denen sie vielleicht vertraut geworden sind. Fremdheit ist heute keine geographische Kategorie, sondern eine soziale. Überall bricht sie nicht von außen herein, sondern von innen hervor.

Soziale Randgruppen wie Obdachlose, Trebegänger, Drogenabhängige, sonderbare Jugendsekten, Esoteriker und andere Spinner werden von der Gesellschaft nicht importiert, sondern produziert. Was das Erscheinungsbild und die Sitten der Einwanderer betrifft, die je nach Geschmack die Einheimischen verstören oder ihre Kultur bereichern sollen, so müssen das Erscheinungsbild und die Riten rein deutschstämmiger Hare-Krishna-Jünger,

Pfälzer Punker oder badischer Skinheads beim Normalverbraucher entweder die größere Verstörung bewirken, oder sie sind der größere Kulturgewinn. Wer das Fremde sucht, kann es ganz in der Nähe finden. Oft sieht der eigene Sohn oder die eigene Tochter mit dem violetten Büschel auf dem kahl geschorenen Kopf drolliger aus als der Wilde in Kriegsbemalung aus dem Bilderbuch. Noch leichter geht es, wenn man einfach in den Spiegel schaut. Da kann man, vor allem morgens, manche Überraschung erleben.

Nur weil jede nationale Besonderheit heute Folklore ist und Folklore ein Konsumartikel, kann für die Einwanderer geworben werden mit dem unappetitlichen Raffer-Argument, ihre Kultur würde die hiesige bereichern. Andernfalls müßte dies Versprechen von ausnahmslos jedem als Drohung empfunden werden, deshalb nämlich, weil jeder schon von der Kultur des eigenen Landes hoffnungslos überfordert ist und er kaum Wert darauf legen kann, daß nun zusätzlich zu den ungelesenen deutschen Klassikern auch noch die ungelesenen türkischen Klassiker auf sein Gewissen drücken. Und nur, weil man nicht Kultur, sondern anspruchslose Unterhaltung will, kann man den normalen Einwanderer aus Anatolien für einen Kulturbotschafter halten, was er ebenso wenig ist, wie wir es wären, forderten uns in Melbourne die Einheimischen dazu auf, im Trachtenjanker einen Schuhplattler aus Parkett zu legen, danach Beethoven auf dem Klavier zu spielen und zum Abschluß ein paar Goethe-Gedichte aufzusagen. Jeder weiß auch, daß die vermeintlichen kulinarischen Spezialitäten der Einwanderer von Paella bis Pizza heute internationales Fastfood sind, weil sie früher das Armeleutessen waren, also schnell und billig herzustellen sind.

*

Weil die Verlogenheit des Kulturgeredes so offenkundig ist, daß man sich beim Aufdecken und Aufdröseln dieser Verlogenheit fast ein bißchen dumm vorkommt – deshalb auch, weil man den anderen vermutlich nur erzählt, was die schon wissen; weil also Irrtum ziemlich ausgeschlossen ist, kommt man zwangsläufig auf die Frage zurück, welcher Sinn hinter dem Vorsatz steckte.

Ein Motiv wurde schon genannt, nämlich die Befürwortern und Gegnern der multikulturellen Gesellschaft, d.h. »Republikanern« und »Grünen« gemeinsame Absicht, die in der Bundesrepublik lebenden Einwanderer als Angehörige einer fremden Kultur zu betrachten, was logischerweise zur Forderung »Ausländer raus« führen muß.

Wird nämlich Einwanderern das Recht zugestanden, daß sie gruppenweise die tradierten Sitten und Bräuche gegen neue Einflüsse verteidigen, so ist nicht einzusehen, warum den Deutschen dies Recht im eigenen Land vorenthalten werden soll und Oberammergauer bei sich eine islamische Gemeinde dulden müssen. Ferner erfüllt das Lancieren einer Debatte über die multikulturelle Gesellschaft natürlich den Zweck, von den wirklich entscheidenden ökonomischen und politischen Problemen abzulenken. Für Verständnis zwischen Deutschen und Ausländern zu werben oder letztere rauszuekeln, ist eben billiger als die Förderung des sozialen Wohnungsbaus.

Erklärungen ähnlicher Art ließen sich noch einige finden, doch wirken sie alle ein wenig an den Haaren herbeigezogen und vordergründig. Man versteht nicht ganz, warum die Landsleute sich auf das Spiel mit den Ausländern überhaupt eingelassen haben, schließlich hat das von ihnen keiner verlangt, und die Wirtschaft hätte den periodischen Mangel an Arbeitskräften auch überstanden. Fast könnte man glauben, der ganze Aufwand, Ausländer ins Land zu holen, um sie dort wie unerwünschte Fremde zu behandeln, habe lediglich der Vorbereitung des heutigen Zustands gedient. Wem der freilich nützen soll, bleibt ein Rätsel.

Oktober 1992

Nachtrag

Am 7.10.1992 meldete die *FAZ,* Bundesfamilienministerin Merkel habe sich dafür ausgesprochen, »Völkerkunde zum regulären Unterrichtsfach in den Schulen zu erheben. Auf diese Weise sollten andere Kulturen für junge Menschen faßbar gemacht werden«.

Noch faßbarer, als sie es für die rechtsradikalen Greiftrupps in der Zone ohnehin schon sind?

Das Tückische an diesem Vorschlag freilich ist, daß die Ministerin ihn nicht nur durch ihr eigenes Auftreten – ihre Mimik, ihren Blick, ihr Gebaren, ihre Kleidung, ihre Stimme – zu rechtfertigen scheint, sondern auch durch dazu passende Präferenzen. Beides fügt sich zum Bild weniger von einer Person als von einem Gegenstand der Völkerkunde zusammen. Denn wer »die deutsche Frau« – Kennzeichen: sieht immer so aus, wie wenn sie sich nie schminken würde – für eine Erfindung entweder deutschfeindlicher oder nationalsozialistischer Propaganda hielt, muß sich von Kohls Stellvertreterin eines Schlechteren belehrt fühlen.

Erinnert sei etwa an ihren Plan, die Vermittlung ausländischer, zum Beispiel thailändischer Frauen an deutsche Männer unter Strafe stellen zu lassen. Der Vorwand war, es gelte die Rechte der ausländischen Frauen zu schützen, deren Rechtlosigkeit freilich nicht von hiesigen Ehevermittlungsinstituten, sondern von bitterster Armut in ihren Herkunftsländern und vom hiesigen Ausländergesetz verursacht wird. Als wahres Motiv wird man daher zum einen die Aversion gegen das vermuten dürfen, was man einmal »Rassenschande« nannte, zum anderen natürlich das Interesse der Landsfrauen daran, keine exotischen Schönheiten als Rivalinnen dulden zu müssen, also das Interesse an der Ausschaltung der Konkurrenz.

Erinnert sei ferner an Frau Merkels Position in der Abtreibungsdiskussion, an ihren Vorschlag, auch Verwandte und Freunde einer Frau wegen Beihilfe bestrafen zu lassen, wenn sie zum Abbruch der Schwangerschaft rieten.

Da aber keineswegs alle Menschen wie Frau Merkel sind, nicht mal hier, wäre es falsch, aus ihrer Existenz auf die Existenzberechtigung der Völkerkunde zu schließen.

Keiner mag sie

Meine Damen und Herren, wohl in der Absicht, daß es herausfordernd oder trotzig klinge, hat der Veranstalter für diese Diskussion den theatralischen Titel gewählt: »Nein, wir lieben dieses Land und seine Leute nicht«.

Aber wer tut das schon. Wir sind keine japanischen Touristen in Neuschwanstein oder Altheidelberg. Wir sind auch keine Asylbewerber kurz nach der Ankunft. Und das sind nun mal die einzigen Gruppen, denen Deutschland wirklich gefällt.[35] Sie verstehen die Sprache nicht, sie kennen die Leute nicht. Sie fühlen sich wie im Kino oder wie im Schlaraffenland. Deshalb genießen sie es, hier zu sein. Und deshalb, aus Neid, werden sie von den Deutschen gehaßt.

Die *FAZ* kündigte neulich den Allensbacher Monatsbericht an mit dem Satz: »Im dritten Jahr der Einheit sind sich die Deutschen so fremd wie noch nie seit dem Fall

[35] Das wurde bestätigt, als Berlin mit seiner Bewerbung für die Olympischen Spiele durchfiel. Die *Bild*-Schlagzeile vom 25.9.1993: »Warum sind wir Deutschen so unbeliebt?« Im Bericht hieß es: »Von den 89 IOC-Mitgliedern stimmten nur 9 für Berlin, 2 davon Deutsche. Also: nur 7 Ausländer! Ein Zeichen, daß die Deutschen zur Zeit in der Welt unbeliebt sind? ›Ja‹, sagt der deutsche Olympia-Präsident Walter Troger, Deutschland besitzt keine Lobby. Man liebt uns nicht in der Welt.‹« – Und die Deutschen selber? »Nichts wie weg«, betitelte die *FAZ* vom 27.12.1993 einen Kommentar über die Reiselust der Landsleute, und schrieb: »Merkwürdig nur, daß viele Deutsche offenbar nichts Besseres zu tun haben, als ihrem ›Besitzstandswahrerland‹, wann immer es geht, möglichst weit zu entfliehen.«

der Mauer.« Natürlich ist das »noch nie« eine Übertreibung. Die Deutschen sind aus der DDR weggerannt, weil sie es unter ihresgleichen nicht ausgehalten haben. Sie kamen vom Regen in die Traufe, und wir mit ihnen.

Die Zeiten, wo man sich auf die Abneigung gegen Land und Leute noch was einbilden konnte, sind also mittlerweile auch vorbei. Keiner mag sie, weil sie keinen mögen. Die vermeintliche kleine radikale Minderheit ist in Wahrheit die überwältigende Mehrheit. Nur deshalb warnte die *Süddeutsche Zeitung* vom 28./29.11.1992 unter dem Titel »Ganz schön häßlich. Zehn Anmerkungen zur neuen deutschen Sucht der Selbstgeißelung«:

> »Wer ständig auf das Volk schlägt, sagt der unverdächtige Rupert Neudeck, der beleidigt damit gerade jene Leute, deren ›große Integrationsleistungen‹ es zu loben gälte. Wenn die Deutschen dauernd hören, wie furchtbar sie sind, werden sie es am Ende wirklich sein.«

Doch jeder weiß, wie das mit der Zuneigung ist. Nichts schadet ihr mehr als der Versuch, sich mittels Vernunftgründen welche einzureden. Wenn einem dauernd eingetrichtert wird, man müßte ein Ekel eigentlich mögen, haßt man es erst recht.

Auch der Kollege Held rafft sich – in *Konkret Extra* – zu keiner überzeugenden Liebeserklärung an die Landsleute auf, er behauptet nicht, sie wären viel netter als häufig in *Konkret* geschildert. Das Spiel geht anders, nämlich so: Der eine zieht über die Deutschen her. Dann kontert der andere: »Und am allerdeutschesten bist du.«

Also: Wer die Deutschen Rassisten nennt, ist selber einer von den schlimmsten. Eigentlich steht er dem Antisemiten in nichts nach. Rücksichtslos diffamiert er ein ganzes Volk. Und das ist es doch, was die Nazis bei den

Juden taten, oder was die Rechtsradikalen heute bei den Asylbewerbern tun. Vorurteile gegen Völker oder Volksgruppen sind immer falsch, handele es sich bei den Betroffenen um Juden, Ausländer, Zigeuner oder Deutsche.

Früher hatten die Linken auf diese Argumentation das Monopol, neuerdings haben auch die Rechten ihre Vorzüge entdeckt. Sie ist eine erstaunliche Mischung aus Realitätsverlust, Larmoyanz und Frechheit, und sie zeigt, wie stark sich die Deutschen schon wieder fühlen. Nur wenn man sich stark fühlt, wird man unverschämt. Und es ist reichlich unverschämt, wenn die Deutschen sich über die Schärfe der Kritik an ihnen beschweren. Wundern müßten sie sich, daß sie überhaupt existieren dürfen. Warum, müßten sie sich fragen, hat man 1945 nicht statt der Juden sie selber in die Lager gesperrt. Warum hält die Welt die Deutschen nicht für eine mindere Rasse, obgleich zwischen 1933 und 1945 der Augenschein dafür sprach, daß sie eine waren?

Dergleichen Fragen stellen die Landsleute sich natürlich nicht, ganz im Gegenteil. Eine ihrer unangenehmsten Eigenschaften ist, daß sie immer im falschen Moment in den Tiefsinn verfallen. Strikt weisen sie dann jede praktische Vernunft zurück. Andernfalls müßte der gesunde Menschenverstand ihnen sagen, daß es im Leben ohne ausgleichende Gerechtigkeit nun mal nicht geht.

Wenn ich meinem Nachbarn auf dem Podium eine Ohrfeige gebe, darf ich von ihm keine freundliche Belehrung erwarten. Wahrscheinlich zahlt er erst mal mit gleicher Münze zurück. Im Interesse des Erkenntnisfortschritts ist das auch richtig. Denn erst wenn ich den gleichen Schmerz auf meiner Wange spüre, den er auf seiner spürt, ist die Verständigungsgrundlage da, um gemeinsam über die Vorteile des Gewaltverzichts zu reden, nicht bloß so daher, sondern aus tief empfundener Überzeugung.

Solche Gedanken aber kommen den Landsleuten nicht, stets im falschen Moment und aus falschem Anlaß werden sie prinzipiell. Wenn es um sie selber geht, sind sie grundsätzlich und rigoros gegen alles, was auch nur im entferntesten an Rassismus erinnern könnte. Am klügsten und humansten argumentieren sie immer dann, wenn sie sich herausmogeln wollen, weil sie in der Klemme stecken. Das ist einer der Gründe dafür, daß die klugen und humanen Sprüche hier stets etwas Verlogenes, Tückisches an sich haben und man sie irgendwann nicht mehr hören will.

Nehmen wir einen völkischen Nationalisten: Eben hat er noch »Wir sind ein Volk« gegrölt. »O.k.«, antwortet man ihm, »meinetwegen«. Also: »Sechs Millionen Juden habt ihr Deutschen umgebracht. Scheinbar könnt ihr es nicht mehr lassen.« Auf einmal wird der Mann verständig. Vom deutschen Volk zu reden, erklärt er, sei eine unzulässige Pauschalisierung. »Die Deutschen« – die gebe es doch gar nicht. Man könne die Menschen nicht alle über einen Kamm scheren; da müsse man ganz fein differenzieren. Das alte Spiel: Wenn irgend so ein Legastheniker sich mit Goethe verbunden glaubt, dann ist das seine nationale Identität. Aber wenn ich ihn mit Hitler in Verbindung bringe, dann bin ich ein Rassist.

Nicht anders verhalten sich die Linken. Es ist doch noch gar nicht so lange her, daß die ihr Selbst entdecken wollten, ihre nationale Identität. Wir haben die Leute vor diesem Schritt stets händeringend gewarnt. Man muß nicht jede Mülltonne beschnüffeln. Davon wird man nicht klüger. Davon wird einem schlecht. Aber alle Warnungen halfen nichts, und irgendwann gibt man nach. Man ist ja kein Unmensch. Wenn die Leute unbedingt wissen wollen, wer sie sind, dann verraten wir ihnen halt ihr süßes kleines Geheimnis. Also, liebe Deutsche, an eurer Identität braucht ihr nicht zweifeln. Ihr seid noch immer die gleichen, die eure Eltern gewesen sind – siehe Hoyerswerda, siehe Rostock.

Und jetzt erlebt man ein Wunder. Die frisch gebackenen Nationalisten verwandeln sich ganz flink in Internationalisten zurück: Es sei ein bornierter Standpunkt, dauernd auf den Deutschen rumzuhacken; Verfolgung von Ausländern gebe es schließlich überall; das hinge nicht mit nationalen Besonderheiten zusammen, sondern mit der ökonomischen und sozialen Entwicklung; die wiederum sei europäischer, wenn nicht globaler Natur.

So reden sie alle. Wenn sie selber am Pranger stehen, kennen sie plötzlich keine Nationen mehr, nur noch das Kapital, die menschliche Grausamkeit im allgemeinen, die Schlechtigkeit der Welt. Der müsse man sich widersetzen, auch rassistische Diskriminierung der Deutschen dürfe man nicht dulden, schon den Anfängen sei zu wehren usw.

Dabei haben diese fanatischen Humanisten eben noch die Verfolgung anderer entweder geduldet oder dabei sogar mitgemacht. Tatsache ist zum Beispiel, daß wir alle derzeit die Verfolgung von Ausländern dulden. Ob wir diese Verfolgung mißbilligen, verurteilen, verabscheuen und so weiter, spielt dabei nicht die geringste Rolle, weil die Verfolgten sich nicht für unseren Seelenzustand interessieren müssen, sondern ganz allein für ihre eigene Haut. Sie haben ein Recht darauf, Resultate sehen zu wollen. Sie sind nicht verpflichtet, sich von uns belabern lassen zu müssen, wieviel guten Willen wir doch hätten, wie uns das alles schmerzen würde etc.

Gerade die Linken begreifen das nicht. Sie meinen, andere mit Darlegungen ihrer höchst belanglosen Gemütslage belästigen zu dürfen, mit dieser ewigen Intellektuellenschnulze, wie man selber unter den deutschen

Untaten am meisten litte und sich dafür schäme etc. Sie meinen, die Neigung zum Kitsch weise sie aus als die besseren Menschen. Das aber ist ein Irrtum.

Wichtig ist nur, daß die Verfolgung geschieht, und daß wir sie nicht verhindern. Ob aus Ohnmacht, Feigheit, Apathie ist wieder ganz egal. Es ist egal für die Verfolgten. Die wollen nicht *unsere* Entschuldigungen hören, sondern die wollen *ihre* Ruhe. Deshalb sind die Szenen so ekelhaft, wo Deutsche zu niedergebrannten Häusern türkischer Familien pilgern, um sich dort kräftig auszuflennen.

Kommt nun der Augenblick, wo die Deutschen dafür zur Rechenschaft gezogen werden könnten, was sie anderen zufügten, berufen sie sich plötzlich auf die Humanität. Und sie tun das mit der gleichen Unverfrorenheit, mit der sie eben noch andere quälten. Zahlten die Türken den Deutschen Erlittenes heim, heißt es dann, würde doch alles nur noch schlimmer. Wie könne jemand Rache fordern, schließlich lebten wir im zivilisierten 20. Jahrhundert. Die Bestrafung der Deutschen habe gefälligst zu unterbleiben, weil die Welt sich nicht dadurch bessere, daß man Gleiches mit Gleichem vergilt. Dies Verhalten sei atavistisch, es verewige und steigere doch nur Unrecht, Gewalt und Leid. Schlechte Behandlung habe noch aus keinem einen guten Menschen gemacht – sieht man ja im Knast. Würden die Deutschen immer nur angegiftet und ausgeschimpft, sei dies ihrer Entwicklung nicht förderlich. Lob, Zuspruch, Verständnis und öfter mal ein nettes Wort seien doch bekanntermaßen die effizientere Sozialtherapie.

Eben noch haben also diese Irren sich selber einen Dreck um die minimalen Regeln der Menschlichkeit geschert, um vom anderen nun zu verlangen, daß er sie behandelt wie der gütige liebe Gott aus dem Märchenbuch. Unbekümmert um die eigene Praxis führen sie sich als Experten auf. Sie belehren die anderen und ihre Kritiker darüber, wie mit ihnen umzugehen sei. Jede ihrer Schandtaten beweise doch nur, daß sie arme Teufel sind. Je mehr Ausländer sie totschlagen, desto netter soll man zu ihnen sein. Wer ein Asylbewerberheim anzündet, kriegt zur Belohnung von Frau Merkel ein Jugendhaus spendiert. Wer »Deutschland den Deutschen« grölt, wird für urlaubsreif erklärt. Drei Wochen auf Mallorca, alles gratis, sollen ihm zeigen, daß den Deutschen viel mehr als bloß Deutschland gehört.

Überhaupt nicht kommt den Deutschen in den Sinn, daß dem anderen ihre moralische Befindlichkeit und ihre moralische Entwicklung absolut egal sein könnte; daß der andere an dieser Bande nur erlittenes Unrecht sühnen möchte und dann von ihr nicht mehr behelligt werden will. Größenwahnsinnig noch im Jammern, setzen diese verblendeten Narzißten voraus, daß der Rest der Welt für ihre Resozialisierung verantwortlich sei und an ihren Fortschritten oder deren Ausbleiben großen Anteil nehme. Noch gesteigert ist dies Syndrom bei denen, die uns Rassismus vorwerfen, wenn wir die Deutschen Rassisten nennen. Eigentlich meinen sie nur, daß man nicht aus der Schule plaudern, keine schmutzige Wäsche waschen soll. Andernfalls könnten sie den Vergleich gar nicht ziehen. Ihn als abwegig und unsinnig zu durchschauen, muß man wirklich nicht besonders schlau sein.

Nenne ich mich selber einen Hornochsen, kann ich keinen wegen Beleidigung verklagen. Müßte ich als Täter Schadensersatz leisten, käme ich als Opfer in dessen Genuß. Jeder kann die eigene Nation solange diffamieren, wie er will, auch wenn alle Vorwürfe völlig aus der Luft gegriffen sind. Das ist der eine Unterschied.

Der andere betrifft die möglichen Folgen. Als gegen

mich selber aufgehetzter Deutscher muß ich vor's Haus gehen und einen Brandsatz bei mir ins Fenster schmeißen. Dann muß ich schneller in die Wohnung flitzen, als der Brandsatz fliegt, damit das Geschoß mich auch trifft. So schnell huscht keiner die Treppen hoch. Das war der zweite Unterschied.

Der dritte und wichtigste liegt in den Mehrheitsverhältnissen und im Adressaten der Schuldzuweisung. Den Deutschen Rassismus vorzuwerfen heißt gerade nicht, der großen, starken Partei zu erklären, eine andere, schwächere, kleinere sei schuld. Das aber ist das Funktionsprinzip aller rassistischen Demagogie. Sie redet den Deutschen ein, an ihrem Unglück und allen Unpäßlichkeiten wären die Juden, die Ausländer, die Asylbewerber schuld, ersatzweise auch Sozialbetrüger, Linksradikale, Skinheads.

Den Deutschen Rassismus vorzuwerfen heißt, die Schuld bei der Mehrheit zu suchen statt bei irgendwelchen Minderheiten oder kleinen Randgruppen. Wenn 16jährige sich wie alte Stammtischbrüder vollaufen lassen, statt hinter den Mädchen her zu sein; wenn sie im Suff dann nicht etwa die Kontrolle über die Motorik dergestalt verlieren, daß die Hand landet, wo sie nicht hingehört, wobei die Hand zur Faust geballt sein kann oder nicht; wenn also der Alkohol ganz andere Wünsche offenbart als die, die Freundin etwas fester zu drücken oder dem Rivalen ein blaues Auge zu verpassen; wenn die Enthemmung stattdessen zu planvollem Handeln führt; wenn die Enthemmten, statt auf den unmittelbaren Lustgewinn erpicht zu sein, weder Aufwand noch Mühe scheuen; wenn sie sich dann, besoffen, wie sie sind, an die Arbeit machen; und wenn diese Arbeit darin besteht, mit List und Fleiß ein Mietshaus in ein Krematorium zu verwandeln – dann stimmt mit diesen Deutschen etwas nicht. Dann muß die Bevölkerung einen schweren Webfehler haben, unter der diese 16jährigen aufgewachsen sind. Nicht, daß die Menschen von Natur aus Engel wären. Aber so wie diese 16jährigen sind sie von Natur aus auch wieder nicht. Um so, wie diese 16jährigen zu werden, bedarf es einer Abrichtung, Konditionierung, die zu leisten nur die Mehrheit die Macht besitzt. Und es stand nicht irgendwo, sondern es stand in der *Frankfurter Allgemeinen,* Untertitel: *Zeitung für Deutschland*, am 28. Mai:

> »Insgesamt aber haben es die Bürger mit erstaunlichem Langmut ertragen, daß die Politiker über Jahre hin nicht in der Lage oder willens waren, angesichts einer mehr oder minder außer Kontrolle geratenen Zuwanderung zu handeln.«

Der Wink mit dem Zaunpfahl wurde übrigens verstanden, der Brandanschlag von Solingen geschah in der folgenden Nacht.

Nicht, weil das so ist, sondern weil das so klar ist, so einfach, so trivial, werfe ich denen, die Kritik an den Deutschen unter Rassismusverdacht stellen, nicht bloß Unwissenheit vor. Ich glaube auch nicht, daß sie sich durch überzeugende Argumente wirklich belehren lassen. Die Ursache ihrer Begriffsstutzigkeit ist nicht Unvermögen, sondern ein dumpfes chauvinistisches Ressentiment.

Aus ihm speist sich auch der Haupteinwand gegen den Verdacht, die Deutschen könnten es wieder machen, also den Faschismus. Er besteht darin, daß man einfach auf die Realität verweist: Schau doch hin; die Landsleute sind doch normalerweise ganz anders als das Bild, das man in Hoyerswerda oder Rostock von ihnen bekommen hat.

Unausgesprochen unterstellt wird dabei, die Landsleute hätten in der Nazizeit den ganzen Tag am offenen Fenster gestanden und »Heil Hitler!« gebrüllt, während sie in Wahrheit zur Arbeit gingen, Kinder kriegten, das Finanzamt betrogen etc. Tatsache ist, daß Mörder selten die Tätigkeit ausüben, nach der man sie benennt. Und ein Verrückter ist nicht 24 Stunden am Tag verrückt. Manchmal schläft er. Das ist vernünftig. Manchmal ißt er. Das ist ebenfalls vernünftig. Und dann denkt man eben gern: Richtig verrückt ist der eigentlich nicht.

Man nimmt das Alltägliche als Beweis für Normalität, und allen voran tut dies der Kanzler, wenn er trotz Hoyerswerda und Rostock, trotz Mölln und Solingen erklärt, daß die Deutschen in der überwältigenden Mehrheit ausländerfreundlich seien. Die Fakten, so scheint es, geben ihm insofern recht, als in der Tat nur ein verschwindend geringer Anteil der in der Bundesrepublik lebenden Ausländer ermordet worden ist. Aber spielen wir das doch mal durch:

Fall a): Die Diskussion hier wird hitzig. Mir rutscht die Hand aus, ich haue jemandem auf die Nase und brülle: Mit seinem Geschwätz bringt dieser Esel mich zur Weißglut. Ich muß ihm einfach das Maul stopfen. – Unbeherrschter, gewalttätiger Flegel, werden Sie dann von mir denken, und mich rausschmeißen.

Fall b): Wir unterhalten uns ganz freundlich. Plötzlich haue ich jemandem auf die Nase. Danach spreche ich ruhig und freundlich weiter.

Wutausbrüche Ihrerseits machen mich betroffen: Was haben Sie denn bloß gegen mich? Wir unterhalten uns doch so nett. Wir sind doch die besten Freunde. Wie können Sie die ganze Person verurteilen, bloß weil ihr für einen Sekundenbruchteil mal die Hand ausrutscht. Jeder sieht, daß ich friedfertig und verträglich bin. Zwei Stunden lang sitzen wir hier zusammen. In dieser Zeit hätte ich 432.000mal jemandem auf die Nase hauen können. Ich habe es nur ein einziges Mal getan, d.h. in 0,0000023 Prozent der möglichen Fälle. In 99,999977 Prozent der Fälle habe ich es unterlassen. Warum reiten Sie so verbissen auf dem einen einzigen Ausrutscher herum? Seien Sie doch gerecht.

Wenn ich so spreche, werden Sie mich nicht für einen Flegel halten, sondern für einen gemeingefährlichen Psychopathen.

Es ist also ziemlich egal, ob die Deutschen sich fremdenfeindlich oder ausländerfreundlich nennen. Im einen Fall geben sie zu, daß sie unausstehlich sind, im anderen bescheinigen sie sich selbst die Unzurechnungsfähigkeit. Jeder kriegt lieber Prügel von einem, der es auch so meint, also von einem, der darin einen Freundschaftsbeweis sieht.

Oder, wenn ich den niedersächsischen Ministerpräsidenten Schröder zitieren darf: »›Die jugendlichen Gewalttäter sind keine Faschisten. Ihre Naziparolen sind in Wahrheit Hilfeschreie‹, die auf familiäre, schulische und soziale Nöte hinweisen.« (*FAZ* vom 10.12.92).

Das hört sich nach Verständnis für andere an, ist aber Selbstverständigung. Denn wenn ich mich als Deutscher begreife, gehören die rassistischen Menschenschinder und Brandstifter zu mir. Sie sind nicht ich, aber sie sind ein Teil von mir. Auch ein Räuber ist ja nicht nur Räuber, sondern außerdem vielleicht treusorgender Familienvater. Wenn Schröder über die rechtsradikalen Schläger räsoniert, mit denen er in Nationalunion lebt, ist das ungefähr so, wie wenn der Familienvater über den Räuber räsoniert, mit dem er eine Personalunion bildet. Das Motiv für diese Art von Charakterstudium ist Narzißmus, der gleiche übrigens, der im Advent 1992 zu den Lichterketten führte. In Hamburg liefen damals angeblich 400.000 Menschen mit brennenden Kerzen herum. Das ist ein Rekord, aber diesen Rekord hat niemand von den Deutschen verlangt. Um in Rostock die Brandstifter zu vertreiben, hätten ein paar hundert Bürger gereicht. Kein einziger kam, um zu helfen. Erst beim Selbstdarstellungstheater machten alle mit.

Allmachtsphantasien

Meine Damen und Herren, es ist leider nur der halbe Skandal, daß wir hier über das Lieblingsthema der Rechtsradikalen fachsimpeln wollen. Die andere Hälfte: Ich hätte es beinahe nicht bemerkt. Ob eine Neuauflage des Nationalsozialismus drohe, hieß die Frage mal. Jetzt fragt die Linke, in aller Unschuld selbstverständlich: »Dritter Griff zur Weltmacht?« Ob Deutschland wohl Weltmacht ist oder wird? So stellt das Denken sich allmählich auf die neuen Dimensionen um, es tastet sich heran an den erweiterten Operationsbereich. Die Einheit ging an keinem spurlos vorbei, es hat sie keiner unbeschädigt überstanden. Und ehe man es ganz begreift, tickt man schon selber wie ein kleiner Moltke.

Das schlimmste daran ist die gute Absicht. Wir meinen Böses, wenn wir von der Weltmacht sprechen, wir meinen ein dem Dritten vergleichbares Viertes Reich – man soll sich tüchtig gruseln. Das passiert aber nicht. Was eintritt, ist das genaue Gegenteil der bezweckten Wirkung. Der Fehler dabei nämlich ist, daß wir das Propagandawort vom Dritten Reich für bare Münze nehmen. Mit Machtgewinn und territorialer Größe identifiziert man den Nazi-Staat, als hätten die Deutschen damals wirklich ein Weltreich gegründet. Tatsächlich hinterließen sie außer Trümmern, Leichenbergen, Massengräbern und KZ-Baracken nichts.

Betrachtet wird das Dritte Reich, wie wenn es der temporär erfolgreiche Aufstieg Deutschlands zur Weltmacht gewesen wäre. Bewertet wird es als das, was es wirklich war. Die von der Darstellung abweichende Bewertung, also die Gesinnung, dient dann als bequemes Ruhekissen. Weil man als Linker die Reiche für eine gefährliche Sache hält, darf man sie als harmlose Sache schildern.

Nur deshalb, weil er es in bester, also kritischer Absicht tut, kann Fülberth den Deutschen einreden, was derzeit wohl die fanatischsten Chauvinisten unter ihnen nicht ganz glauben: Die Sprechanlage im Bundestag funktioniert zwar nach sechs Monaten noch immer nicht; wenn die Bundeswehr für Somalia übt, wird daraus eine Militärklamotte; aber der Aufstieg zur Weltmacht ist geglückt.

Nicht, daß der Nachweis gelingen würde, Fülberth bietet viel zu viel Fach- und Geschichtskenntnis auf. Wenn man den Riesen mit der Lupe suchen muß, wird da wohl keiner sein. Wenn man so schlau wie Fülberth sein muß, um die Weltmacht zu erkennen, werden es nicht viele sein, die sich vor ihr fürchten. Und eine Weltmacht, die keiner ernst nimmt, richtet auf der Welt wenig aus.

Viel wichtiger ist, daß Fülberth, sicher gegen seine Absicht, Anlaß zum Einwurf gibt: Na und? Was wäre schon dabei? Wer sagt es denn, daß Deutschland das Spiel nicht gewinnen dürfe – immer vorausgesetzt, daß es sich an die Regeln hält. Bislang wurden gröbere Verstöße nicht bekannt. Vorausgesetzt, es bleibt dabei: Was wäre gegen Deutschlands Aufstieg einzuwenden? Wenn einer besonders tüchtig ist: Warum soll er seine Talente zügeln?

Dem Dritten Reich warf man doch nicht das Streben nach Glanz und Macht und Größe vor, schon gar nicht den Erfolg. Das Verbrechen war ein Vernichtungskrieg, der weniger der Gewinnung von Macht über Menschen als ihrer Ausrottung diente. In Auschwitz war er gesteigert zum fabrikmäßigen Massenmord. In dessen Sinnlosigkeit spiegelt sich die Sinnlosigkeit der ganzen, vom Nordkap bis zur Sahara reichenden Unternehmung. Was die Deutschen vorhatten, war verrückt, und sie wußten das. Nicht bis zum Sieg, sondern bis »alles in Scherben fällt« wolle man marschieren, hieß es trübsinnig in dem bekannten Nazi-Lied.

Ein kometenhafter Aufstieg der Deutschen ist auch heute nicht zu fürchten. Zu fürchten sind immer diese schleppenden Anläufe in den Untergang. Ob 1871, 1933 oder 1989: Stets rafft sich ein Haufen Verzagter auf, ohne rechte Lust und gegen besseres Wissen. Wenn er es mit Hurra-Gebrüll tut, dann bloß, um die düsteren Vorahnungen zu übertünchen. Wie die Wiedervereinigung waren alle deutschen Großtaten von diesem Der-Zug-ist-abgefahren-Gefühl begleitet. Wie man heute unter der Einheit leidet, wurde unter der Reichsgründung 1871 gelitten. »Einigungsenttäuschung« hieß damals schon die Diagnose, und die Symptome waren Resignation, Gereiztheit, Melancholie.

Gerade aus solchen Stimmungslagen heraus, nicht aus kraftstrotzendem Übermut, werden die in den Untergang führenden Aufbrüche unternommen. Immer sehen die Landsleute dabei leidend aus. Deshalb wissen Außenstehende nie, ob man sie fürchten muß oder bedauern soll. Deshalb ist die Metapher vom »Marsch ins Vierte Reich« so falsch. Auch ins Dritte humpelte man bloß. Es war keine Glanznummer, sondern anfangs eine Ulknummer und dann lange Jahre eine Dreiprozentpartei.

*

Merkwürdig daher, welche Zuversicht Robert Kurz aus der Beobachtung schöpft, daß es noch nirgends richtig Tschingderassabumm macht und die Landsleute wieder mal so bedrückt herumschleichen. Hatte man sich bei Fülberth über die Tatsachenbehauptung gewundert, darüber, daß Deutschland unbemerkt bereits Weltmacht geworden sei, stimmt man bei Kurz zwar der ernüchternden Bestandsaufnahme zu, um sich dann aber über die Prognose und die Schlußfolgerung noch viel mehr zu wundern: Weil der Versuch, ein Viertes Reich zu installieren, nur mißlingen kann, wird dieser Versuch auch nicht unternommen.

Demnach wäre das Dritte Reich ein erfolgreiches Projekt gewesen, denn zwölf Jahre lang haben die Landsleute sich nach Kräften bemüht. Demnach wäre ferner die offenkundige Unsinnigkeit eines Unternehmens grundsätzlich ein zwingender Unterlassungsgrund. Demnach hätte die ganze Weltgeschichte eigentlich nicht passieren können.

Umso erstaunlicher ist dies Vertrauen in die Allmacht der Vernunft, als Kurz selber anderswo zeigt, wie die Landsleute zur Wiedervereinigung kamen. Unbekümmert um die ökonomischen Fakten, redeten sie sich den Glauben an blühende Industrielandschaften im Osten ein. Nicht mal stark war dieser Glaube, aber er versetzte Grenzen. Ausschließen kann man das auch von der irren Hoffnung nicht, durch Aasgeiern auf dem Balkan und im ehemaligen Ostblock Macht und Profit zu erwerben.

Jenen Linken, die solche Bedenken hegen, wirft Kurz vor, sie seien mit ihrem Bewußtsein beim zweiten Weltkrieg hängengeblieben, wenn nicht gar beim ersten. Sie begriffen demnächst das Jahr 2000 aus der Perspektive eines Teilnehmers an der Schlacht im Teutoburger Wald. Sie kämpften gegen Gespenster. In Wahrheit gehörten Deutschland oder der deutsche Imperialismus einer »bereits untergegangenen Epoche an«.

Richtig, nur haben untergegangene Epochen derzeit

Hochkonjunktur, übrigens keineswegs zum ersten Mal. Bei ihrer Gründung im Jahr 1871 schon war die »verspätete Nation« veraltet, noch nie war der deutsche Imperialismus modern. Gar nicht zu reden von der Lebensraumideologie der Nazis, ihren Autarkiebestrebungen, ihrer Politik der Großwirtschaftsräume, der Reichsidee.

Die ganze neuere Geschichte ist ein einziger Tummelplatz von Totgesagtem, weshalb der Zuversicht, was in unserer Zeit alles ausgeschlossen sei, stets auf dem Fuße das Staunen darüber folgt, was in unserer Zeit alles möglich ist. Nicht nur der deutsche Imperialismus, sondern jeder weist archaische Züge auf, weil Gebietseroberungen per Gewalt gegen das Prinzip des freien und gleichen Tauschs verstoßen. Gemessen an der Regel, daß fortan statt auf dem Schlachtfeld auf dem Markt gesiegt werden solle, ist jeder Krieg ein Anachronismus.

Die in einander bekriegende Nationen organisierte bürgerliche Gesellschaft sei selber einer, war früher mal die logische Schlußfolgerung daraus. Die wurde zum Gespött gemacht von anlehnungsbedürftigen Marxisten, die aus der richtigen Erkenntnis falsche Siegesgewißheit schöpften. Was immer sie ängstigte, rechneten sie einer untergegangenen Epoche zu. Das Kapital, die Bourgeoisie, der Imperialismus, die Universität, die Professoren – alles Schnee von gestern. Und umgekehrt glaubte man sich mit dem Proletariat, dem Sozialismus, dem Fortschritt oder was auch immer als mit einer Macht verbündet, die aus historischer Notwendigkeit siegen muß.

Das war ein böser Irrtum, und alle sind ihm mal erlegen. Vor 25 Jahren zum Beispiel war Marcuses Buch von der eindimensionalen Gesellschaft der Renner. Es hatte uns fortschrittliche Leute zu der Überzeugung gebracht, daß im hochentwickelten Spätkapitalismus der Staat nicht mehr zu roher Gewalt greifen werde. Ihm stünden viel geschicktere, subtilere Mittel zur Verfügung, er würde uns auf ganz raffinierte Weise manipulieren.

Wir dachten dabei an die »repressive Toleranz«. Einfach verhauen, meinten wir, sei unmodern. Und wir hatten ja so recht. Das Dumme dabei war nur, daß die Polizisten das nicht wußten. Die waren noch nicht so weit wie wir. Die hatten Marcuse nämlich nicht gelesen und hauten einfach drauf. Sie waren die besseren Geschichtsphilosophen. Sie wußten, daß in der Vorgeschichte aller Fortschritt nur Schein ist.

Sie waren klüger als wir, weil sie wirkliche Macht besaßen. Weil sie wirkliche Macht besaßen, brauchten sie sich keine einbilden. Weil sie nicht unter Omnipotenzphantasien litten, der Berufskrankheit aller Theoretiker, und der marxistischen unter ihnen besonders, konnten sie Realisten sein. Weil sie Realisten waren, brauchten sie nichts verdrängen. Und weil sie nichts zu verdrängen hatten, brauchten sie keine Angst vor dem Verdrängten haben. Die aber hatten wir. Sie war die Triebkraft unserer auftrumpfenden Überheblichkeit, die dann so schnell in kleinlautes Jammern umschlagen sollte und in hilflose Wut. Verglichen mit uns, höhnten wir, seien diese Bullen doch Neandertaler. Die kannten ja nicht mal das Kommunistische Manifest, von Adorno ganz zu schweigen. Eben rückständig und primitiv. So höhnten wir, weil wir es besser wußten. Wir hatten einfach Angst.

Die gleiche Angst vielleicht, die Kurzens Stil zu prägen scheint, das Auftrumpfende, Schneidige, Forsche, das manchmal ein bißchen an den Kasinoton erinnert. Der »Großohrige«, wie Kurz den Exaußenminister kumpelhaft nennt, habe »in die Scheiße gelangt«, heißt es über die Jugoslawienpolitik der Bundesregierung. Das ist Latrinenhumor, also die Sorte Witz, mit welcher die Soldaten ihre berechtigte Angst überspielen. Sie werden nicht müde, den Gegner als Deppen zu verlachen. Kurz animiert dazu, noch einmal über den »roten Großvater« zu schmunzeln, einen Witz mit Bart.

Während die Angst zunächst, also wo Kurz sich seiner Sache sicher ist, wo er die Schwächen Deutschlands plausibel nachweist, nur den Stil einfärbt, prägt sie später die Argumentation selbst, ihre Taktik. Man gewinnt den Eindruck: Da nebelt sich einer ein, wie wenn er unter schwerem Beschuß liegen würde. Da fliegen die Nebelkerzen gleich bündelweise. Vom negativ sich zusammenschließenden Weltsystem bis zur warenförmigen Opposition, von der Diskursverweigerung bis zu den bürgerlichen Basiskategorien, von der *neuen*, anderen Radikalkritik bis zur elend abgenutzten »Runderneuerung« wirft Kurz alles an die Diskussionsfront, was Eindruck macht, weil es Verwirrung stiftet. Von *»neuen* sozialen, ökonomischen und geschlechtlichen Problemfeldern« ist die Rede. Vielleicht sind das die, die man vernetzen soll statt bewässern. Ins Wörterbuch des Unmenschen gehören geschlechtliche Problemfelder bestimmt.

Beschwörend propagiert Kurz immer wieder, fast wie Gorbatschow sein *neues* Denken, irgendwelche ganz *neuen* Dinge, wie wenn diese Forderung selber nicht eine der ältesten wäre. Manchen Linken wirft Kurz vor, ihr »verkniffener, besserwisserischer und ressentimentgeladener Scheinradikalismus« schösse sich ein auf ein Geschichtswrack namens Deutschland. Aber so spricht doch keiner, der selber im Unterschied zu den verbiesterten Radikalinskis der Mann mit der Sonne im Herzen ist.

Bei seinen Kontrahenten rügt Kurz sodann, was er deren »politizistische Illusionen« nennt, als wäre der Vorwurf »politizistisch« kein Bestandteil des verbissenen Gezischels, das komplett ist, wenn der andere »ökonomistisch« zurückzischelt. Und kaum ist der Marxismus wieder da, ist er auch schon wieder eine Sekte. Die einen schwören dann auf die Lohnarbeit, die anderen auf die Wertabstraktion, wieder andere nehmen den Staat aufs Korn, manche haben an der produktiven Arbeit einen Narren gefressen.

Bei Kurz ist es so, daß er sich für die Ware-Geld-Beziehung entschieden hat. Was er fordert, nennt er, nun aus dem Jargon des Marxologismus in den Jargon der empirischen Sozialforschung verfallend, die »Operationalisierung einer Kritik der Ware-Geld-Beziehung«.

Marx hat einen kürzeren Ausdruck dafür. Er nennt das die »praktische Kritik«. Im Unterschied zur theoretischen ist das die der Mäuse. Sie schreiben keine Verrisse, sie nagen das Buch einfach weg. Analog dazu hält sich der Dieb nicht mit langen Erörterungen über die Ware-Geld-Beziehung auf. Er handelt. Er nimmt die Ware ohne zu bezahlen mit. Weit kommt er damit freilich nicht, wenn er mit Kurz der Meinung ist, die Staatsmacht, d.h. die Polizei, sei eine »politizistische Illusion« linker Spinner.

Mein Vorschlag für die Diskussion wäre deshalb, daß wir uns nicht verpflichtet fühlen, irgendwelche Gewißheiten verkaufen zu müssen. Wir können es nicht, weil wir sie nicht haben. Keiner von uns weiß, ob eine modifizierte Neuauflage des Nationalsozialismus kommt, oder ob diese Möglichkeit ausgeschlossen werden kann. Was mich persönlich betrifft, so ändere ich ungefähr alle zwei Tage meine Meinung.

Helden und Intellektuelle

Meine Damen und Herren, seit 1989 haben sich nicht nur die Leute verändert, sondern man schaut sie auch mit anderen Augen an. Rostock und Hoyerswerda gaben in Deutschland einen Vorgeschmack auf Zustände, deren Eintreten nicht mehr ausgeschlossen werden kann. Angesichts drohender Konfrontationen aber ist es unvermeidlich, daß man heimlich Heerschau hält. Menschen, an denen man bislang nicht gezweifelt hatte, mustert man neuerdings skeptisch. Abzuschätzen gilt, wie sie sich unter schwierigeren Bedingungen verhalten würden, ob man sie dann als Verbündete werde betrachten dürfen oder nicht. Man stellt sich, diesmal nur auf die Zukunft gemünzt, die gleiche Frage, die Hannah Arendt in ihren Studien über den Nationalsozialismus häufig erörtert hat.

Die Frage lautet: Welche Menschen bleiben unter außergewöhnlichen Bedingungen normal, indem sie einen Rest an persönlicher Integrität bewahren; warum verhalten sie sich nicht so wie die anderen, die in der überwältigenden Mehrheit zu jeder Schandtat bereit sind, sogar dann, wenn ihnen die Schandtat gar nichts nützt, sie sich dadurch vielmehr selber ins Verderben stürzen. Und die Antwort ist: Man kann es eigentlich nicht begründen.

Stets sind die Helden in Hannah Arendts Werk Personen, die etwas Selbstverständliches unter außergewöhnlichen Bedingungen tun. Weder sind sie auf die Außenseiterrolle besonders vorbereitet, noch erscheinen sie dafür besonders geeignet, und Befriedigung ihres Ehrgeizes, ihrer Eitelkeit oder ihres Sendungsbewußtseins finden sie darin schon gar nicht. Sie drängen sich weder zum Abenteuer noch ans Mikrophon, sie sehnen sich auch nicht danach, ihren Namen irgendwo gedruckt zu finden. Sie mögen den ganzen Rummel nicht und wären liebend gern brave Bürger. Selbst wenn sie eine politische Überzeugung besitzen, nicht selten die falsche übrigens, spielt das in der Praxis keine Rolle. Die antisemitische Verschwörung gegen Dreyfus etwa wurde, wie Hannah Arendt schreibt, aufgedeckt von einem Mann,

> »der, obwohl ein guter Katholik und höherer Offizier mit allen schönen Aussichten für die Zukunft, ja sogar mit ganz einwandfreier Judenantipathie, es noch nicht zu der Einsicht gebracht hatte, daß der Zweck alle Mittel heilige, ein Mann, dessen Gewissen völlig unabhängig von sozialer Zugehörigkeit und beruflichen Ambitionen geblieben war. Dieser Mann war Picquart, und mit diesem einfachen, ruhigen, politisch ganz uninteressierten Menschen wurde der Generalstab nicht fertig.«[36]

Sie werden zugeben, meine Damen und Herren: Besonders groß ist die Wahrscheinlichkeit nicht, daß wir eine solche Person auf diesem Symposion treffen. Die Chancen stehen sogar eher schlecht, und zwar aus vielen Gründen. Einer davon ist, daß Intellektuelle gerade dann die Dinge unnötig komplizieren, wenn sie leider furchtbar einfach geworden sind. Die wenigen, die es unter den Nazis ausdrücklich ablehnten, sich an der Verfolgung und Ermordung der Juden zu beteiligen, hätten über ihre

[36] Hannah Arendt, »Elemente und Ursprünge totaler Herrschaft«, Ullstein-Taschenbuchausgabe, Frankfurt 1968, Band 1, S. 185

Beweggründe keinen längeren Vortrag halten können, weil sie nur einen einzigen hatten. Sie verweigerten, wie Hannah Arendt schreibt, ihre Beteiligung an dem Morden, »weil sie nicht willens waren, mit einem Mörder zusammenzuleben – mit sich selbst«.

Dies ist ein Gedanke, für den man keine zehn Jahre Gymnasium absitzen braucht. Eher ist es so, daß geistig durchtrainierte Menschen ihn aus ihrem Kopf verbannen können, weil sie die trickreicheren Erfinder von Ausflüchten sind, routinierte Selbstbetrüger.

Nehmen wir mal an, da steht so ein armer Teufel, meinetwegen Zigeuner aus Rumänien, mit seiner Frau und seinen schmutzigen, verlausten, hungrigen, frierenden Kindern an der Grenze. Er will hinein. Läßt man ihn, wird man ihn zwar ernähren müssen, bleibt aber dafür ein anständiger Mensch. Läßt man ihn nicht, kann man sich zwar selber mästen, ist dafür aber auch ein Schwein.

Schwein oder Nicht-Schwein: Vor dieser elementaren Frage stehen einfach denkende Leute manchmal, Intellektuelle nie. Sie bleiben immer gute Menschen, weil sie fähig sind, das Grundsätzliche und die Folgen zu bedenken. Wenn man die Zigeunerfamilie nun reinließe: Hieße das nicht, sie ihrer Kultur entfremden? Liefe dies nicht auf Nachgiebigkeit hinaus gegenüber den rumänischen Rassisten? Wäre es nicht besser, die Ursachen der Flucht in den Herkunftsländern zu bekämpfen? Ließe man einen armen Teufel rein, würden dann nicht alle kommen wollen? Muß unsere Solidarität nicht eher den Allerschwächsten gelten, denen, die gar nicht mehr die Kraft haben, sich bis an unsere Grenze zu schleppen? Ist die Ankunft immer neuer Flüchtlinge nicht Wasser auf die Mühlen der Faschisten hier? Wäre es nicht geradezu verantwortungslos, nach den Erfahrungen von 1933 die Demokratie aufs Spiel zu setzen?

Dergleichen Ausflüchte, die Ihnen aus der aktuellen Debatte bekannt sein dürften, schützen die Intellektuellen davor, die Notwendigkeit einer anderen Urteilsbildung zu erkennen. Sie erfordert, Hannah Arendt zufolge

»keine hochentwickelte Intelligenz oder ein äußerst differenziertes Moralverständnis, sondern schlicht die Gewohnheit, ausdrücklich mit sich selber zusammenzuleben, das heißt, sich in jenem stillen Zwiegespräch zwischen mir und meinem Selbst zu befinden, welches wir seit Sokrates und Plato gewöhnlich als Denken bezeichnen. Obwohl sie allem Philosophieren zugrunde liegt, ist diese Art des Denkens nicht fachorientiert und handelt nicht von theoretischen Fragen. Die Trennungslinie zwischen denen, die urteilen, und denen, die sich kein Urteil bilden, verläuft quer zu allen sozialen Unterschieden, quer zu allen Unterschieden in Kultur und Bildung. In dieser Hinsicht kann uns der totale Zusammenbruch der ehrenwerten Gesellschaft während des Hitlerregimes lehren, daß es sich bei denen, auf die unter Umständen Verlaß ist, nicht um jene handelt, denen Werte lieb und teuer sind und die an moralischen Normen und Maßstäben festhalten; man weiß jetzt, daß sich dies alles über Nacht ändern kann, und was dann davon noch übrig bleibt, ist die Gewohnheit, an irgendwas festzuhalten.«[37]

Mit der Gewohnheit, an irgendwas festzuhalten, nach jedem Strohhalm zu greifen, stehen die Intellektuellen zwar nicht allein, aber sie unterscheiden sich auch nicht

[37] Hannah Arendt, »Die persönliche Verantwortung unter der Diktatur«, in *Konkret* 6/1991

von der Masse. Dort ist es üblich, daß man sich auf die Herkunft zu besinnen beginnt in genau dem Moment, wo Landkarten, Berufsabschlüsse, Sparguthaben, Bibliotheksbestände, Reisepässe, Rentenansprüche ihren Wert verlieren.

Im Widerspruch zur Erfahrung, die jeder macht – daß nämlich keine Vergangenheit mehr zählt, nicht mal die kurz zurückliegende bessere eigene –, versteifen die Menschen sich auf die Idee, sie wären in der Geschichte tief verwurzelt. Weil sie die Nachkommen dauerhafter Vorfahren seien, Erben einer alten Zivilisation beispielsweise, hätten sie auch eine Zukunft.

Aus keinem anderen Grund pflegen auch die Intellektuellen in Krisenzeiten ihre Sorte Ahnenkult. Der Stammbaum, mit dem man sich ausstaffiert, wenn man bedeutende Figuren der Vergangenheit als seine geistigen Vorfahren betrachtet, wie wir dies hier mit Hannah Arendt tun, soll an den Glanz besserer Tage erinnern. So trübe, wie es scheint, heißt die Botschaft, kann ein Verein doch gar nicht sein, welcher Hannah Arendt zu seinen Mitgliedern zählen darf.

Die tröstliche Illusion wird gebraucht, um einen besonders bitteren Sachverhalt zu überzuckern. Zwar fühlt sich jeder, als ob ihm der Teppich unter den Füßen weggezogen würde, und manche – wir eher nicht – werden wirklich obdachlos. Bei den Intellektuellen aber kommt hinzu, daß sie ihre Existenzberechtigung verlieren, wenn bloß die jeweiligen Fakten zählen und das geschriebene oder gesprochene Wort nichts gilt. Noch schlimmer ist, daß sie aus großer Höhe sehr tief stürzen.

Ganz nahe schienen sie der Macht, im Jahr 1988 etwa, als ein Berliner Schriftstellerkongreß unter dem Titel »Ein Traum von Europa« lief. Györgyi Konrad, Peter Schneider, Gojko Djogo und viele andere träumten damals den gleichen Traum, den Gorbatschow und Kohl wenig später wahr werden ließen. Nun aber, da ihr Wunsch in Erfüllung ging, entpuppen die Träumer sich als Spinner. Ihr hochtrabendes Geschwafel mag keiner mehr, zumal sie selber sich davon meist schneller wieder distanzieren, als das Publikum mit dem Lesen nachkommen kann. Ganz fern sind sie nun der Macht.

Tatsache nämlich ist, daß sogar Gesetzestexte, Vertragstexte, Parteiprogramme nur noch bedingt verbindlich sind. Stets findet sich ein unvorhergesehener Notstand, welcher den Bruch getroffener Vereinbarungen entschuldigt. Wenn aber selbst die Machthaber nicht an ihr eigenes Wort gebunden sind und stattdessen daherfabulieren dürfen, wie es früher das Vorrecht der Machtlosen war, bedeutet dies, daß Worte prinzipiell keine Konsequenzen haben. Damit vergeht der Schein, die Worte würden aus eigener Machtvollkommenheit die Wirklichkeit beherrschen. Richten sie aber in der Wirklichkeit nichts aus, so ist ihr Gebrauch beliebig. Die Sphäre der Ideen hat sich vollkommen von der Realität gelöst, sie führt neben ihr ein irres Eigenleben. Man kommt sich darin vor wie in einem Auto mit kaputter Kupplung. Den Motor hochzujagen verursacht nur Radau. Sonst rührt sich nichts, nicht mal Widerstand.

Vielleicht aus dem Wunsch heraus, den verlorenen Kontakt zur Wirklichkeit wiederherzustellen, hat man sich jetzt auf Hannah Arendt als eine Art Heilmittel gegen Realitätsverlust besonnen. Nur findet man oft die Distanz, wenn man die Nähe sucht. Man wird kein Feinschmecker, wenn man einen solchen bewundert, weil der nämlich statt der Kollegen gutes Essen schätzt. Je mehr der Referent von Hannah Arendt spricht, desto größer wird die Gefahr, daß er nicht ihr ähnelt, sondern jener Tante Polly, die in Mark Twains »Tom Sawyer« das Rezept für den werkbezogenen Festvortrag erfand: solide Zitate und ein »dünner Mörtel eigener Gedanken«.[38]

Hier kommen Leute von weither zusammen, um einander geschriebene Texte vorzutragen, obgleich die Post funktioniert und jeder lesen kann. Der Aufwand suggeriert Bedeutsamkeit, die Degradierten spielen »geschäftsreisender Bildungsbürger«. Sie kommen sich wichtig vor, denn sie haben Auftritte und Termine. Ein Außenstehender, der dies Zeremoniell verfolgt, muß den gleichen Eindruck gewinnen, den Hannah Arendt bei ihrem Besuch in Deutschland 1950 gewann, als sie bemerkte, daß die Menschen inmitten der Ruinen einander nicht nur dauernd Ansichtskarten schrieben, sondern daß diese Ansichtskarten obendrein auch noch die »Kirchen und Marktplätze, die öffentlichen Gebäude und Brücken« zeigten, die es gar nicht mehr gab. Im Unterschied zu damals ist es heute nur so, daß Leute statt des Verschwindens der vertrauten Umgebung ihr eigenes Verschwinden nicht bemerken.

Das ständige Bemühen, den Schein zu wahren, kostet Kräfte. Deshalb wirkt alles leicht gezwungen. Warum, könnte angesichts der Themenliste einer stöhnen, schon wieder dieser abgekaute Eichmann. Warum schon wieder Intellektuelle, Antisemitismus, Schriftsteller, NS-System und KZ. Und warum das ausgerechnet jetzt.

Zwar schrieb auch Hannah Arendt keine lustigen Bücher, und von erfreulichen Dingen handeln sie in der Regel nicht. Trotzdem liest man sie gern, man kann sie mehrmals lesen, und manche kann man sogar wie gute Krimis verschlingen. Neben uns, die wir uns hier so rührend, aber auch ein bißchen zäh um Hannah Arendt kümmern, ohne daß man so recht weiß, warum, wirkt

[38] Mark Twain, »Tom Sawyer«, München 1955, S. 32

Hannah Arendt selber nicht wie eine Intellektuelle. Mir kommt sie, wenn ich ihre Arbeit mit der unsrigen vergleiche, so unbeschwert, um nicht zu sagen fröhlich vor, und dabei zugleich so geistesgegenwärtig wie etwa die komischen Helden aus Hitchcocks »Eine Dame verschwindet«. Sicher kennen Sie die beiden: kein Problembewußtsein, kein politisches Engagement, kein theoretisches Interesse. Im Kopf bloß Kricket. Sie sitzen im tiefsten Balkan fest und hängen wegen der Londoner Spielergebnisse dauernd am Telefon. Was um sie herum geschieht, ignorieren sie völlig. Im Augenblick der Konfrontation aber denken sie keine Sekunde daran, mit den Faschisten zu verhandeln. Stattdessen schießen sie zurück, und sie treffen.

Werfen wir nun einen Blick in den Spiegel, betrachten wir die Intellektuellen. Zwanzig Jahre lang pflegen sie aufopfernd ihre Sorgen, zwanzig Jahre lang lamentieren sie: Engagieren, Kritisieren, Solidarisieren, Radikalisieren, Widerstand leisten, das Übel an der Wurzel fassen, den Anfängen wehren, niemals Auschwitz vergessen. So martern sie einander in offenen Briefen und geschlossenen Veranstaltungen, bei der Abschlußkundgebung und in der Podiumsdiskussion.

Dann tauchen rechtsradikale Schlägerbanden auf, grölen »Deutschland den Deutschen«, heben den Arm zum Hitlergruß, zünden Asylbewerberheime an, prügeln Ausländer zu Krüppeln, bringen Farbige auf offener Straße um, werden von der Bevölkerung bejubelt, von der Polizei laufengelassen, von der Justiz freigesprochen. Das geschieht nicht ein paarmal, sondern seit der Wiedervereinigung und bis zum Urteil im Mölln-Prozeß Anfang Dezember 1993 dauernd.

Hören wir wieder die Intellektuellen: Gelassenheit zeigen, Ruhe bewahren, Verständnis aufbringen, die Ursachen erforschen, Pauschalurteile zurückweisen, Übertreibungen vermeiden, um Differenzierung bemüht sein, den Dialog suchen, Konflikte entschärfen, keinen ausgrenzen, mehr Zuwendung schenken, die Betreuung verbessern, die soziale Lage bedenken, familiäre Probleme nicht vergessen.

Rund 20 Jahre lang hatten die Intellektuellen also den Antifaschismus zentnerweise gebuckelt. Sie sahen dabei wie diese Soldaten aus, die dermaßen mit Marschverpflegung und Schießgerät bepackt sind, daß man sich wundert, wie sie überhaupt noch laufen können. Und dann, bei erster Gelegenheit, wo das Gepäck einmal nützlich gewesen wäre, warfen sie es weg.

Die Konsequenz solcher Kollektivblamagen ist stets, daß die Beteiligten bestimmte Teile der Realität tabuieren. Man überspielt die Leerstelle, indem man sehr intensiv von anderem spricht, und eben dies, fürchte ich, tut man hier. Nichts gegen jedes einzelne der Referate, aber es verwundert doch, wenn fast alle Titel – meiner selbstverständlich eingeschlossen – so zeitlos sind, daß sie auch vor 20 oder 30 Jahren hätten verwendet werden können. Aus der kompletten Themenliste muß das Publikum den Eindruck gewinnen, mit der Gegenwart habe Hannah Arendt unmittelbar nur sehr wenig zu tun, und ihr Werk ginge hauptsächlich Leute etwas an, die sich für die Welt so wenig zu interessieren scheinen, wie umgekehrt die Welt sich für sie nicht sonderlich interessiert: SchriftstellerInnen, GesellschaftswissenschaftlerInnen, NS-Forscher, KZ-Experten etc.

Tatsache ist demgegenüber, daß man Hannah Arendt dem Publikum nur empfehlen kann, während schwer zu sagen ist, was die Intellektuellen mit ihr noch anfangen sollen. Sie haben nämlich die Nutzung ihres Werks in genau dem Moment unterlassen, wo aus einer solchen

Unterlassung folgt, daß man die Bücher auf den Müll tragen kann.

Solange die Sonne scheint, schmeißt man einen Regenschirm nicht weg. Man schmeißt ihn weg, wenn es gießt und sich dabei erweist, daß man ihn aus Blödheit oder Kraftlosigkeit nicht aufspannen kann. Analog dazu haben die vergangenen vier Jahre bewiesen, daß neben Marx, dem es ähnlich erging, auch Hannah Arendt überflüssig ist, jedenfalls für die Intellektuellen.

*

Seit rund vier Jahren nämlich hätte, wer Hannah Arendt kennt und schätzt, die Öffentlichkeit mit Hannah Arendt nerven müssen. Man nervt die Öffentlichkeit – oder Freunde und Bekannte – mit einem Autor, wenn man aus gegebenem Anlaß ständig auf bestimmte Stellen seines Werks verweist. Nicht etwa aus fanatischem Glauben an diesen Autor, aus missionarischem Eifer oder aus Bekennerdrang, sondern weil Texte, die lange Zeit unbestritten gewesen sind, eine Art Referenz darstellen. »Schaut doch im Duden nach, da steht es schwarz auf weiß«, würde man beispielsweise dauernd sagen wollen, wenn alle Welt sich plötzlich zu der Behauptung verstiege, Schnee schriebe man mit einem ä, und das sei schon immer so gewesen. Der Hinweis auf den Duden nimmt beschwörende Form an, weil man sich der Tatsache zu vergewissern sucht, daß man nicht selber dem Wahnsinn verfiel, wie es angesichts der Mehrheitsverhältnisse scheinen könnte.

»Wie Hannah Arendt schon in den ›Elementen und Ursprüngen totaler Herrschaft‹ bewies«, hätte analog dazu in den vergangenen vier Jahren eine bis zum Überdruß wiederholte Redewendung lauten können. Denn nicht nur vertrat plötzlich alle Welt die Meinung, der Separatismus machthungriger regionaler Cliquen im zerfallenden Ostblock entspringe einem legitimen Streben nach nationaler Unabhängigkeit, und sein Ergebnis werde ein Ensemble moderner Nationalstaaten sein, friedlich nach außen und demokratisch im Innern. Sondern obendrein wurde diese Meinung mit einer bedenkenlosen Selbstverständlichkeit vertreten, ohne jeden Versuch einer vernünftigen Begründung, gerade so, als habe nie eine andere Meinung existiert. Weil die Verstocktheit den Aufklärer zu gebetsmühlenhaftem Verhalten zwingt, hätte man erwarten dürfen, daß sich im Standardrepertoire der öffentlichen Diskussion eine Litanei etabliert, die etwa diesen Wortlaut hätte haben können:

Wie Hannah Arendt schon in den »Elementen und Ursprüngen totaler Herrschaft« und anderswo bewies, sind auf dem Balkan und in Osteuropa moderne Nationalstaaten nicht möglich. Die setzen mindestens voraus, daß die designierten Staatsvölker zusammenhängende und daher gegeneinander abgrenzbare Territorien bewohnen. In Osteuropa, auf dem Balkan oder im Baltikum aber tun sie das bekanntlich nicht, sie siedeln bunt durcheinander. Das völkische Prinzip, die Forderung »ein Volk, eine Nation« ist deshalb nicht in Übereinstimmung zu bringen mit dem Territorialprinzip, also mit der Forderung »eine Nation, ein Staat«.

Opfer kostet der Nationalstaat überall, weil die Einheit partikularer Gemeinwesen nicht auf Vernunft, sondern auf Gewalt beruht. In Frankreich, nicht in Bosnien meldete der gegen die aufständische Vendée losgeschickte General Anfang Dezember 1793 dem Konvent, er habe befehlsgemäß »die Kinder unter den Hufen der Pferde zerstampft und die Frauen massakriert« und brauche sich »nicht vorwerfen, auch nur einen Gefangenen gemacht zu haben.«[39] Zehntausende kamen damals um, die Millionengrenze war um 1920 erreicht, als die Türkei gebildet wurde, die Folgen der späten Einigung Deutschlands unter der Parole »Ein Volk, ein Staat, ein Führer« sind bekannt.

Bekannt ist auch, daß unter den zivilisierten Staaten der Frieden länger hielt, weil Weltkriege gründlich vorbereitet werden wollen. Während das lange Warten auf das dicke Ende hier den Anschein erweckt, die Nation sei eine Sache und der Krieg eine andere, sorgen auf dem Balkan die verschachtelten Besiedlungsverhältnisse dafür, daß die Leute gleich reinen Wein eingeschenkt bekommen. Keiner sah dies genauer als Hannah Arendt, die über die Folgen schrieb, welche der Zusammenbruch der Habsburger Monarchie und des Osmanischen Reiches hatte:

> »Nach dem Untergang der beiden Nationalitätenstaaten, deren zentralisierende Bürokratien den ›Gürtel der gemischten Bevölkerungen‹ halbwegs zusammengehalten und dem dort aufgespeicherten Haß als ein auch wieder alle einigendes Zentrum gedient hatten, trat die Nationalitätenfrage des Ostens und Südens Europas zum ersten Male in das Zentrum europäischer Politik. Damit aber trat der Völkerhaß in Europa selbst in ein neues Stadium. Denn hier war jeder gegen jeden und vor allem gegen seinen Nachbarn, die Slowaken gegen die Tschechen, die Ungarn gegen die Slowaken, die Kroaten gegen die Serben, die Ukrainer gegen die Po-

[39] Zitiert nach der *FAZ* vom 25.9.1993. Weil die Guillotine zu umständlich war, wurden neue Methoden entwickelt. Eine davon, *senkrechte Deportation* genannt, bestand darin, Lastkähne mit Gefangenen in der Loire zu versenken.

len, die Polen gegen die Juden – und so fort in einer unendlichen Variation, die nur von der Zahl der durcheinander siedelnden Völker und Volkssplitter begrenzt war. Selbst die Friedensverträge, welche die Nationalitäten in ›Staatsvölker‹ und Minderheiten aufteilten, haben in dieses Chaos gegenseitigen Hasses keine Ordnung bringen können. Die Minderheiten haßten zwar die Staatsvölker; aber dies hinderte sie nicht, die anderen Minderheiten des gleichen Gebiets genauso zu hassen und nach Möglichkeit zu verfolgen.«[40]

Ein ganzes Bündel guter Argumente hätten also mit Hannah Arendts Werk vertraute Intellektuelle gehabt, seit 1989 jede Form von völkischer Sezession im ehemaligen Ostblock anzuprangern, ganz gleich, ob nun in Litauen, Tschetschenien oder der Tschechoslowakei.

Dies umso mehr, als das schäbige Bild, welches der Nationalstaat nach dem ersten Weltkrieg im Osten und auf dem Balkan bot, die Massen auch in Westeuropa empfänglich für internationalistische Bewegungen machte, von denen eine, wie Hannah Arendt zeigte, der Faschismus war.

Denn heute ist eine ähnliche Entwicklung denkbar, weil der Auftrieb, welchen der Nationalismus durch den Zusammenbruch der Blöcke bekam, nur mit dem Ruin der Nationalstaaten enden kann. In ihrem 1945 erschienenen Artikel »Antisemitismus und faschistische Internationale« äußerte Hannah Arendt bereits den Verdacht, es werde sich vielleicht einmal, wenn die Nationalstaaten abgewirtschaftet hätten, als

[40] »Elemente«, Band II., S. 222 ff.

»Vorteil für die Nazis erweisen, überall in Europa auf einmal operieren zu können, ohne an ein bestimmtes Land gebunden und auf eine bestimmte Regierung angewiesen zu sein. Da sie sich nicht mehr um das Wohl und Wehe einer Nation sorgen, könnten sie sich um so rascher das Erscheinungsbild einer genuin europäischen Bewegung zulegen. Es besteht die Gefahr, daß der Nazismus sich erfolgreich als Erbe der europäischen Widerstandsbewegungen ausgeben könnte, wenn er deren Slogan von einer europäischen Föderation übernimmt und für seine eigenen Zwecke ausbeutet. Man sollte nicht vergessen, daß der Slogan von einem Vereinten Europa sich sogar dann als erfolgreichste Propagandawaffe der Nazis erwies, als unmißverständlich klar war, daß es sich dabei nur um ein von den Deutschen beherrschtes Europa handeln würde.«[41]

Schaut man sich unter diesem Blickwinkel die Europapolitik Deutschlands an und die auf deutschen Druck hin zustande gekommene Jugoslawienpolitik Europas, so findet man weitere Parallelen. Das Schlagwort vom »Bollwerk Europa«, das sich gegen anrennende Massen von Hungerflüchtlingen verteidigen müsse, paßt gut zum neuerdings wieder in Mode gekommenen Gerede von der abendländischen Kultur, und beide Motive wurden schon von der NS-Propaganda variiert. Es besteht ein Zusammenhang zwischen Umzingelungswahn, Invasionsfurcht, begründeten Abstiegsängsten, tatsächlichem Verlust an ökonomischer Bedeutung wie politischer Macht und permanent steigenden Arbeitslosenzahlen einerseits, andererseits aber imperialen Bestrebungen, wie sie etwa

[41] Hannah Arendt, »Antisemitismus und faschistische Internationale«, in: »Nach Auschwitz«, Berlin 1989, S. 47 f.

gipfeln in der Idee, überall die Menschenrechte per Gewalt durchzusetzen.[42]

Während 1933 die destruktive Energie, die frei wird, wenn gesellschaftliche Gebilde sich zersetzen, vor allem aus Deutschland kam, scheint heute ganz Europa ein einziger Reaktor zu sein, dessen Kühlung nicht mehr richtig funktioniert. Es deutet auf schwere Schäden hin, wenn die französische Regierung, durchaus im Einklang mit der gesamteuropäischen und von den Intellektuellen geforderten Kulturpolitik,[43] den Sendern Quoten vorgibt, welche das Publikum zum Anhören einheimischer Schlager zwingen. Im Prinzip nicht anders verhielt sich die katholische Kirche, als sie aus innerer Schwäche zum Terror und zum organisierten Mord überging.

*

Vier Jahre lang hätte man also, unter Berufung auf Hannah Arendt, wenigstens versuchen können, die äußerst dubiose Entwicklung zu kritisieren, die in der Unterstützung des Westens für tendenziell faschistische Separatistenregimes im Osten und auf dem Balkan nur ihren krassesten Ausdruck fand. Nicht unbedingt die Welt, aber vielleicht sich selbst – also das Vertrauen in die eigene

[42] Die auf Veranlassung Mitterrands von Elie Wiesel Ende 1992 in Paris gegründete *Académie universelle des cultures* veranstaltete Ende 1993 in den Räumen der Sorbonne ihre erste große Tagung. Thema: *Intervention.* Teilnehmer: Philosophen, Historiker, Schriftsteller, Filmschauspieler, Politiker, Militärs.

[43] Daniel Cohn-Bendit im *Spiegel* 1/1994: »Ich meine auch, daß Europa sofort einen Beschluß fassen müßte, nach dem 50 Prozent seiner Fernsehproduktionen, öffentliche und private inbegriffen, aus seinen Mitgliedstaaten stammen müßten.« Hollywood nämlich führe manchmal »zur absoluten Zerstörung des Geschmacks. Dagegen muß sich Europa wehren, und zwar mit einer qualitativ besseren Massenkultur.«

Integrität – hätten die Intellektuellen damit gerettet. Bekanntlich geschah das genaue Gegenteil. Nicht nur einen Kinkel gelüstete es danach, »die Serben in die Knie zu zwingen«, sondern seit rund vier Jahren träumen auch maßgebliche Teile der Intellektuellen davon, den Afghanen, Kroaten, Bosniaken, Kurden oder sonstwem beizustehen im Kampf gegen eine Fremdherrschaft, welche die verrohten Völker im Regelfall nur daran gehindert hatte, in mordende Sippen und Banden zu zerfallen. Von unwiderstehlicher Anziehungskraft scheint für die Intellektuellen jeder Kitsch zu sein, den sie angeblich für ein völkisches Erwachen halten. Auch sie scheinen große destruktive Energien zu entwickeln, denn statt sich wenigstens angeekelt abzuwenden von der blutigen Operette auf dem Balkan, feuerten sie die Banden noch an, indem sie für die jeweils übelste Partei ergriffen.

Dies sind die Fakten, und sie führen dazu, daß Zusammenkünfte Intellektueller nicht mal mehr wie diese Familienfeiern wirken, wo heikle Themen ausgeklammert bleiben müssen, weil deren Erwähnung die Illusion von Harmonie zum Einsturz brächte, auf welcher der familiäre Zusammenhalt basiert. Eher ist schon die nächste Stufe erreicht, wo man aus reiner Gleichgültigkeit nicht mehr streitet. Man weiß nicht recht, worüber man reden soll, obgleich an aktuellen Themen kein Mangel wäre. Ersatzweise spricht man, wie hier, noch mal die alten durch, und unter allen möglichen Fehlern ist dies sogar noch der geringste.

Man lieferte nur einen weiteren Beweis dafür, daß mit Intellektuellen nicht zu reden lohnt, wenn man die unterlassene Kritik jetzt dergestalt nachholen würde, daß man nun händeringend vor den Gefahren des gleichen Nationalismus warnt, den man zuvor bejubelt oder ignoriert hatte. Wer zu Vaclav Havel schwieg, dem habgierigen und machthungrigen Dichterpräsidenten, besitzt kein Recht, sich über einen Schirinowski* zu empören. Zumindest wirkt er dabei nicht sonderlich überzeugend. Inzwischen ist das Schmierenstück nämlich gelaufen, und die Claqueure sind wieder mal bemüht, durch erneutes Umdenken ihre Blamage vergessen zu machen. Der ganze Osten stellt sich mittlerweile dar als ein Gebiet, wo Grausamkeit, Elend und Gesetzlosigkeit herrschen, die Zerstückelung Jugoslawiens hat zu einer weit über den Balkan hinausreichenden Vereinheitlichung geführt. Schemenhaft zeichnet sich in der Presse schon ab, wie die eben noch mit fanatischem Eifer auseinandergepusselten Serben, Kroaten, Ukrainer, Weißrussen etc. wieder zu einem gemeinsamen Bild verschmelzen, dem vom slawischen Untermenschen.

*

Es klingt, als wäre es heute geschrieben, und als wäre es speziell auf die Intellektuellen gemünzt, wenn man bei Hannah Arendt liest:

> »Was moderne Menschen so leicht in die totalitären Bewegungen jagt und sie so gut vorbereitet für die totalitäre Herrschaft, ist die allenthalben zunehmende Verlassenheit. Es ist, als breche alles was Menschen miteinander verbindet, in der Krise zusammen, so daß jeder von jedem verlassen und auf nichts mehr Verlaß ist.«[44]

* Ein russischer Politiker, der sehr offensiv und aggressiv eine nationalistische, antisemitische, populistische und rechstextreme Politik betrieb und damit alle Kriterien erfüllte, um zum idealen Feindbild in westlichen Ländern zu werden. (A.d.H.)

[44] »Elemente«, Band III., S. 263

Hinzufügen ließe sich nur, daß die Intellektuellen von keinem so sehr verlassen worden sind als von sich selbst. Und zu ergänzen wäre, daß die Verlassenheit stets im Maße zunimmt, wie die einzelnen sich in fiktiv gewordene Zusammenhänge flüchten und auch noch glauben, solche völkischen oder berufsständischen Zusammenhänge verteidigen zu müssen.

Besonders die Intellektuellen neigen zu dieser »hartnäckigen und gelegentlich brutalen Weigerung, sich dem tatsächlich Geschehenen zu stellen und sich damit abzufinden«,[45] wie Hannah Arendt über das Versenden von Ansichtskarten mit aus der Realität verschwundenen Motiven schrieb, und ich möchte Ihnen das an ein paar Beispielen zeigen.

So muttchenhaft die von Berufs wegen eher zur Bosheit neigenden Intellektuellen hinsichtlich der Frage geworden sind, wie rechtsradikale Mörderbanden zu beurteilen seien, so giftig reagieren sie immer noch, wenn sich das Kollektiv in seiner Eitelkeit verletzt fühlt. »Warum«, hat neulich in einem Interview Pierre Bourdieu geschäumt, »liest fast niemand unsere Texte«?

Schuld daran sei, so Bourdieu weiter, die »Verdrängung der Künstler, Schriftsteller und Gelehrten aus der öffentlichen Debatte«. Zwecks Gegenwehr schlägt Bourdieu *(taz* vom 20.11.1993) die Aufstellung einer Elitetruppe vor, er nennt sie die »*Internationale der Intellektuellen*«. Seine Hoffnung ist,

> »daß es uns gelingen wird, die wichtigsten Köpfe aller Disziplinen zu vereinen, also nicht nur Schriftsteller, sondern auch Philosophen, Künstler und Wissenschaft-

[45] Hannah Arendt, »Zur Zeit«, Berlin 1986, S. 44

ler, um gemeinsam auf konkrete Probleme reagieren zu können, um in Jugoslawien, Haiti, und Algerien, im Iran und in der Türkei eingreifen zu können.«

Schon in der Denkweise drückt die Verhärtung einer Kaste sich aus, welche der Wahrnehmung eigener Interessen jede Selbstreflexion opfert,[46] seit sie um ihre Privilegien fürchten muß. Dem primitiven Auserwähltheitsglauben an »die wichtigsten Köpfe aller Disziplinen« entspricht der Wille, weltweit eingreifen zu können. Vom Mittleren Osten bis Nordafrika, von der Karibik bis zum Balkan – das ist nicht mehr Hitler, auch ein gekränkter Intellektueller übrigens, sondern schon die Hitler-Parodie, Charlie Chaplin nämlich, wie er in »Der große Diktator« tänzelnd mit dem aufgepumpten Riesenglobus jongliert.

Nur extrem hohe Ziele können solchem Größenwahn als Rechtfertigung dienen. Meist nennen die Intellektuellen die Menschenrechte, deren Verletzung nirgends geduldet werden dürfe. Es gelte, die Werte der abendländischen Zivilisation zu retten, und deren Inbegriff sei die Humanität. Was gegen die Humanität verstoße, müsse folglich unterbunden werden, zur Not mit Gewalt. Dies schulde man – noblesse oblige – der eigenen Tradition, als Intellektueller und als Europäer.

Nun hat die europäische Tradition allerdings auch ihre Schattenseiten, aber um so besser kann man die Herkunft als Verpflichtung begreifen. Im Juni 1982, während des

[46] Die Einsicht Adornos etwa, wonach die Unwahrhaftigkeit des Elitebegriffs darin besteht, daß »die Privilegien bestimmter Gruppen teleologisch für das Resultat eines wie immer gearteten objektiven Ausleseprozesses ausgegeben werden, während niemand die Eliten ausgelesen hat als etwa diese sich selber«. (»Das Bewußtsein der Wissenssoziologie«, in: Adorno, »Prismen«, München 1963, S. 29)

Libanonkriegs, forderten die Grünen im niedersächsischen Landtag den Ministerpräsidenten dazu auf, »alle Möglichkeiten auszuschöpfen, die geeignet sind, einen Stillstand der israelischen Aktionen zu bewirken«. Die Begründung hieß:

> »Wir sind der Meinung, daß wir Deutschen eine besondere Verantwortung haben, wenn es darum geht, Praktiken einer Ausrottungspolitik verhindern zu helfen.«[47]

Stets ist die Interventionsforderung mit dem pathetischen Bekenntnis zur eigenen Herkunft gekoppelt. Aus der Herkunft, egal, welcher, ob man Unrecht nun begangen oder erlitten hat, leitet sich immer eine besondere Verantwortung ab, und Verantwortung ist immer ein anderer Name für Machtansprüche. Eben noch »Wir Deutschen«, und jetzt: »Weil ich Jude bin« – Alain Finkielkrauts dem *Spiegel* (43/1993) genannte Begründung, warum er zu den engagiertesten Verfechtern einer westlichen Intervention gegen Serbien gehöre. Da wundert sich der Laie, weil es eigentlich Kroatiens Tudjman war, der im Wahlkampf 1990 häufig verkündet hatte: »Ich bin stolz und glücklich, daß meine Frau keine Jüdin und keine Serbin ist.« In Tudjmans 1989 erschienenem Buch »Irrwege der historischen Realität« hieß es ferner: »Die Zahl von 6 Millionen jüdischer Opfer fußt auf übertriebenen und emotionalen Aussagen, die einer Abrechnung wegen abgegeben worden sind.« Deshalb hat Israel übrigens Kroatien bislang nicht anerkannt. Auch Finkielkraut sieht scheinbar das Problem, und er versucht, es mit folgender Hilfskonstruktion zu lösen:

[47] Also: Wo ausgerottet wird, bitte den Rat des Fachmanns holen; keine Eigenmächtigkeiten.

»Zur Verantwortung Europas gegenüber den Juden gehört, daß es nicht wieder eine Situation entstehen läßt, in der Menschen abseits vom Gang der großen Geschichte sterben. Genau das aber geschieht in Bosnien.«

Wenn Menschen abseits vom Gang der großen Geschichte sterben, ließe sich einwenden, geschieht es derzeit wohl eher in den Straßen von Paris. Dort müssen im Winter die Obdachlosen erfrieren, ohne daß das Fernsehen dabei ist oder eine Luftbrücke Schlafsäcke bringt. Unweit des Louvre übrigens, wo alle Obdachlosen einen Platz zum Schlafen finden würden, wären die angenehm temperierten Räume und Hallen nicht für wertvolles Material reserviert, wie zum Beweis dafür, welcher Rang und welcher Platz – nämlich unter der Brücke – dem Menschen als lebende, leidende Kreatur zugewiesen wird, eben dort, wo an festlich geschmückten Tafeln aufgestiegene Intellektuelle emphatisch seine Rechte proklamieren. Und ob nun abseits vom Gang der großen Geschichte oder mittendrin gestorben wird: Tot ist tot.

Um zu begreifen, was die wahren Beweggründe derer sind, die sich auf ihre Identität berufen, ganz gleich, ob das die europäische oder die intellektuelle, die jüdische oder die deutsche ist, muß man einen Blick in die Zeitung werfen. Über den verunglückten PEN-Kongreß im April dieses Jahres berichtete die *Zeit* (vom 30.4.1993) aus Kroatien:

»Finkielkraut wurde mit Applaus im Hafen von Hvar empfangen. Finkielkraut ist der junge Ideologe des jungen Nationalismus, der faszinierende Kombattant der hilflosen Funktionäre. [...] Der Nationalismus, sagt der Philosoph auf einer Bühne voller Lorbeer und Girlanden, sei die notwendige Antwort auf die ›telekomman-

> dierte Realität‹ der modernen Welt, die sich von ihrer ›Wiege und ihren Traditionen‹ befreit und den Menschen auf ein ›Ensemble körperlicher Funktionen‹ reduziert habe.«

Ein typischer Intellektueller,[48] welcher dem kindlichen Anlehnungsbedürfnis dieser Zunft, ihrer Sehnsucht nach dem starken Kollektiv, über alle Konversionen hinweg treu geblieben war – vom Maoismus zum Antikommunismus, vom Antikommunismus zum Humanismus, vom Humanismus zum Judentum –, hatte auf dem Balkan seine neue Heimat gefunden: eine Bewegung, in die er sich einordnen, ein Volk, dem er dienen, und einen Staat, für den er sich engagieren kann. Sichtlich irritiert resümierte die Reporterin der *Zeit*:

> »Das war ein dramatisches Schauerspiel: [...] Tudjman, der Retter des technizistisch verblödeten Europa, ein Botho Strauß des Balkans, und der französische Philosoph Finkielkraut – Jude, Pariser, Intellektueller – sein Preisträger: Ein national entflammter Linker, der Monsieur le Président am Samstagmorgen vor dem Lunch im Franziskanerkloster höflich nach den jüngsten kroatischen Massakern an den Muslimen fragt?«

[48] Finkielkraut ist nur einer von vielen. Bernard-Henri Lévy etwa, Philosoph und Vorsitzender des Aufsichtsrats von *arte*, hat in der *taz* (30.12.1993) die Opferbereitschaft der bosnischen Armee besungen: »Die Moral dieser Menschen, die in der Kälte seit Wochen in den Gräben ausharren, ist großartig. Diese Kämpfer, einfache Soldaten, haben eine beachtliche politische Klarsicht.« Ihnen, so Lévy weiter, müsse Europa Waffen liefern, weil sie »an der Drina die Werte, die ja unsere sind, verteidigen«. Noch einer, der gern in Bosnien einmarschieren ließe, Daniel Cohn-Bendit nämlich, meinte im *Spiegel* 1/1994, daß »der europäische Gedanke eine der letzten Utopien ist, wofür es sich zu kämpfen lohnt«.

Rufen wir uns zum Schluß den ganzen Singsang noch mal ins Ohr: Kulturen und Traditionen, besondere Verantwortung und spezielle Verpflichtung, Europäer und Intellektuelle. »Wir Deutsche«. »Weil ich Jude bin«. Und hören wir nun Rick.

Schreiben Sie »Eskimo«, sagt er, als der Beamte ihn nach der Nationalität befragt. Als Beruf gibt er an: Trinker. Rick, der aus *Casablanca* natürlich,[49] leidet zwar auch unter Erinnerungen, aber die sind sehr persönlicher Natur.

Mit der Erblast hingegen, die sich aus Berufs- oder Volkszugehörigkeiten ergeben würden, hat er keinen Kummer. Um ihr Gewicht zu spüren, müßte er sich erstmal wo einsortieren. Schwer für ihn, schwer auch für die aus Deutschland vertriebenen Professoren und Bankiers, die in seinem nordafrikanischen *Café Américain* als Kellner tätig sind: Deutsche Juden? Jüdische Deutsche? Kellnernde Intellektuelle? Intellektuelle Kellner? Schwer zu sagen in diesem Fall, schwer überhaupt in Zeiten, wo man die Pässe, Aufenthaltsorte und Berufe öfter wechseln muß. Ricks besondere Verantwortung besteht darin, sich um den derzeitigen ganz speziellen Rick und dessen Bar zu kümmern. Obendrein auch die offenen Rechnungen irgendwelcher Kollektivsubjekte zu begleichen, lehnt er ab. Den Frommen gilt er als Zyniker, weil er auf eigene Rechnung und eigenes Risiko handelt statt zu Gunsten oder zu Lasten übermächtiger Dritter.

Ähnlich wurde Hannah Arendt nach Erscheinen ihres Eichmann-Buchs kritisiert. Einen »herzlosen, ja oft geradezu hämischen Ton« warf ihr Gershom Scholem vor, es

[49] Natürlich nicht. Es handelt sich hier um »To have or to have not«, die »Casablanca«-Kopie, teilweise besser als das Original, ebenfalls mit Humphry Bogart, diesmal aber mit Laureen Bacall.

fehle ihr »die Liebe zu den Juden«. Ein anderer fand, sie dürfe nicht über alles »aus ironischer Distanz« reden.[50] Das Kollektiv erwartet Pietät, es will das Leiden der einzelnen glorifizieren und genießen. Wenn einer ihm den Spaß daran verdirbt, ist es schwer gekränkt.

Man kennt die Situation aus der Szene in »Casablanca«, wo der professionelle Antifaschist Rick bittet, er möge persönliche Erwägungen zurückstellen und ihm um der großen Sache willen helfen. Ein Schulterzucken und ein paar sarkastische Bemerkungen sind die Antwort. Rick hilft zwar, aber er tut es aus persönlichen Gründen.

Diese Haltung, die ihre eigene war, hat Hannah Arendt skizziert, als sie den Typ beschrieb, auf den man in unsicheren Zeiten vielleicht vertrauen kann:

»Viel verläßlicher [d.h. als jene, denen Werte lieb und teuer sind, W.P.] werden die Zweifler und die Skeptiker sein, nicht etwa weil Skeptizismus gut und Zweifel heilsam ist, sondern weil diese Menschen es gewohnt sind, Dinge zu überprüfen und sich ihre eigene Meinung zu bilden. Am allerbesten aber werden jene sein, die wenigstens eins genau wissen: daß wir, solange wir leben, dazu verdammt sind, mit uns selber zusammenzuleben, was immer auch geschehen mag.«[51]

[50] Zitiert nach Eike Geisel, »Käthe Kruse gegen Walt Disney«, in *Konkret* 1/1994. Wiederabgedruckt in: »Die Gleichschaltung der Erinnerung«, Berlin 2019, S. 387

[51] Hannah Arendt, »Was heißt persönliche Verantwortung unter einer Diktatur«, in *Konkret* 6/1991. Auch in: »Nach Auschwitz«, Berlin 1989.

Abschiebehaft für alle

Wir sollen hier, wie es in der Einladung heißt, die »fast vergessene Kunst des öffentlichen Gesprächs« pflegen, und zwar mit »Respekt vor der Hegelschen Dialektik«.

Das kann ich nicht. Ich weiß gar nicht, was das alles ist. Ich weiß nur, was passiert, wenn man so tut, wie wenn man's wüßte. Die eigene Ignoranz schiebt man anderen zu, und schon werden wieder mal die Ausländer durchgehechelt. Nicht zehn Millionen *Bild*-Leser seien das Problem, sondern paar Flüchtlinge aus Togo. Schenken wir uns das.

Mein eigener Sparbeitrag zur Diskussion ist, daß ich keine der Zahlen bezweifele oder bestreite, welche Frau Müller-Trimbusch in ihrer Eigenschaft als Bürgermeisterin für Soziales nennt. Dazu fehlt mir die Kompetenz. Es wird schon so sein: Stuttgart ist pleite, in der Kasse kein Geld, bei der Bank nur Schulden. So geht es allen, warum nicht der Stadt.

So war das auch früher schon, und dann wurden plötzlich 150 Milliarden im Jahr für den Osten aufgebracht. Nun ist der Osten zwar teuer, zu teuer für meinen Geschmack. Aber er ist noch billig, wenn man ihn mit Kriegen vergleicht, und die hat Deutschland sich auch geleistet. Der angespannten Haushaltslage wegen unterblieb noch keiner.

Man muß auf solche Banalitäten hinweisen, weil immer von den Sachzwängen gesprochen wird: Es ginge nicht anders, die Verhältnisse wären nun mal so. Aber die Verhältnisse sind veränderbar, ganz gleich, ob es sich um die Haushaltslage oder die Gesetzeslage handelt.

Neben der Geldknappheit führt man die Sorge um den inneren Frieden an: Der Zustrom von Asylbewerbern triebe die Bevölkerung auf die Barrikaden; ausländerfeindlicher Ausschreitungen werde die Polizei dann nicht mehr Herr; bürgerkriegsähnliche Unruhen brächen aus. Man müsse Verständnis für den Zorn der selber sozial Bedrängten haben.

Wer das erzählt und auch noch glaubt, braucht sich über seinen Alzheimer nicht wundern. Soviel Unsinn im Kopf hält auf die Dauer das stabilste Hirn nicht aus. Natürlich haben Arbeitslose und Sozialhilfeempfänger *kein* plausibles Motiv, Asylbewerberheime zu überfallen. Logisch wäre, sie überfielen stattdessen eine Bank.

Doch kein Politiker warnt, bei wachsender Verelendung immer breiterer Bevölkerungsschichten könne die Polizei die Kassen nicht mehr sichern; die Villenviertel seien in Gefahr.

Solange die Polizei die Banken und die Villen schützen kann, die doch für arme Leute viel verlockender als Asylbewerberheime sein müssen, solange wird sie, wenn sie will, auch Asylbewerberheime schützen können. Es gibt viel weniger Asylbewerberheime als Villen oder Bankfilialen.

Ein weiterer Sachzwang ist der Wohnungsmangel. Er wird bejammert, als wäre der Zement noch nicht erfunden. Man könnte glauben, hier kämen die Leute in Naturhöhlen unter, und die seien nun alle voll. Zu wenige Wohnungen für zu viele Menschen, wird stets argumentiert, als würden Wohnungen nicht von Menschen produziert.

Behauptet wird ferner, die bundesrepublikanische Gesellschaft könne weitere Ausländer nicht integrieren. Wie soll sie denn, wo sie doch selber auseinanderfällt. Frau Müller-Trimbusch wird ein ganzes Lied davon singen können.

Da haben wir die Obdachlosen, die Dauerarbeitslosen, die Drogenabhängigen, die Problemkinder, die gewalttätigen Jugendlichen und die wachsende Korruptionsanfälligkeit gerade kommunaler Behörden. Die Parteien, die Kirchen, die Gewerkschaften, die Gesangvereine klagen über Mitgliederschwund. Die Faschingsvereine kriegen keinen Nachwuchs. Woher denn auch, in rund der Hälfte aller Stuttgarter Haushalte leben Singles. Die deutsche Familie heute: Wer kann, tritt aus.

Warum also sollen die Deutschen eigentlich Ausländer mögen. Warum sollen sie bei Ausländern eine Ausnahme machen. Sie ertragen ja den eigenen Gatten oder die eigene Gattin nicht, wie die steigenden Scheidungsziffern zeigen.[52]

Und vermutlich haben die Politiker die Ausländer einschließlich der Asylbewerber an Unbeliebtheit mittlerweile überholt. Ich dachte immer, halbwegs immun zu sein gegen den primitiven Revierverteidigungsreflex. Kreuzt aber beim Bäcker, wo ich meine Brötchen kaufe, ein Ossi auf, weckt *es* – ich benutze Ossi sächlich – stets meine niedersten Instinkte.

Wenn man nun aber alles rausschmeißen will, was die Deutschen nicht leiden können – die Asylbetrüger, die

[52] Werbetext einer Anzeige von *IKEA fürs Büro*, erschienen im *Spiegel* 45/1993: »Tag für Tag werden Sie später nach Hause kommen. Und Sie werden es lieben. Einen Arbeitsplatz mit IKEA einzurichten, birgt ungeahnte Risiken: Wie erklären Sie Ihrem Partner, daß Sie mehr Zeit im Büro als zu Hause verbringen? Zeigen Sie ihm einfach den neuen Katalog ›IKEA fürs Büro‹. [...] Aber denken Sie an Ihr Familienleben: Womöglich sucht sich Ihr Partner dann einen Arbeitsplatz, der genauso eingerichtet ist wie Ihrer.«

Sozialbetrüger, die Steuerbetrüger, die Absahner, die Ossis, die Wessis, die Gatten, die Gattinnen, die Politiker, die Politikerinnen – dann kommt dabei nur heraus, daß Deutschland sich in eine Abschiebehaftanstalt mit 80 Millionen Insassen verwandelt.

Das, glaube ich, wurde mit dem sogenannten Asylkompromiß erreicht. Nicht alle stehen ganz oben auf der Prioritätenliste, aber irgendwo steht jeder.

Zu viele Kinder für die Kindergärten, wird geklagt. Zu viele Alte für die Pflegeheime. Zu viele Kranke für die Krankenkassen.

Zu viele aber auch, die kerngesund und in den besten Jahren sind. Woher die Arbeitsplätze nehmen?

So kommt das, wenn man die Anwesenheit von Menschen, ihre bloße Existenz, nicht mehr als Selbstverständlichkeit betrachtet, sondern als *Belastung* – für die Krankenkassen, für die Haushaltslage, für die Infrastruktur, für die Natur, für den Arbeitsmarkt. Das Leben kann hart sein, wenn man bei jedem Atemzug an die Mühe denkt, die er verursacht. Es wird unerträglich, wenn die Ankunft neuer Menschen, kamen sie nun über die Grenzen oder aus dem Bauch, als ein Zustrom betrachtet wird, den man nicht verkraften könne.

Heute ist Faschingsanfang. Wenn »Mainz wie es singt und lacht« übertragen wurde, hieß die vom Publikum begeistert bejahte Frage früher mal: »Wolle mer se reilasse?« »Wolle mer se rausschmeiße?«, hatte man später fragen müssen, unmittelbar nach Rostock etwa.

Herbst 1992 also: Ausländer raus, Türken raus, Asylanten raus. Alles raus.

Ein Jahr später: Die Rausschmeißerei läuft. Personalabbau oder Verschlankung heißt sie jetzt – eine Geschichte wie aus der Bibel.

Nicht, daß ich keine Schadenfreude empfände. Schadenfreude ist legitim. Welche andere hat man denn in solchen Zeiten. Der wahre Trost aber liegt in der Gerechtigkeit. Das niederträchtige Wort von den Asylanten, wie die Bundesrepublikaner ihre Untermenschen nennen, schlägt auf sie selber zurück. Wie sie die Asylbewerber behandeln, behandeln sie einander, weil der Begriff des Menschen und das Bild von ihm nicht teilbar sind.

Lästiger Bittsteller ist man inzwischen überall, reihum trifft es jeden. Im Supermarkt sind die Schlangen fast so lang wie im Sozialamt. Bei der Grenzkontrolle am Flughafen nützt Einreisenden auch ein deutscher Paß nicht viel. Alle werden wie Asylbewerber behandelt, nämlich geduzt, betatscht und geschubst, falls sie sich über die schikanösen Wartezeiten beschweren. Erst sahen die Einheimischen freudig zu, wie an der Grenze arme Ausländer behandelt wurden. Nicht gerechnet hatten sie damit, daß den Beamten die ungestrafte Verletzung ihrer Dienstpflichten Appetit machen würde. Längst sehen die es nicht mehr ein, warum sie sich beim Schikanieren auf Asylbewerber beschränken sollen.

Es hat mir Spaß gemacht, als ich neulich (8.11.1993) in der *Stuttgarter Zeitung* las: »Inzwischen haben einer Umfrage zufolge 80 Prozent der Rostocker Bürger Angst vor Jugendbanden, und ›nur‹ 30 Prozent sind wegen der Ausländer beunruhigt.« So geht das, wenn man die Kinder ermuntert, daß sie Asylbewerber quälen. Die Kleinen sind für Gleichbehandlung.

So geht das überhaupt, wenn die gute Gesellschaft Verbrecher für ihre Zwecke einspannt, wie dies geschah, als die Anschläge auf Asylbewerberheime geduldet wurden. Die Geschichte ist immer die gleiche, nachzulesen etwa in Dashiell Hammetts Krimi »Rote Ernte«. Dort wird erzählt, wie ein Geschäftsmann die Gangster nicht mehr loswurde, die er als Streikbrecher angeheuert hatte:

»Der Streik dauerte acht Monate. Beide Seiten mußten schwer bluten. Die Genossen zahlten mit ihrem eigenen Blut. Der alte Elihu [Grubenbesitzer, einflußreichster Mann der Stadt, W.P.] heuerte sich für seinen Beitrag Pistoleros, Streikbrecher, die Nationalgarde und sogar regelrechte Armee-Einheiten. Als der letzte Schädel eingeschlagen, die letzte Rippe zerquetscht war, glich die Gewerkschaftsbewegung in Peaceville einem abgebrannten Knallfrosch.

Nur, sagte Bill Quint, hatte der alte Elihu in italienischer Geschichte geschwänzt. Er gewann den Streik, aber er verlor seine Macht über Stadt und Staat. Um mit den Kumpels fertig zu werden, hatte er seinen geheuerten Halsabschneidern die Zügel schießen lassen müssen. Als der Kampf aus war, konnte er sie nicht wieder loswerden. Er hatte ihnen seine Stadt überlassen und war nicht stark genug, sie ihnen wieder abzunehmen. Peaceville gefiel ihnen, und sie nahmen es sich. Sie hatten für ihn den Streik gewonnen und betrachteten die Stadt als Siegesbeute. Er konnte nicht offen mit ihnen brechen. Sie hatten zuviel gegen ihn in der Hand. Er war verantwortlich für alles, was sie während des Streiks getan hatten.«[53]

Auch in Rostock und Hoyerswerda hatten die ehrenwerten Bürger den Schlägerbanden die Zügel schießen lassen müssen, um die Asylbewerber loszuwerden. Die Asylbewerber sind sie nun zwar los, aber dafür haben sie die Schlägerbanden am Hals und trauen sich selber abends kaum noch aus dem Haus.

Oder nehmen wir das Wort vom Wirtschaftsflüchtling. Pikant, daß ausgerechnet die Deutschen es benutzen. Ich

[53] Dashiell Hammett, »Rote Ernte«, Zürich 1976, Diogenes, S. 16

meine nicht mal die Ossis und ihre furchtbare Drohung »Her mit der Mark, oder wir kommen«. Ich meine jene, die es an die Wolga oder in die Karpaten oder sonstwohin verschlug. Auf der Suche nach was Eßbarem kamen die Vorfahren derer ganz schön rum, die heute die »Volksdeutschen« heißen. Warum wird das »Haus der Heimat« nicht in »Haus des vagabundierenden Wirtschaftsflüchtlings deutscher Herkunft« umbenannt?

Aber nicht um Pikanterie geht es hier, sondern darum: Durch ihre Verachtung für das Elend Fremder, ausgedrückt im Wort *Wirtschaftsflüchtling*, trieben die Landsleute sich selber das Mitleid aus. Seither kennen sie keine Armen mehr, nur noch Betrüger. Die Bevölkerung sieht es offenbar gern, daß die Asylbewerber neuerdings bloß noch Freßpakete kriegen. Kein Grund, deshalb an der Welt zu verzweifeln. Das Leben ist gerechter, als man manchmal denkt. Der Zeitpunkt kommt, wo die Einheimischen sich ihre Unterstützung in der Suppenküche abholen dürfen.

Um die paar Asylbewerber geht es doch nicht. Und vielleicht ist es zu ihrem Besten, wenn man sie ins nächste Flugzeug setzt. Es wäre nicht zum ersten Mal, daß beim Kampf um den Platz im Rettungsboot die Verlierer die Gewinner sind. Das Rettungsboot geht unter, aber der lecke Kahn schwimmt und schwimmt.

Es geht um einen Probelauf, einen Modellversuch. Was müssen sich Menschen gefallen lassen, die keine der Rechte mehr besitzen als die, welche man ihnen mit einem Federstrich nehmen kann? Alles. Nicht mal reisen dürfen sie. Für arme Rumänen ist die Grenze zur Bundesrepublik so dicht wie der Eiserne Vorhang in seinen besten Zeiten.

Der Test findet in aller Öffentlichkeit statt, und scheinbar sind die Massen mit dem Ergebnis ganz zufrieden.

Für die Armen hier wurde gerade der Arbeitsdienst wieder eingeführt. Torfstechen müssen sie noch nicht, aber Grünanlagen putzen.

Nur Sozialhilfeempfänger? Fritz Kuhn, Fraktionssprecher der *Grünen* im Landtag, schlug kürzlich eine Arbeitszeitregelung für alle vor: Vier Tage gegen Bezahlung, am fünften Tag umsonst im Pflegeheim.[54] Die Volksgemeinschaft rückt wieder mal näher, viel Spaß.

Wenn alle damit einverstanden sind, lohnt es nicht, sich darüber aufzuregen. Luther zufolge kann man die Menschen nicht mit Knüppeln gen Himmel treiben. Wenn ihnen die Hölle lieber ist, muß man das akzeptieren. Nur beschweren soll sich nachher keiner.

November 1993

Nachtrag

Daß in der BRD rauhe Sitten eingerissen sind und daß solche Sitten das Leben nicht leichter machen, haben inzwischen auch die Konservativen bemerkt. Prompt fangen sie an, sich zu bedauern. Am 24.12.1993 druckte die *FAZ* im Feuilleton unter dem Titel »Selbst der Nächste. Die fetten Jahre der Ethik gehen zu Ende« eine kluge

[54] Am 16.11.1993 machte die *Stuttgarter Zeitung* mit der Schlagzeile auf: »Arbeitslose in die Landwirtschaft?« Aus dem Bericht: »Bundesarbeitsminister Norbert Blüm (CDU) und Wirtschaftsminister Günter Rexrodt (FDP) haben neue Vorschläge gemacht, mit denen sie die wachsende Arbeitslosigkeit entschärfen wollen. [...] Insgesamt sei mit einer Unterbeschäftigung von sechs Millionen zu rechnen [...] Bezieher von Arbeitslosenhilfe sollten für Saisonarbeiten, insbesondere in der Landwirtschaft, zur Verfügung stehen, forderte Blüm weiter [...] Rexrodt schlägt vor, daß Arbeitslose wieder Gemeinschaftsarbeiten leisten sollen.« Am 3.12.1993 titelte *Bild*: »Zwangsarbeit für Arbeitslose«.

Betrachtung von Jan Ross. Wahrheitsgemäß notierte der Autor: »Der Bedürftige wird zum Feind«, und er beschrieb sehr einfühlsam, wie sich die Fronten allmählich verhärten, weil die einen als Demütigung erfahren, was die anderen als Nötigung empfinden. Schließlich gab er zu bedenken, ob die stets geforderte Wende hin zu mehr Eigenverantwortlichkeit nicht vielleicht doch etwas zu scharf ausgefallen war, und zur Illustration dieser Überlegung berichtete er über einen Fall von getrübtem Kunstgenuß:

> »Man muß es nicht beklagen, wenn der hohe Ton bundesdeutscher Tugendgroßsprecherei etwas herabgestimmt wird. Trotzdem hat die Aussicht auf härtere Tage jene Faszination verloren, die sie nach 1989 für viele besaß, die der Bonner Wattigkeit überdrüssig waren. Die Zeichen einer gesellschaftlichen Brutalisierung können niemanden freuen. In einer bekannten Hamburger Kirche kam es in diesen Tagen zu einer einprägsamen Szene. Unmittelbar vor Beginn der Aufführung von Bachs Weihnachtsoratorium erschienen einige Demonstranten, entrollten ein Transparent und wollten eine Erklärung zum Schicksal einer Gruppe von Asylsuchenden vortragen, die auf einem Wohnschiff im Hafen ihrer Abschiebung entgegensehen und in Hungerstreik getreten sind. Als eine Art akustischer Geiselnahme des Publikums wirkte die Aktion ähnlich erpresserisch wie das Betteln im fahrenden U-Bahn-Wagen.
>
> Die Reaktionen empörter Besucher allerdings hatten es ebenfalls in sich. Statt gelähmten Schweigens herrschte offener Haß. Die Zurufe reichten vom schlichten ›Raus mit dem Pack!‹ bis zur Forderung ›Abschieben, abschieben!‹, die das bewährte Rezept für den Umgang mit der Gefahr von außen nun auch zur

inneren Anwendung empfahl. Es kostete den Pfarrer einige Anstrengung, die Konzertgemeinde wieder zu beruhigen. Und es dauerte lange, bis die Musik das Geschrei vergessen ließ.«

Es kostete, und es dauerte, aber mit Hilfe der Musik ging es dann schließlich doch. Könnte sein, daß die Konzertsäle sich allmählich wieder füllen.

Black or white

»Gibt es ein biologisches Substrat«, grübelt die *Konkret*-Redaktion, »das es gestattet, Menschenrassen in nichtdiskriminierender Absicht zu unterscheiden«?[55] Trägt die begriffliche Unterteilung der Menschheit in verschiedene Rassen also nur den natürlichen Gegebenheiten Rechnung? Einer der geladenen Referenten habe auf dem Hamburger Kongreß eben dies Problem untersucht, und

[55] Die Frage offenbart nicht nur einen atemberaubenden Verfall des politischen Bewußtseins, sondern obendrein pathische Amnesie. Denjenigen, welche diese Frage stellen, war die »Dialektik der Aufklärung« bekannt. Dort wird vom neuzeitlichen Bürgertum gesprochen, welches »zu seiner Reorganisation als hundertprozentige Rasse vorwärts schritt. Rasse ist nicht, wie die Völkischen es wollen, unmittelbar das naturhaft Besondere. Vielmehr ist sie die Reduktion aufs Naturhafte, auf bloße Gewalt, die verstockte Partikularität, die im Bestehenden gerade das Allgemeine ist. Rasse heute ist die Selbstbehauptung des bürgerlichen Individuums, integriert im barbarischen Kollektiv.« (S. 200 f.) – Selbst die Rassenkundler sind inzwischen schlauer. In ihrer Beilage *Natur und Wissenschaft* informierte die *FAZ* vom 3.11.1993 über neueste Forschungsergebnisse, wonach »die Kinderstube der Menschheit in Afrika liegt. Dort, im östlichen Teil, entwickelten sich schon vor mehr als 2 Millionen Jahren die ersten Lebewesen der Gattung Homo. Neue Fossilfunde, ausgewertet von Darmstädter Forschern, stützen diese Erkenntnis. Die biblische Geschichte von Adam und Eva erscheint fast als wissenschaftskonform. Offensichtlich ist der moderne Mensch nur einmal entstanden. Als Europa mit seinem Neandertaler noch vor sich hin dämmerte, schickte sich der moderne afrikanische Mensch schon an, die Welt zu erobern. Große Wanderungsbewegungen waren ein entscheidender Motor der menschlichen Evolution. Alles deutet darauf hin, wie ein Paläontologe das ausdrückte, daß nicht die schwarze Hautfarbe, sondern die weiße als degeneriert zu gelten habe.«

er sei damit auf heftige Empörung gestoßen. Nun werde der volle Wortlaut des Vortrags abgedruckt, um, wie es im Beschwichtigungsjargon offizieller Verlautbarungen heißt, »eine Versachlichung der andauernden Debatte zu ermöglichen«. Wollen wir also mal ganz wertfrei, ohne Zorn und Aufregung diskutieren, ob die Schwarzen nicht vielleicht doch eine andere Rasse sind. Menschen schon, aber irgendwie ganz anders als wir. Muß ja nicht gleich bös gemeint sein.

Was war da passiert? Der Reihe nach: Einer behauptet, es existierten »Rasseeigenschaften«, die »sich unweigerlich vererben, mit wem die betreffende Person sich auch paare«. Andere begründen, warum sie auf einem *Konkret*-Kongreß nicht noch einmal hören möchten, was alle Stammtischbrüder erzählen. Darin wittert die Redaktion ihre Chance.

Hatte nicht gerade der *Spiegel*, wie er sich in der Ausgabe 26/1993 brüstet, mit einer »Reihe von Tabuverletzungen deutscher Intellektueller« Furore gemacht? »Unerhörte Töne – auch unerlaubte?« verspricht der *Spiegel*, seit die Leser zu *Focus* strömen. Konnte analog dazu das Sensatiönchen, daß der Rassebegriff auf einer Veranstaltung der Linken verteidigt wird, nicht besorgen, was der ganze stinklangweilige und von den Medien mit vollem Recht ignorierte Hamburger Kongreß nicht geleistet hat, nämlich die Zeitschrift *Konkret* endlich mal wieder ins Gespräch zu bringen? Sicher war dieser blasse Christoph Türcke ein mickriger Botho-Strauß-Ersatz, aber bei *Konkret* ist eben alles ein paar Nummern kleiner. Also offeriert das Blatt auf der Titelseite wichtigtuerisch »Die Türcke-Kontroverse«, nennt das Phantom gar eine »andauernde Debatte«.

Den Schwindel leitet die scheinheilige Frage ein, ob die Menschen nicht von Natur aus verschieden wären. Natürlich sind sie das. Jedes Kind heute weiß: Wer Blutgruppe A hat und Blutgruppe Null bekommt oder die falsche Sorte Knochenmark, wird jämmerlich krepieren; hellhäutige Rothaarige müssen sich vor der Sonne schützen; Menschen mit starker Schilddrüsenfunktion sind leicht erregbar.

Jede Person mit Verstand kann daraus folgern, daß die unbestrittene biologische Verschiedenheit der Menschen ursächlich nichts mit ihrer Einteilung in Rassen zu tun hat. Keiner kam je auf die Idee, die Gruppe der Menschen mit Blutgruppe Null eine Rasse zu nennen.

Jedem Linken war klar: Rassemerkmal wird die Hautfarbe, wenn sie zeigt, wer wen ungestraft schlagen und töten darf. Nicht ihre Hautfarbe, sondern ihre Unterdrückung durch die Weißen hat aus den Schwarzen eine Rasse gemacht. Nicht von Natur aus, sondern weil sie Menschen anderer Hautfarbe unterdrückten, wurden die Weißen selber eine Rasse. In ihr ist jeder Unterschied ausgelöscht. Rasse ist, wenn man keine Gesichter mehr erkennt. »Not Races. Faces!« heißt daher die Parole in Michael Jacksons »Black or White«.

Reiner Unsinn daher, wenn Gremliza die vermeintliche Verständnislosigkeit des protestierenden Publikums bejammert:

> »Begonnen hat Christoph Türcke mit der Behauptung, es gebe zwischen Bewohnern unterschiedlicher Erdregionen Unterschiede, die nicht auf die Hautfarbe und andere unübersehbare körperliche Merkmale beschränkt blieben. Eine Behauptung so wahr wie banal, und doch schon schwer erträglich einem politischen Milieu, das das Differente nur dann ertragen und vor Verfolgung schützen zu können glaubt, wenn es daraus zuvor ein Gleiches gemacht hat ...«

Richtig ist, daß die Menschen verschieden sind. Unbegreiflich bleibt, was Türcke und Gremliza ausgerechnet an jener Verschiedenheit so sehr interessiert, die zwischen Bewohnern verschiedener Erdregionen bestehen mag. Mehr als von einem Afrikaner schwarzer Hautfarbe werden beide sich, rein biologisch gesehen, vermutlich von der eigenen Frau oder Freundin unterscheiden. Sollen sie doch an ihr mal das Differente ergründen, wenn es ihnen keine Ruhe läßt. Jedenfalls sollen sie die Ersatzbefriedigung nicht im Befummeln und Beschnüffeln von Bewohnern anderer Erdregionen suchen.

Nicht, daß ein Leipziger Hochschullehrer aus dem Westen auf dem *Konkret*-Kongreß erzählt, was Wiedervereinigungsgewinnler so erzählen müssen, ist der springende Punkt. Denn wer kann in diesen Zeiten schon für die politische Position irgendeiner anderen Person garantieren.

Ferner ist es falsch, weil ungerecht, Christoph Türcke einen ordinären Rassisten zu schimpfen. Letzterer grölt einfach »Deutschland den Deutschen – Ausländer raus«. Das klingt geradezu erfrischend, wenn man es mit dem verdrucksten, verquälten Gestammel dieses Hochschullehrers vergleicht. Anders als die kurzatmigen rechtsradikalen Schreier besitzt Türcke Ausdauer und Zähigkeit. Was die einen leichtfertig tun, dafür plädiert er schweren Herzens. Denn Figuren, die nichts als schäbig sind, sollen sich als tragische Gestalten begreifen. Es stärkt ihre Schaffenskraft, wenn sie sich an Texten wie dem von Türcke erbauen dürfen. Vom »Wohl und Wehe« liest man da, von »Urmanifestationen«, von der »Kostbarkeit«, von einer ihre »Huld« verteilenden Natur, manches »wallt«, andere »schwelen«.

Daß »noch das an sich Humane und Vernünftige zum Unheil ausschlüge, würde man es hier und jetzt in die Tat umzusetzen versuchen«, windet sich der adornierende Amateur-Rassenkundler, wenn er begründen will, warum die Armen und Elenden nicht reingelassen werden dürfen, obwohl man sie eigentlich nicht verkommen lassen darf. »Bürgerkriegsähnliche Zustände« könnte ihre Anwesenheit provozieren, fürchtet er. Er fürchtet, wonach sich die Revolutionäre in diesem Land seit 150 Jahren vergeblich sehnten.[56] Dabei überschätzt er seinen Mut. Wären nur genug Farbige hier, würde ihm sein hetzerisches Geraune bald vergehen. Gegen die »Furcht vor dem Fremden«, die der sentimentale Rassist zu empfinden meint, wenn er sein Opfer in reale Todesangst versetzt, gibt es ein einfaches Mittel. Es ist die glaubwürdige Drohung: »Du wirst mich noch kennenlernen.«

Der entscheidende Punkt ist vielmehr, daß Karl-Kraus-Fan Gremliza über den ranzigen Schmus, der früher mal in *Christ und Welt* oder im *Deutschen Allgemeinen Sonntagsblatt* gestanden hätte, befindet: »Zu größten Teilen richtig«. Viele größte Teile? Von einem Stück? Sorgfältiger formuliert hat Gremliza auch schon mal. Aber es trifft zu, daß der Hochschullehrer viel Wahres sagt, zum Beispiel: »Freilich, kein Ding ist einem anderen völlig gleich – kein Blatt dem anderen, kein Ei dem anderen.« Wenn allerdings Gremliza Wahrheiten solchen

[56] Bei der Redaktion wie bei den Lesern rief dieser Satz Entrüstung hervor: Nach Rostock und Hoyerswerda so flapsig über bürgerkriegsähnliche Unruhen zu reden, sei verantwortungsloser Zynismus. Türckes Mahnung müsse ernstgenommen werden, gerade im Hinblick auf 1933. – Damals kam Hitler nicht durch bürgerkriegsähnliche Unruhen, sondern durch deren Ausbleiben an die Macht, andernfalls hätte sich vielleicht eine Militärdiktatur etabliert mit weniger schlimmen Folgen. Wenn Linke im Hinblick auf Rostock und Hoyerswerda von bürgerkriegsähnlichen Unruhen sprechen, muß ihr Verstand stark geschädigt sein, denn sie wissen zwischen Bürgerkrieg und Pogrom nicht mehr zu unterscheiden.

Kalibers neuerdings schätzt, so hat sein Geschmack – und damit *Konkret* – sich gewaltig geändert.

Mir ist der Unterschied zwischen Bewohnern verschiedener Erdteile herzlich egal. Wichtig ist mir, mich von einem wie Türcke zu unterscheiden. So wie der mag ich nicht sein. Und wenn er in *Konkret* publiziert, tue ich es nicht.[57]

[57] Dergleichen trotzige, einen moralischen Selbstbehauptungswillen signalisierende Gesten sind so selbstgerecht wie ungerecht, und praktisch folgenlos bleiben sie in der Regel obendrein. Die von der *Konkret*-Redaktion angeleierte und nachträglich von ihr bedauerte *Türcke-Kontroverse* – ein Haufen langweiliger und weitschweifiger, teils zustimmender, meist ablehnender Erörterungen – drückt eine Krise der politischen Urteilsbildung aus, gegen die auch der Autor kein Mittel weiß. Dazu der folgende Artikel.

Harte Zeiten

Die dauern nun, viel Neues tut sich nicht. Der Trend ist stabil, weil es »für das Leiden des einzelnen wie der Gemeinschaften nur eine Grenze, über die hinaus es nicht mehr weitergeht, gibt: die Vernichtung«.[58] Vernichtung aber bedeutet Arbeit ohne Ende. Je weiter sie fortschreitet, desto langsamer kommt sie voran. Sie stagniert, wenn Krieg, Vertreibung und Verelendung nur noch wenige Entkräftete übrigließen, die sich auf ein großes Gebiet verteilen. Dann sorgen die Selbstschutzmechanismen der Natur dafür, daß die Menschheit ihr Ziel nicht erreicht, und alles fängt wieder von vorne an. Nichts ist derzeit so sicher wie die Zukunft.

Fest damit rechnen, daß man überrascht werden würde, durfte man auch im Frühjahr 1990 nicht, aber Anlaß zu Spekulationen gab es damals doch. Bricht ein Machtgefüge zusammen, wie es der Ost-West-Gegensatz gewesen war, bricht deswegen die Revolution nicht gleich aus, aber es bleibt ein Risiko. Keineswegs stand mit letzter Sicherheit fest, ob der Sturz der Regimes im Osten am Ende nicht den Massen Appetit machen und die Verhältnisse weltweit zum Tanzen bringen würde. Nicht mal auf die Landsleute war Verlaß, denn sie hatten ein Dilemma: *Klein und reich* oder *groß und arm.* Vögel putzen dann gern aus Verlegenheit ihr Gefieder, beim Menschen regt sich manchmal die Vernunft.

[58] Walter Benjamin, »Einbahnstraße«, Frankfurt 1965, S. 26

Dabei war das Spiel längst gelaufen und verloren. Keine Genugtuung, nur Langeweile entstand, als ein erster Befund weitgehende Übereinstimmung mit den Prognosen zeigte. Von den Friedensdemonstrationen im Februar 1991 bis zu den Rostocker Kampfeinsätzen Ende August 1992 passierte viel und auch wieder nichts. Das Wesen tat, was ein Wesen so tut. Es kam halt zur Erscheinung.

Einerseits besaß die Theorie gerade noch so viel Wert wie der begütigende Zuspruch eines Schlichters beim Zank zwischen tödlich verfeindeten Eheleuten. Was hilft die Vernunft, wo die Elementargewalten toben. Was nützt der Hinweis auf Verletzungsgefahren, wenn den Beteiligten die Mordlust aus den Augen blitzt.

Andererseits bekam die Theorie auch nichts mehr zu beißen. Spätestens seit der »Dialektik der Aufklärung« sind Pogrome keine Erscheinungen mehr, welche die Wissenschaft erst erforschen müßte. Weitergrübeln setzt irgendwann den Entschluß voraus, nicht wahrhaben und sich dümmer stellen zu wollen, als man ist. Was Deutschland betraf, so war der Zug nun wirklich abgefahren.

Spannend blieb noch, wie die anderen Nationen auf die hiesige Entwicklung reagieren würden. Allerdings hielt diese Spannung nur solange wie die antifaschistische Legende. Deutschland erschien darin als omnipotenter Schurke, als Extremfall eines autonomen Subjekts. In der Berliner Reichskanzlei, so das Märchen, wäre über den Verlauf der Geschichte entschieden worden, anderswo habe man auf die Initiativen bloß reagiert. Am deutschen Wesen sei die Welt zwar nicht genesen, aber zugrunde gerichtet hätte man sie fast.

Rückschließend von der Gegenwart auf die Vergangenheit darf man folgern, daß schon die Entwicklung 1933 ff. dieser Vorstellung nicht entsprach, welche den

Deutschen bei aller Schlechtigkeit doch Größe bescheinigte und die Alliierten zum edlen Ritter stilisierte, der sich für das Gute schlug. Heute ist Deutschland der Psychopath in der Rolle des Erfüllungsgehilfen, den andere so sehr ermuntern, wie es ihn selber drängt. Alle sind Marionetten, alle spielen das gleiche Spiel, nur eben mit verteilten Rollen.

Nicht, daß die Gemeinsamkeit Harmonie begründen würde, selten gehen zwei Räuber oder Schläger zart miteinander um. Spannungen und Interessenkonflikte nehmen zu, zeitweilig klingen die Leitartikel der führenden Blätter schon, als stimme der Kontinent sich ein auf den nächsten Krieg. Wie die vorangegangenen entstünde er aus Kumpanei. Gern würde man sagen, die Machthaber hätten sich gegen die Menschen verschworen, die aber leider Teil dieser Verschwörung sind. Fast aussichtslos daher, zwischen Tätern und Opfern zu unterscheiden. Fehlt aber dieser Unterschied, so nehmen das Elend und das Abschlachten die Form eines monotonen Naturprozesses an. Sie erzeugen beim Betrachter, und teilweise sogar bei den Betroffenen, nur gähnende Langeweile. »Apathie«, schrieben Horkheimer und Adorno in der »Dialektik der Aufklärung« schon,

> »tritt an jenen Wendestellen der bürgerlichen Geschichte, auch der antiken auf, wo angesichts der übermächtigen historischen Tendenz die pauci beati [die wenigen Glücklichen] der eigenen Ohnmacht gewahr werden. [...] Stoa, und das ist die bürgerliche Philosophie, macht es den Privilegierten im Angesicht des Leidens der anderen leichter, der eigenen Bedrohung ins Auge zu sehen.«[59]

[59] Amsterdamer Ausgabe, S. 117

In der Apathie drückt sich die Resignation des Beobachters aus, der seine eigene Ohnmacht spürt, zugleich aber die objektive Bedeutungslosigkeit der Theorie. Ähnelt der Geschichtsprozeß sich den großen Naturprozessen an, der Entstehung von Eiszeiten etwa, so ändert die Kenntnis der Funktionszusammenhänge seinen Ablauf nicht. Für die Theorie heißt das, daß sie unfähig wird, einen Grund zu nennen und einen Sinn zu finden. Sie löst sich in eine unendliche Kette von Wenn-dann-Bestimmungen auf.

Nicht, daß der Befund nun falsch geworden wäre, das Kapital gehe seinen logischen Gang, wenn es am Ende seine eigenen Existenzbedingungen zerstört, »den Arbeiter und die Erde« (Marx). Auch läßt der Prozeß sich in marxistischen Kategorien beschreiben:

Von Beginn an war der Fortschritt unter dem Kapital Destruktion, und am Ende der Auflösung aller nichtkapitalistischen Verhältnisse steht die Auflösung aller Bindungen zwischen den Menschen sowie zwischen Menschen und Sachen überhaupt, Produktion schlägt um in Vernichtung. Bildet in der Niedergangsphase die ökonomische vermittelte Ausbeutung, die produktive Aneignung unbezahlter Mehrarbeit, sich in nackten Raub zurück, kehren nicht die alten Zeiten wieder, weil die vorkapitalistischen Gemeinwesen irreparabel und unwiderruflich zertrümmert sind. An Stelle von Sippen, Stämmen, Völkern, die sich auf gegebenem Niveau nach festen Regeln reproduzieren, entsteht die amorphe Masse parasitärer Asozialer. Die bilden Banden, aber keinen auf Dauer angelegten gesellschaftlichen Zusammenhang. Wer die Metzeleien auf dem Balkan rückständig, atavistisch, uneuropäisch, unzivilisiert nennt, will nur als unzeitgemäß, ortsfremd, wesensverschieden oder andersartig ausgrenzen, was alle von innen bedroht. Trotz der Beteuerungen, wie fremd einem der Balkan wäre, schimmert die Verwandtschaft durch, wenn der *Spiegel* (vom 17.8.1992) titelt: »Die neue Teilung. Deutsche gegen Deutsche.«

Das Wort von den Stammeskriegen ist falsch, weil in Jugoslawien so wenig wie anderswo noch Gemeinwesen existieren, die tradierte Lebensformen zu verteidigen hätten. Längst hat der Weltmarkt deren ökonomische Basis zertrümmert. Was immer ausgegeben wird als echte, jahrhundertealte Volkstradition – stets ist es jüngeren Datums als der Rock'n'Roll und im Unterschied zu ihm Synthetik, hergestellt in geisteswissenschaftlichen Universitätslabors.

Mit Legitimation statten die feinsinnigen Hetzer, meist blutgierig und anämisch wie Botho Strauß, nicht Volksbefreiungsarmeen aus, sondern Killerkommandos. Mordlust statt Abstammung verbindet die Gestrandeten, Söldner, Sadisten und andere Psychopathen aus vielen Ländern im jugoslawischen Bürgerkrieg. Selbst wenn sie es wollten, könnten die Menschen nicht wieder Völker und Stämme bilden, weil sich der Kapitalismus nicht ungeschehen machen läßt. Zur Alternative stehen die solidarische Menschheit oder zahllose Banden.

Tatsache ist aber auch, daß derlei Erkenntnisse ihren Sinn verändert haben. Weil zu lange schon bekannt, ohne etwas zu bewirken, haben die Erklärungen sich in Ausreden verwandelt.[60] Nach Auffassung der Theorie sind stets die Verhältnisse schuld, also die Ismen – Kapitalismus, Nationalismus, Faschismus etc.

[60] Wenn ich zum ersten Mal meine Verspätung mit Verkehrsstau begründe, ist das eine Erklärung. Wenn ich das zum dritten Mal mache, ist es eine Ausrede.

Die Gegenwart zeigt, daß diese Annahme falsch ist. Es war nicht so, daß die historische Notwendigkeit den jugoslawischen Bürgerkrieg verursacht hätte. Weder dort noch anderswo fielen naive Menschen auf einem Nationalismus herein, den sie für gut und harmlos hielten, und erst als Folge dieses Irrtums brachten sie einander um. Es war nicht so, daß sie die besten Absichten hatten, aus welchen das Schlimmste wurde, weil kein Schlaumeier die Gelegenheit bekam, sie über die verhängnisvollen Implikationen ihrer vermeintlich guten Pläne rechtzeitig zu belehren.

Den Separatisten oder den Wiedervereinigern ihr jeweiliges Volkstum ausreden zu wollen, liefe darauf hinaus, einen Mörder vor dem Erwerb einer Waffe zu warnen mit dem Argument, er riskiere die Tötung eines Menschen.

Erst war der Wille da, zu morden und zu zerstören. Dann suchte dieser Wille sich den Vorwand. Nicht obgleich er bloß noch zur Rechtfertigung von Zerstörung taugt, sondern eben weil dies heute seine einzige Funktion ist, besitzt der Nationalismus Anziehungskraft. Funktionell ähnelt er sich dem Antisemitismus an, der nur zum Vorwand auf Bereicherung zielte, während sein eigentlicher Zweck Vernichtung war:

> »Daß die Demonstration seiner ökonomischen Vorgeblichkeit die Anziehungskraft des völkischen Heilmittels eher steigert als mildert, weist auf seine wahre Natur: es hilft nicht den Menschen, sondern ihrem Drang nach Vernichtung. Der eigentliche Gewinn, auf den der Volksgenosse rechnet, ist die Sanktionierung seiner Wut durchs Kollektiv. Je weniger sonst herauskommt, um so verstockter hält man sich wider die bessere Erkenntnis an die Bewegung. Gegen das Argument

mangelnder Rentabilität hat sich der Antisemitismus immun gezeigt. Für das Volk ist er ein Luxus.«[61]

Wenn aber die Menschen das Schlechte nicht im guten Glauben tun, es wäre für sie das Beste; wenn also beabsichtigt gewesen war, was geschieht, hat die Theorie keinen Sinn. Sie hätte nur welchen, könnte sie auf die Einsicht vertrauen. Deshalb setzt sie den Irrtum voraus: Eigentlich wollten die Menschen einander nicht quälen und vernichten; dazu würden sie erst von den Verhältnissen gezwungen. Die hätten sie zwar selber produziert, dies aber nicht mit Absicht. Weil jeder sich in diesen falschen Verhältnissen behaupten wolle, gingen gegen ihren Willen alle unter. Der Krieg, den niemand wünsche, wäre vermeidbar, wenn die Menschen seine wahren Ursachen begriffen. Deshalb sei die Theorie so wichtig. Unwichtig ist sie folglich, wenn die Menschen einander nicht aus falscher Selbstbehauptung töten und quälen, sondern weil sie Spaß daran haben. Niemand wird sie daran hindern, weil alle Macht solche von Menschen über Menschen ist.

Zwecklos daher, *dem* Kommunismus göttliche Kräfte anzudichten, weil die Bildung eines Vereins freier und solidarischer Produzenten unter Zwang, und sei es unter dem Zwang des Glaubens an einen Religionsersatz, nicht möglich ist. Das Zwangsverhältnis ein kommunistisches zu nennen, verbessert nicht die Sache, sondern beschädigt die Idee. Vielleicht ist der Kommunismus (oder Sozialismus) durch seine Verbindung mit dem Völkischen unrettbar verdorben wie ein in den Dreck gefallenes Pfund Mehl, und der Ostblock ist – ganz anders, als es scheint – zusammengebrochen, weil es seine politische Praxis war,

[61] »Dialektik der Aufklärung«, S. 201

stärker noch als im Westen, die Gemeinwesen der Vorgeschichte zu konservieren – Nationen, Völker, Volksgruppen – weit über den Punkt ihrer wirklichen Lebensfähigkeit hinaus. Das Resultat solcher Machtpolitik, welche die Menschen durch Konzessionen an deren Rückständigkeit und Dummheit sich unterwirft, mögen die heutigen militanten Folkloregruppen sein, die bruchlos aus den früheren kommunistischen Vereinigungen gleichen Typs hervorgegangen und das Gespenst dessen sind, wofür sie sich halten.

Als habe man sie alle präpariert und einbalsamiert wie Lenins Leichnam, ist den Völkern die Hülle erhalten geblieben, nachdem es sie selbst schon lange nicht mehr gibt. Wie aus Rache dafür, daß sie nicht anständig beerdigt wurden, füllen die Hülsen sich nun mit tödlichem Leben, verlassen das Mausoleum und ergreifen Besitz von den lebendigen Menschen. Im Bandenkrieg kämpfen sie vermeintlich für die Existenz und Unabhängigkeit längst erloschener Völker, während sie dabei sind, einander restlos auszulöschen.

Statt in der Menschheit aufzugehen, gehen sie unter im allgemeinen Elend, das sämtliche Differenzen zwischen den Menschen beseitigt, weil es sie auf Hunger und Schmerz reduziert. Man könnte glauben, die Menschen auf dem Balkan sehnten sich so sehr nach der Gleichheit, die sie im Leben nicht finden konnten, daß sie den Tod suchen, vor dem dann alle gleich sind. Das Volkstum, zu dessen Pflege sie unter den Kommunisten angehalten wurden, scheint ihnen so verhaßt zu sein, daß sie jede Erinnerung daran tilgen müssen. Sie ruhen nicht, bis das Wesen zur Erscheinung kommt und jede Illusion vergeht, weil das vorgeschichtliche Gemeinwesen sich als ordinäre Mörderbande entpuppt.

Nicht weniger zwecklos freilich, auf *die* Zivilisation

wie auf eine Übermacht zu vertrauen, denn sie stellt bestenfalls, also wo sie nicht selber die Barbarei hervorbringt, eine Art temporärer und jederzeit revidierbarer Selbstfesselung dar: In ihren lichten Momenten streifen die Menschen vorbeugend schon mal die Zwangsjacke über, spitze, scharfkantige und schwere Gegenstände werden außer Reichweite gebracht. Damit steigen die Chancen, bei leichteren Anfällen glimpflich davonzukommen. In guten Zeiten sinkt die Verletzungsgefahr, wenn nicht dauernd mit dem Kriegsbeil herumgefuchtelt wird. Besser, es zu vergraben. Schnell aber ist es bei Bedarf auch wieder ausgebuddelt. Es zeigt sich dann, wie recht Marx mit seiner Erkenntnis hatte, daß alle Verhältnisse als von den Menschen gemachte von ihnen auch veränderbar sind.[62]

Seit jeher rotten die Menschen sich in irgendwelchen partikularen Gebilden zusammen, in Sippen, Stämmen, Völkern, Nationen, Staaten. Getrennt vereint fallen sie dann übereinander her. Dies einfallslose, häßliche Spiel, das man Geschichte nennt, spielen sie nun schon seit mehreren tausend Jahren. Derzeit spricht nichts dafür, daß ihnen ein neues einfallen würde. Die *FAZ* rief am 2.9.1993, dem früheren *Sedanstag*, nach Politikern mit der »Fähigkeit, im eigenen Volk nationale Empfindungen

[62] Marx wollen die Linken nicht mehr kennen. Die *FAZ* sieht sie daher auf dem rechten Weg. Über eines dieser Jugend & Gewalt-Bücher schrieb das Blatt am 23.8.1993: »An diesem Buch wird mit bitterer Ironie klar, wie obsolet der Graben zwischen linker und rechter Theorie angesichts des Wegbröckelns elementarer Grundwerte schon längst geworden ist: Weil nach der bürgerlichen Ordnung nicht die Befreiung, sondern die nackte Barbarei zu kommen sich anschickt, sehnen sich die ›linken‹ Autoren nach den einst verhöhnten formbildenden Strukturen von Familie, Schule und permanenter Sozialdisziplinierung.«

zu wecken und ihm damit jene Quellen der Kraft zu erschließen, die es braucht, um die innere Einheit zu vollenden.« Es müsse klargemacht werden, »daß die Wiedervereinigung des deutschen Volkes in einem freiheitlichen Staat ein Wert in sich ist, der weit größere Opfer rechtfertigt als jene, über die bisher gestritten wird«. Denn: »Drei Jahre nach seiner Wiedervereinigung steckt Deutschland in einer Krise. Sie erstreckt sich nicht nur auf die Wirtschaft, sondern auch auf das politische Klima.«[63] Blut sollen die Massen lecken, damit sie die ihnen zugemuteten Entbehrungen schlucken. Als Lohn winkt die Chance, auch ein bißchen morden zu dürfen, unter dem Vorwand, man opfere das eigene Leben für das Vaterland.

Schön, wenn jemand sich darüber noch aufregen kann. Der Verfasser kann es nicht. Er meint, er habe dies Thema und ähnliche inzwischen erschöpfend behandelt; nicht nur er, sondern viele andere, die das besser konnten, vor und mit ihm. An richtigen Texten, Artikeln, Büchern mangelt es nicht, es will nur keiner darauf hören. »Denk, was du willst«, ist die zentrale Erfahrung dieser Jahre, »es kommt, wie es muß. Da kann man nichts machen, es macht sich alles selbst.«

Nicht, daß die Leiden des Theoretikers an seiner Überflüssigkeit ohne Hoffnung für die Menschheit wären. Ihn ödet die Schwäche, die Dürftigkeit der Vorwände an, unter denen an einem System festgehalten wird, das nur endlos furchtbares Elend produziert. Da es aber keiner

[63] Zwei Wochen später erklärte Schäuble auf dem Berliner Parteitag der CDU unter dem Beifall der Delegierten: »Unser Vaterland könnte sehr viel mehr Patriotismus brauchen.« Staat und nationale Gemeinschaft müßten sich wieder als Wertegemeinschaft verstehen, gerade in einer Zeit der inneren und äußeren Gefährdung.

komplizierten Theorie und keines Studiums der Ideologiekritik mehr bedarf, um zu wissen, was das Richtige wäre, könnten die Menschen es jederzeit ohne Vorbereitung und Anleitung machen, ohne Schulung und Beratung. Vielleicht tun sie das.

»Ganz schwach«, schrieb Adorno 1942, »ist der Mythos in seiner jüngsten Allmacht.«[64]

[64] Theodor WAdorno, »Reflexionen zur Klassentheorie«, Gesammelte Schriften 8, S. 391

Zwei Diskussionspapiere, ein Vortrag und ein Nachruf

1992-1997

Beobachtungen und Thesen*

Beobachtungen

Moskau: Ein 15jähriges Mädchen, Realschülerin, Neubauwohnung in einer Trabantenstadt, erzählt lächelnd vor laufender Kamera dem Polizeioffizier, wie das war, als sie und ihre Freundin beschlossen, es für Geld zu machen. Das Stipendium, 200 Rubel, habe eben hinten und vorne nicht gereicht, außerdem machen das schließlich alle. Man erfährt, daß unter den Mädchen in der Altersgruppe der 15jährigen der Beruf der Prostituierten das höchste Sozialprestige hat, ein höheres als Professorin oder Fleischerin. Man erfährt ferner, daß unter den russischen Prostituierten Frauen mit Hochulabschluß deutlich überrepräsentiert sind. Die Eltern, meint das Mädchen,

* Im August 1992 legte Wolfgang Pohrt der »Hamburger Stiftung zur Förderung von Wissenschaft und Kultur«, bei der er beschäftigt war, einen Arbeitsbericht mit dem Titel »Bilanz und Pläne« vor, der zwei in *Konkret* veröffentlichte Artikel enthielt: »Krieg« (8/92), der für die Veröffentlichung in »Harte Zeiten« überarbeitet wurde, und »Das ist Wahnsinn da draußen« (9/92). Dem Arbeitsbericht angefügt sind die hier vorliegenden und erstmals veröffentlichten »Beobachtungen und Thesen«. Pohrt hatte bereits »Der Weg zur inneren Einheit« (Frühjahr 1991) und »Das Jahr danach« (Sommer 1992) als Ergebnis seiner Arbeit für die Stiftung veröffentlicht. Da sein Arbeitsvertrag noch bis zum 28. Februar 1994 lief, schlug er vor, »die aktuelle Entwicklung einmal unter dem Aspekt zu betrachten, daß eigentlich überall ähnliches geschieht«. Der Arbeitstitel hieß »One World«. Später entstand daraus »Harte Zeiten. Neues vom Dauerzustand« (1994), der eine Art »Schlußbericht« ist. (A.d.H.)

schlügen sie tot, wenn sie davon erführen. Die Gefahr scheint gering. Den Eltern fällt es nicht weiter auf, daß ihre Tochter des öfteren nicht zu Hause schläft, und sie glauben ihr gern, daß der plötzliche Reichtum auf dem Stipendium basiert. In welchem Bett ihre Tochter nachts liegt, ist ihnen so egal, wie es ihrer Tochter egal ist, mit wem sie dort liegt. Und was mag das Kind, was kauft es sich von dem Geld? Tennisschuhe. Tennisschuhe und Jeans. Welche Marke? Levis. Der Ton des Gesprächs und die Atmosphäre sind ruhig und sachlich bis freundlich. Am Ende gibt der Polizeioffizier dem Mädchen den Rat, auf seine Gesundheit zu achten.

Wenn 15jährige Mädchen sich nichts Schöneres vorstellen können als den Levis-Aufnäher an den eigenen Jeans, hat die Gesellschaft, in welcher diese Mädchen aufgewachsen sind, in der Tat den Untergang verdient. Der Warenfetischismus ist hier zu einer Verarmung gesteigert, die Hoffnungen, Wünsche, Vorstellungsvermögen und Genußfähigkeit umfaßt. Im Falle eines Bürgerkrieges hätte keiner mit jener Nachsicht zu rechnen, die nach dem Schema funktioniert: Der oder die könnte ja auch mein Vater oder Bruder, meine Frau oder meine Tochter sein.

Stuttgart: Ein Klempner-Geselle, 25 Jahre alt, erzählt begeistert, was man durch zusätzliche Schwarzarbeit so nebenbei verdiene. Dann wird die Stimme quengelig, fast gequält: Aber bei der Oma, oder wenn beim Vater mal was zu reparieren sei – da könne man halt nicht so hinlangen, da mache er es billiger. Der Familiensinn des Burschen entspricht ungefährt seiner Arbeitsmoral. Er ist ein miserabler Klempner, ein Schlamper und Pfuscher.

Berlin: Ein Lehrerehepaar, Mitte 40, erzählt von den Ferien, die es mit dem zehnjährigen Sohn in Österreich verbrachte. Der Bursche sei schon sehr selbständig, mit den Eltern könne er nicht mehr viel anfangen – »wir sind zu alt«. Er suche sich seine eigene Gesellschaft, und man kriege ihn den ganzen Tag nicht zu sehen. Dann wird der Ton vorwurfsvoll: »Aber die Unterkunft und das Essen zu bezahlen – dazu sind wir ihm gut genug.« Stillschweigend wird von dem Kind erwartet, daß es seine Eltern bemuttert oder andernfalls die von ihm verursachten Kosten gefälligst selber trägt.

Deutschland: Diverse Sozialreformen sind im Gespräch. An die Kinderzahl sollen gekoppelt werden: Steuervergünstigungen bzw. Strafsteuer für kinderlose Ehepaare; Vergünstigungen beim Bau oder Erwerb von Wohnraum; Erziehungsberechtigte sollen für die in ihrem Haushalt lebenden wahlunmündigen Kinder mitwählen dürfen. Daß Leute Kinder in die Welt setzen, einfach weil sie welche möchten, und egal, was es kostet, glaubt keiner mehr.

Hamburg: Niedergelassener Arzt, um die 50, früher Protestbewegung, an Jugoslawien interessiert. Publizist, hat gerade einen Artikel über die Entwicklung dort veröffentlicht. Man spricht darüber, und der Publizist, um den sich Zeitungen nicht gerade reißen, erzählt eine kleine Sensation: Die Belgrader *Politika* habe seinen Artikel nachgedruckt. Der Arzt: »Mensch, wieviel hast du dafür bekommen? Haben die ordentlich gezahlt?« Viel Freude wird einer im Leben nicht haben, wenn er nicht weiß, daß die Befriedigung der eigenen Eitelkeit zu den Vergnügen gehört, die sich mit Geld gar nicht bezahlen lassen.

Prag: Chef einer süddeutschen Spezialfirma, welche in Prag die Piste des Flughafens betoniert, klagt darüber, daß die tschechischen Arbeiter keine Arbeitsmoral kennen. Unbeaufsichtigt machten sie keinen Finger krumm, schliefen gar während der Arbeitszeit, und nach jedem Arbeitsgang müsse er persönlich die Qualität kontrollieren. Die Arbeiter seien verantwortungslos und »egoistisch«.

Brasilia/Berlin/Mogadischu: Am gleichen Tag (am 17.8. 1992), als in Brasilien wütende Massendemonstrationen gegen den unter Korruptionsverdacht stehenden Staatspräsidenten stattfinden, muß in Berlin der Landesvorsitzende der SPD, Momper, sein Amt niederlegen. Er hatte einen lukrativen Job in der Immobilienbranche angenommen, weil er von den Abgeordnetendiäten allein nicht leben wollte. In Mogadischu kommen bei Schießereien 30 Personen ums Leben. Auslöser der Schießereien war ein UN-Konvoi mit Lebensmitteln. Er wurde von zwei Banden gleichzeitig überfallen, es kam zum Kampf um die Beute.

Thesen

1. Der gegenwärtige weltweite Niedergang – politische, gesellschaftliche und ökonomische Auflösungserscheinungen überall – kommt daher, daß das Kapital nicht siegen kann, ohne dabei ein Opfer seines Erfolgs zu werden. Wenn alle jederzeit und überall nur ihren privaten materiellen Vorteil mehren wollen und an nichts anderes denken, funktioniert der Kapitalismus nicht. Seine Existenzvoraussetzungen sind nichtkapitalistische Bereiche wie Familie, Staat, ja sogar die

Fabrik selber, wo statt des Markts der Plan die Kooperation reguliert und nicht Verkäufer, sondern Techniker dominieren müssen. Die Eliminierung dieses Widerspruchs, die Infiltration aller Bereiche durch die Logik des Kapitals führt dazu, daß die Bindungen zwischen den Menschen und die Bindungen der Menschen an Sachen zerbrechen. Die Logik des Kapitals pur ist pure Zerstörung, von Menschen und Sachen gleichermaßen.

2. Im Osten ist nicht der Sozialismus zusammengebrochen, sondern ein Kapitalismus, der seinem westlichen Pendant um einen Schritt voraus war. Die Funktion des autoritären Wohlfahrtsstaats bestand in der Gewährung von Aufschub und in der Verschleierung der Widersprüche. Unter seinem Schutz blieben den Unternehmen wie den Arbeitern, die beide fortbestanden und durch die Lohnarbeit vermittelt waren, die Konsequenzen ihres Vorpreschens zeitweilig erspart. Was den Unternehmer aus der BRD an den tschechischen Arbeitern nervt, ist, daß sie sich, gemessen an der Logik des Kapitals, absolut systemkonform verhalten: egoistisch, nur auf den eigenen Vorteil bedacht, ohne Verantwortungsgefühl für den größeren Zusammenhang. Die Staatsbetriebe im Osten wiederum, die am Ende haufenweise Schund und Schrott produzierten, besaßen schon, was im Westen gerade erreicht wird, einen Markt ohne Konkurrenten.

3. Noch einen Schritt weiter ist Somalia, was mit dem bekannten Phänomen zusammenhängt, daß sich die Neuerungen am krassesten bei den Außenseitern und Schwachen zeigen, weil sie gegen die Macht des Trends keine Widerstandskraft besitzen. In Somalia

herrscht das kapitalistische Prinzip ohne dessen ökonomische Vermittlung, aus der Aneignung unbezahlter Mehrarbeit wird nackter Raub. Damit kehrt nicht einfach eine vorkapitalistische Form der Aneignung wieder zurück, denn inzwischen sind die vorkapitalistischen Gemeinwesen zertrümmert. An die Stelle von Sippen, Stämmen, Völkern, die sich auf gegebenem Niveau reproduzieren, trat die amorphe Masse parasitärer Asozialer, die gemeinsam Banden bilden, aber keinen auf Dauer angelegten gesellschaftlichen Zusammenhang gründen können.

4. Ein Land wie Jugoslawien ist hochmodern, gleichsam Avantgarde. Wie heute in der Bundesrepublik, gab es dort Mitte der 60er Jahre schon im privaten Gespräch nur ein Thema: die Preise und das Geld. Lange bevor der Staat zerbrach, zerbrachen die Familien, die Freundschaften, die Moral, die Personen, war die ganze Gesellschaft korrupt und paralysiert, hatten sich bandenähnliche Cliquen als wichtige Machtfaktoren herausgebildet. Die heutigen Metzeleien dort als rückständig oder gar atavistisch zu bezeichnen, verrät nur den Willen, die Ähnlichkeiten zu verleugnen, die offensichtlich werden, wenn etwa der *Spiegel* (vom 17.8. 1992) titelt: »Die neue Teilung. Deutsche gegen Deutsche«. Das Wort von den Stammeskriegen ist insofern eine Lüge, als es in Jugoslawien so wenig wie anderswo, etwa in Südafrika, noch Stämme gibt, d.h. Gemeinwesen, die ihre tradierten Lebensformen verteidigen. Nichts ist in Jugoslawien wie anderswo lebendige Tradition, alles ist Synthetik, hergestellt in geisteswissenschaftlichen Universitätslabors. Nicht auf den Erhalt eines Kroatentums oder Serbentums kommt es an, sondern das Serbentum und Kroatentum und alle ande-

ren Tümer sind beliebige und bei Bedarf austauschbare Vorwände, um eine Bande von Räubern und Plünderern zu bilden. Der Unterschied zwischen dem Gemeinwesen und der Bande ist der, daß letztere nicht autonom, sondern nur in parasitärer Abhängigkeit vom ersten bestehen kann.

5. Nichts hat das Töten und Zerstören auf dem Balkan ursächlich mit dem Gegensatz zwischen Ost-Rom und West-Rom oder überhaupt mit der Gliederung der Bevölkerung in Serben, Kroaten, Slowenen, Muselmanen, Albaner etc. zu tun. Die Ursache für die heutigen Konflikte in den Konflikten der Vergangenheit suchen zu wollen ist falsch, reaktionär und in jeder Variante nur eine Variante völkischer Propaganda. Aus aktuellem Anlaß fallen die Menschen dort übereinander und über die Sachen her, oder sie dulden eigentlich mehr, daß dies getan wird, als es selber zu tun – die BRD ist voll von Deserteuren. Daß die Mörder dabei in die Kostüme irgendwelcher Vorfahren schlüpfen können, erleichtert das Morden zwar. Daß es auch ohne solche Kostüme geht, beweist die Entwicklung in Deutschland und Somalia.

6. Bemerkenswert an der neuesten Entwicklung ist gerade, daß die alten Kostüme nicht richtig passen und keine Begeisterung hervorrufen, wenn sie getragen werden. Im Vergleich zum Enthusiasmus vor 1914 oder in den 30er Jahren sind die Massen heute in Serbien so apathisch wie in Kroatien oder Bergkarabach oder Deutschland. In Jugoslawien findet keine Nacht der langen Messer statt, nicht mal mit den Exzessen des Mobs in der Französischen Revolution lassen sich die Grausamkeiten vergleichen, sondern sie sind das

Werk von Killerkommandos, in denen wiederum die Einheimischen oft mit den Psychopathen aller Länder vereinigt sind – deutsche Rechtsradikale, britische Söldner, australische Emigranten, jugoslawische Zigeuner. Es existiert kein massenhafter Haß zwischen den Völkern, sondern ein massenhafter Haß auf den jeweiligen Nächsten und Nachbarn, der sich, einstweilen jedenfalls, kaum dauerhaft bündeln, organisieren und auf ein fernes Ziel lenken läßt.

7. Versuche, die gegenwärtige Entwicklung hauptsächlich mittels historischer Analogien zu begreifen, führt in die Irre, was sich auch der Verfasser dieser Thesen vorwerfen lassen muß. Das Ende des Kapitalismus ist, wenn die Revolution ausbleibt, nicht der Vorkapitalismus, sondern die Barbarei. Die Menschen können sich nicht wieder zurückbilden in Stämme und Völker. Selbst wenn sie es wollten, besäßen sie die Fähigkeit dazu nicht. Zur Alternative stehen die Menschheit oder zahllose mörderische Banden.

Fragen und Thesen*

Ein Diskussionsvorschlag wird statt der darin vorgeschlagenen Themen selber zum Gegenstand der Diskussion, wenn er strittige Überlegungen und Behauptungen enthält, ohne sie ausdrücklich zur Debatte zu stellen. Bei Texten, die nicht auf jede inhaltliche Argumentation verzichten, läßt sich das heute kaum vermeiden. Den Reaktionen auf mein Papier** kann entnommen werden, daß es keine Ausnahme ist.

Wenn Machtblöcke, Staaten, Währungen und Sozialstrukturen zusammenkrachen, darf man keine heil gebliebenen Meinungen und Überzeugungen erwarten. Ob ein defekter Geist das ganze Durcheinander angerichtet hat, oder ob das Durcheinander den Verstand ruinierte – Tatsache bleibt, daß auf die Stabilität der Subjekte kein

* Dieses auf den 2. Dezember 1992 datierte Manuskript war wie das vorangegangene, auf das hier Bezug genommen wird, ein Beitrag zur Vorbereitung einer Diskussion in *Konkret*, aus der dann der *Konkret*-Kongress im folgenden Jahr hervorging. Der in *Konkret* 2/93 veröffentlichte Artikel »Kommunismus oder Barbarei« ist fast vollständig diesem Manuskript entnommen und wurde deshalb nicht für die Werkausgabe berücksichtigt. Auch zu »Jeder ist für sich ein Nichts« in »Harte Zeiten« gibt es einige Überschneidungen im Text und bei den Zitaten, aber bei dem vorliegenden Manuskript handelt es sich um die ursprüngliche Fassung, die ausführlicher ist und einige bemerkenswerte Passagen enthält. (A.d.H.)

** Ein Papier, das datiert ist auf den 9. November 1992 und das später als »Rostock II: Was sagt die Theorie dazu« in »Harte Zeiten« veröffentlicht wurde. (A.d.H.)

Verlaß mehr ist, wo die gesellschaftlichen Verhältnisse zerbrechen.

Nicht nur aufs Denken gegründete Zusammenhänge werden dann prekär, die aber ganz besonders. Auch innerhalb eines relativ homogenen Zirkels wie diesem – linkes Blatt, linkes Institut, personell verflochten – wird das Diskutieren schwierig, denn an die Stelle gemeinsamer Überzeugungen und Erkenntnisse treten divergierende Privatinteressen. Darüber verhandelt man, aber sie eignen sich nicht zum Gegenstand von Grundsatzdebatten. Deshalb vielleicht schleppt die Entscheidung, ob und wann diskutiert werden soll, sich so zäh dahin, als ginge es wieder um die Hauptstadtfrage, wo es am Ende wie bei Radio Eriwan hieß: »Im Prinzip ja, aber ...«. Zweieinhalb Monate, nachdem der Vorschlag unterbreitet wurde, ist die Terminfrage noch offen.

Hinzu kommt sicher ein weiteres Problem. Nicht nur gehen die Wirren der Zeit einem sowieso auf den Geist, sondern sie erwischen uns obendrein in einer schwachen Stunde. Wir haben das Alter erreicht, wo das bürgerliche Subjekt – und dessen spätkapitalistischer Abklatsch erst recht – in einem mentalen Formtief steckt. Wie es sich äußert und woher es stammt, haben Adorno und Horkheimer erforscht und den Normalfall in der »Dialektik der Aufklärung« beschrieben unter dem Titel »Gezeichnet«:

> »Im Alter von 40 bis 50 Jahren pflegen Menschen eine seltsame Erfahrung zu machen. Sie entdecken, daß die meisten derer, mit denen sie aufgewachsen sind und Kontakt behielten, Störungen der Gewohnheiten und des Bewußtseins zeigen. Einer läßt in der Arbeit so nach, daß sein Geschäft verkommt, einer zerstört seine Ehe, ohne daß die Schuld bei der Frau läge, einer be-

geht Unterschlagungen. Aber auch die, bei denen einschneidende Ereignisse nicht eintreten, tragen Anzeichen von Dekomposition. Die Unterhaltung mit ihnen wird schal, bramarbasierend, faselig. Während der Alternde früher auch von den anderen geistigen Elan empfing, erfährt er sich jetzt als den einzigen fast, der freiwillig ein sachliches Interesse zeigt.

Zu Beginn ist er geneigt, die Entwicklung seiner Altersgenossen als widrigen Zufall anzusehen. Gerade sie haben sich zum Schlechten verändert. Vielleicht liegt es an der Generation und ihrem besonderen äußeren Schicksal. Schließlich entdeckt er, daß die Erfahrung ihm vertraut ist, nur aus einem anderen Aspekt: dem der Jugend gegenüber den Erwachsenen. War er damals nicht überzeugt, daß bei diesem und jenem Lehrer, den Onkeln und Tanten, Freunden der Eltern, später bei den Professoren der Universität oder dem Chef des Lehrlings etwas nicht stimmte! Sei es, daß sie einen lächerlichen verrückten Zug aufwiesen, sei es, daß ihre Gegenwart besonders öde, lästig, enttäuschend war. Damals machte er sich keine Gedanken, nahm die Inferiorität der Erwachsenen einfach als Naturtatsache hin. Jetzt wird ihm bestätigt: unter den gegebenen Verhältnissen führt der Vollzug der bloßen Existenz bei Erhaltung einzelner Fertigkeiten, technischer oder intellektueller, schon im Mannesalter zum Kretinismus. Auch die Weltmännischen sind nicht ausgenommen. Es ist, als ob die Menschen zur Strafe dafür, daß sie die Hoffnungen ihrer Jugend verraten und sich in der Welt einleben, mit frühzeitigem Verfall geschlagen würden.«

Vergangene Hoffnungen und Befürchtungen sind es auch, an deren Bewertung sich die Geister scheiden, wenn man über die Gegenwart debattiert.

Die eine Position, die man beziehen kann, hat Hermann L. Gremliza vor einem Jahr mal in einem Interview formuliert. Sinngemäß: Der Kommunismus, als er noch an der Macht war, hat es den Linken leicht gemacht, ihre Meinung radikal zu überdenken und zu ändern. Anlaß zum Übertritt in die CSU gab es oft genug: Überfall auf die Tschechoslowakei, Archipel Gulag etc. Wer aber damals nicht konvertierte, soll sich heute nicht mit neuen Einsichten melden. Selbst wenn sie echt sind, bedeuten sie nichts, denn sie entbinden keinen davon, die Konsequenzen früherer Irrtümer zu tragen. Fällt ihm nach der Entmachtung des Kommunismus erst auf, daß er dessen Grundsätze idiotisch fand, muß er die Kröte schlucken. Nur solange sie bei Kräften sind, kann man sich von Überzeugungen, Personen, Gruppen trennen. Sind die Eltern im Altersheim, ist der Zeitpunkt für die Emanzipation von ihnen verpaßt. So hat amüsanterweise der unerwartet schnelle Zusammenbruch des Ostblocks im Westen manchen Bund fürs Leben geknüpft. Da strampeln die Linken sich wie die Wilden ab, um vom Kommunismus loszukommen, und führen sich dabei wie die alten Kommunisten auf, denen von oben mal wieder ein Richtungswechsel verordnet wurde.

Die andere Position vertritt Jan Philipp Reemtsma. Er fordert zur Korrektur bisheriger Überzeugungen auf und schreibt: »Wer die Irrealität seiner Vergangenheit nicht erkennen will, muß die Gegenwart derealisieren.« Der Satz ist auf die hiesige Linke gemünzt, und man könnte sagen, daß er auf eine knappe, prägnante Formel bringt, was die Linke als ihre Perspektive betrachten muß, um sich so zu verhalten, wie sie dies derzeit tut. Man könnte sogar behaupten, der Satz bestätige nur das Programm einer Linken, deren Geschichte seit 1969 die permanente Revision jeweils zuvor vertretener Überzeugungen war.

Mit Che Guevara begann die Geschichte, ihr gegenwärtiger Stand ist Joschka Fischer. Die Veränderung könnte krasser nicht sein, und sie ist kein Gewinn, jedenfalls kein ästhetischer.

Kaum weniger gruselig als Fischer im Fernsehen freilich ist die Vorstellung, es liefen irgendwann alle, die es damals taten, wieder im Che-Guevara-Look herum, und sie riefen dabei die alten Parolen: eine Gespensterparade, ähnlich der, zu welcher die Königstreuen und die Frommen neuerdings im Ostblock aufmarschieren. In welchem Gefrierfach, fragt man sich, haben diese lebenden Mumien die letzten 40 oder 70 Jahre gesteckt, und wer hat sie dann alle auf einmal wieder aufgetaut. Zur gleichen Frage könnte einmal unsereiner Anlaß geben, wenn er Gremlizas Überlegung als Verhaltensrezept nimmt: Da bleiben welche 20 Jahre dem Kommunismus treu und tappern vielleicht irgendwann wieder über den Roten Platz und krächzen mit greiser Stimme die Internationale.

Damit wäre man wieder bei Reemtsmas Satz: »Wer die Irrealität seiner Vergangenheit nicht erkennen will, muß die Gegenwart derealisieren.« Allerdings sind in ihm zwei Aussagen dicht beieinander, weshalb er umgekehrt genauso plausibel klingt: »Wer die Irrealität seiner Gegenwart nicht erkennen will, muß seine Vergangenheit derealisieren.« Klar scheint nur, daß man vor einer Entscheidung steht. Für die Gegenwart votieren heißt bei unsereinem, daß es seine besten Jahre sind, die er nachträglich als »irreal« werten muß. Was bleibt von ihm dann noch übrig? Hat die Abwertung der eigenen Vergangenheit einmal angefangen, werden die Kurse für Lebensabschnitte vielleicht weiterrutschen. Irgendwann kommt der Moment, wo im Rückblick das eigene Leben sich als Nichts entpuppt, als eine einzige Folge von Fehlspekulationen.

Für die Vergangenheit sich zu entscheiden wiederum bedeutet heute, daß man sich einer Situation aussetzt, wie sie Hannah Arendt aus der NS-Zeit beschreibt:

> »Gewiß war es nicht leicht, dem Druck eines Alltagslebens standzuhalten, das von den Doktrinen und den Praktiken der Nazis völlig durchdrungen war. Die Situation eines Nazigegners ähnelte dem Schicksal eines normalen Menschen, der zufällig in eine Nervenheilanstalt gesteckt wird, in der alle Insassen an ein und derselben Wahnvorstellung leiden: Unter solchen Umständen wird es schwierig, seinen eigenen Sinnen noch zu trauen. Und es bestand die dauernde Belastung, sich gemäß den Regeln der kranken Umgebung verhalten zu müssen, die schließlich die einzig greifbare Realität war, in welcher es sich ein Mensch niemals leisten durfte, den Orientierungssinn zu verlieren. Diese Situation verlangte ein hellwaches Bewußtsein der gesamten eigenen Existenz, eine Aufmerksamkeit, die niemals in die automatischen Reaktionen zurückfallen durfte, mit denen wir den Alltag meistern. Daß solche automatischen Reaktionen ausbleiben, rührt hauptsächlich von der Angst vor einer falschen Anpassung her.«[1]

Ein klarer Fall also, wie es scheint. Nur ist die Situation des einzigen Normalen unter tausend Irren äußerlich von der des einzigen Irren unter tausend Normalen nicht zu unterscheiden. Vom Naturell her ist der Nazigegner den schrulligen Käuzen verwandt, die unbeirrt von der Gegenwart 40 Jahre lang Royalisten blieben. Der Unterschied ist nur, daß die Nazigegner recht hatten.

1. Hannah Arendt, »Besuch in Deutschland«, in: »Zur Zeit. Politische Essays«, Berlin 1986. S. 57 f.

Der Klärung der Frage, wer heute recht hat, sollen die folgenden Fragmente dienen. Was vermutlich strittig ist, wird hier stärker exponiert in der Hoffnung, daß man dann darüber besser streiten kann.

1. Die Linke und der Ostblock

Die Linke, schrieb SPD-Funktionär Peter Glotz in der *FAZ* vom 20.11.1992, müsse »ihre psychischen Hemmungen gegenüber Wirtschaftsindividualismus, Handelsgeist und der Figur des Unternehmers überwinden«. Forscher, kühner sollten die Genossen sein, aber nicht im Kampf gegen den Klassenfeind. Mehr Temperament sollten sie vielmehr bei der Umarmung des Gegners zeigen, denn: »1989 wurde die These, eine Kollektivwirtschaft sei der kapitalistischen ökonomisch überlegen, endgültig widerlegt.«

Da möchte einer mit der Zeit gehen. Aber die ist ihm voraus, und er kommt zu spät. Während Glotz Kohls Vertrauen in die Überlegenheit der freien Marktwirtschaft zur Nachahmung empfiehlt, fängt Kohl gerade an, sich für den Staatsinterventionismus zu erwärmen. Während der Sozialdemokrat mit dem Eifer des Frischbekehrten das Kapital als ökonomischen Weltmeister aller Klassen rühmt, wächst im Wirtschaftsteil der *FAZ* (vom 28.11.1992) der Zweifel, ob der Kapitalismus in Rußland funktionieren wird:

> »Doch die Erwartungen wurden enttäuscht: die Produktion wurde nicht angekurbelt, sondern fiel in wachsendem Tempo, der Rubel trieb in die Hyperinflation, Löhne und Renten fielen immer weiter hinter den Preisgalopp zurück. Dringend nötige Investitionen blieben

aus, weil die Bedingungen dafür nicht geklärt sind. Sehr hohe Einkommens- und Mehrwertsteuern führten zu einer gigantischen Kapitalflucht und Steuerhinterziehung. Wirtschaftskriminalität, Verbrechen und Korruption bis in die höchsten Etagen der Macht hinauf stiegen sprunghaft. Viele Betriebe, vor allem in der Industrie, stehen still. Es droht eine Massenarbeitslosigkeit. Immer breitere Kreise der Bevölkerung versinken in Armut und Elend.«

Tatsache ist, daß seit dem Zusammenbruch des Sowjetregimes sämtliche Produktionsziffern ständig sinken. Bald dürften in der GUS Verhältnisse herrschen wie in den ärmeren Ländern der Dritten Welt. Deren Elend hat bestimmt nicht der Sozialismus verschuldet, weil es dort keinen gab. Es ist Produkt der gleichen kapitalistischen Entwicklung, der wenige Länder ihren großen Reichtum verdanken. Wenn diese wenigen reichen Länder sagen, der Kapitalismus habe ihnen Vorteile gebracht, ist das ebenso trivial wie richtig. Wenn sie deshalb aber den Kapitalismus zum überlegenen ökonomischen Modell erklären, kann ein Räuber auch behaupten, daß sein Beruf der einträglichste sei. Für ihn selber ist er das, für die ausgeraubten Opfer sicher nicht.

Eine ähnliche Position wie Glotz vertritt Enzensberger. Mit Weizsäcker, als dessen »persönlicher Gast« auf Staatsbesuch in Mexiko, äußerte er sich über die Lage in Südamerika und wurde in der *FAZ* vom 26.11.1992 mit der Feststellung zitiert, das kubanische Experiment sei »politisch und wirtschaftlich gescheitert« – eine Formulierung, die man unter Linken häufig hört.

Richtig ist zwar, daß man heute dem südamerikanischen Elend eine lange Lebensdauer voraussagen kann, und dem gelungenen kubanischen Versuch, es zu beenden, eine kurze. Aber wenn jemand an einem Buch schreibt und er wird dabei umgebracht, ist er kein gescheiterter Autor, sondern ein ermordeter. Scheitern bedeutet, aus eigener Schuld eine Leistung nicht erbringen zu können, die man sich vorgenommen hat oder die von einem erwartet werden darf. Weder hat Kuba allein gegen die USA und den Rest der Welt bestehen wollen, noch kann man dies von ihm verlangen.

Dennoch war einmal die Behauptung richtig, daß die kubanische Revolution gescheitert sei. Wie das sowjetische ist das kubanische Regime gescheitert, wenn man es an seinen revolutionären Ansprüchen mißt. Zweifellos war der autoritäre Wohlfahrtsstaat kein »Verein freier Menschen«, zweifellos konnte dort von einem »jeder nach seinen Fähigkeiten, jedem nach seinen Bedürfnissen« keine Rede sein. Solche linksradikale Kritik aber setzt eben den Anspruch voraus, dessen Berechtigung Enzensberger bestreitet.

Gibt man die Idee des Sozialismus auf, kann man Kuba auch nicht an ihr messen, und verzichtet man auf diesen Maßstab, sieht die Bilanz ganz anders aus. Dann bleibt lediglich die Frage, ob ein Regime eine dauerhafte Gesellschaftsordnung herstellen und diese den Menschen ein erträgliches Leben ermöglichen kann. Daran gemessen sind Christentum, Kapitalismus und Demokratie von Chile und Peru über Kolumbien bis Mexiko katastrophal gescheitert. Daran gemessen ist das »kubanische Experiment« ökonomisch und politisch ein beispielloser Erfolg. In Kuba erreicht die Lebenserwartung das gleiche Niveau wie in den reichen westlichen Ländern, im übrigen Lateinamerika beträgt sie rund die Hälfte. Die Menschen sind arm, aber sie haben ein Dach über dem Kopf und zu essen.

Gerade die Undogmatischen, die stets betonen, daß

keine abstrakte Idee das Leiden konkreter Menschen rechtfertigen kann, müßten dies zu würdigen wissen. Enzensberger aber argumentiert, wie wenn ihm egal wäre, ob die Menschen krepieren oder nicht. Der flexible Freigeist entpuppt sich als Dogmatiker von der unerbittlichsten Sorte, darin den übelsten Stalinisten verwandt. Seine Kritik an Kuba faßt die *FAZ* zusammen:

> »Viele Intellektuelle hätten im übrigen immer nur ›die Oberfläche‹ gesehen: So hätten sie zwar das für Lateinamerika beispielhafte Schulwesen gelobt, sich dann aber nicht mehr gefragt, was das Regime seinen Bürgern denn an Lektüre ›gestatte‹. Gedankenfreiheit habe das kommunistische Regime niemals zugelassen.«

Angesichts des materiellen Elends der Massen im übrigen Südamerika wirft Enzensberger also Kuba vor, daß es die Lesewünsche der Intellektuellen nicht hinreichend befriedigen wolle. Wenn das die Alternative zum herkömmlichen Materialismus ist, möchte man dann nicht lieber bei den alten Überzeugungen bleiben?

*

Sicher ist Enzensberger hier ein extremer Fall. Gegen die kommunistischen Regimes lassen sich Vorwürfe erheben, die berechtigt sind. Warum aber fälschen die Linken, wenn sie Systemvergleiche ziehen, heute immer die Bilanzen? Warum stellen sie, obwohl sie es besser wußten, dem Sowjetregime die Opfer des Stalinismus in Rechnung, ohne dem Kapitalismus und der Demokratie in Rechnung zu stellen, was beide an Opfern seit dem 18. Jahrhundert gefordert haben: unter den Arbeitern, die in der Fabrik und im Bergwerk verkamen; unter den Arbeitslosen, die am Elend starben; unter den Revolutionären, die massenhaft umgebracht, inhaftiert und deportiert worden sind; unter den Kolonialvölkern, die ausgebeutet, beraubt, versklavt und massakriert wurden; in zwei Weltkriegen und im deutschen Faschismus schließlich? Warum wird der deutsche Faschismus weder dem Kapital noch der Demokratie zugerechnet, wohl aber der stalinistische Terror dem Sozialismus?

Welchen Sinn soll man überhaupt in den Reaktionen der Linken erkennen? Auf den Zusammenbruch von DDR und Ostblock haben sie mit Empörımg reagiert. Doch nicht über den in der Tat empörend schwachen Abgang der Regimes regten sie sich auf. Was sie entsetzte, waren die Enthüllungen über frühere Untaten, davon hätten sie angeblich nichts gewußt. Dabei wurde nichts enthüllt, was nicht jeder vorher wissen konnte. Neu waren nur die Harmlosigkeit der Ostblockregimes und ihre Schwäche. Alle akute Empörung im Westen muß also der Enttäuschung darüber entsprungen sein, daß der Bösewicht die in ihn gesetzten Erwartungen nicht erfüllte: Daß der Geheimdienst ein Haufen Narren war und die bespitzelte Gesellschaft mit den Spitzeln zusammen eine einzige große Familie; daß statt des Funktionärsluxus die Ärmlichkeit von Wandlitz zum Vorschein kam; daß der terroristische Staatsapparat sich als einer entpuppte, der vor Kerzenschwingern floh. Noske (»der Bluthund«) und Ebert haben in Deutschland auch beim politischen Gegner einen guten Ruf. Honecker wird von allen verfolgt oder verachtet. Was ihn von Ebert und Noske unterscheidet, ist, daß an ihren Hände eine Menge Blut klebt, aber an seinen keines.

2. Die Linke und die Theorie

Wo man früher von der Revolutionstheorie sprach, spricht man heute von der Zivilisationstheorie. Die eine klingt garstig, grimmig, beißend. Daneben wirkt die andere wie das aromamilde, magenschonende, sozialverträgliche Destillat. Rauhe Debatten und scharfe Diskussionen haben sich in Symposien und Diskurse verwandelt. Das jedenfalls ist der Eindruck, den ein außenstehender Beobachter des Betriebs gewinnen muß. Mag der Eindruck auch täuschen, zufällig entstanden ist er nicht. Wenn der Wolf im Schafspelz herumspaziert, ist das Mißverständnis Absicht.

Ob sie wirklich verschwunden ist, oder ob sie sich nur besonders gut versteckt: Radikale Kritik sowohl der bürgerlichen Gesellschaft überhaupt als auch der aktuellen politischen Entwicklung liest man selten. Ganz gleich, ob es um Stasi, Honecker, DDR allgemein, Jugoslawien, Asyl oder den Untergang der Sowjetunion geht: Der Standpunkt gemäßigter *FAZ*-Kommentatoren unterscheidet sich von dem der Linken allenfalls um Nuancen oder in der Begründung.

Einschub zu Asyl:

In seinem Vortrag »Die Stunde der Sozialwissenschaftler?« spricht Jan Philipp Reemtsma im Zusammenhang mit der Reaktion auf den rechtsradikalen Terror von einen Umstand, welcher

> »die politische Diskussion so unerquicklich macht. Es handelt sich um die Verwechslung von zwei Arten von Problemen: solchen, die man lösen kann, und solchen, mit denen man zurechtkommen muß. [...] Wer vom

>»Mißbrauch des Asylrechtes‹ redet und die politische Aufmerksamkeit darauf zu fokussieren trachtet, versucht, ein Problem, mit dem man zurechtkommen muß (nämlich die weltweiten und europäischen Flucht- und Migrationsbewegungen), in eines umzureden, das man lösen könne.«

Logische Konsequenz daraus: Vom Asylrecht die Pfoten lassen und stillschweigend seinen »Mißbrauch« als sinnvolle Form des Gebrauchs von ihm unter den gegebenen Bedingungen betrachten. Es stellt eine Barriere dar, die sich aber überwinden läßt, wenn einen äußerste Not dazu treibt. Glück und Findigkeit braucht man außerdem, ferner einen bessern Schlepper, als Benjamin ihn hatte. Aber das ist in solchen Zeiten unvermeidlich. Reemtsma zieht den umgekehrten Schluß. Er steigt ein in die Diskussion, wie man das unlösbare Problem doch ein bißchen lösen könne, und fährt fort:

>»Übrigens tut derjenige, der nur das Asylrecht verteidigt und nicht über seine faktische Rolle als Substitut für eine Einwanderungsregelung redet, dasselbe. Genaugenommen stehen sich zwei Gruppen gegenüber: diejenigen, die meinen, sie könnten das Problem, daß die Bundesrepublik Deutschland ein Einwanderungsland ist, aus der Welt schaffen, wenn sie das Asylrecht abschaffen oder einschränken, und die anderen, die meinen, sie könnten den Verfall an Humanität im Lande allein dadurch aufhalten, daß sie das Asylrecht bewahren oder möglichst wenig einschränken.«

Trottel gibt es überall, sicher auch unter den Verteidigern des Asylrechts. Daß sie mehrheitlich so vertrottelt sind, allein durch ihr Eintreten für §16 GG den »Verfall an

Humanität im Lande« bremsen zu wollen, ist unwahrscheinlich. Ferner ist das Asylrecht derzeit kein faktisches Substitut für eine Einwanderungsregelung. Auf den Trick, benötigte Arbeitskräfte als begünstigte Flüchtlinge zu deklarieren, kam die BRD bislang noch nicht. Schließlich ist die BRD für rumänische Zigeuner kein Einwanderungsland. Einwanderungsland war sie für die Gastarbeiter. Einwanderungsregelungen orientieren sich am Bedarf des Aufnahmelandes; Flüchtlinge nimmt man auf, um ihnen zu helfen, unabhängig davon, ob man sie benötigt. Die Bedürfnisse anderswo in Not geratener Menschen und der Bedarf eines Aufnahmelandes können sich ergänzen. Auch mein Interesse, mal den Kühl- oder Kleiderschrank auszumisten, kann mit dem Interesse einer anderen Person kongruieren, warme Kleidung zu bekommen und sich satt zu essen. Fraglos stellt Karitas in Deutschland oft ein faktisches Substitut fürs Ausmisten dar. Aber der Sinn dieser Feststellung kann doch nicht sein, nun die Karitas auch formell durch die Müllabfuhr ersetzen zu wollen.

Zu den prinzipiell unlösbaren Problemen wie Krankheit, Alter, Tod kann man das Flüchtlingselend übrigens nicht zählen. Ferner ist es ein Problem, das die einen haben und die anderen nicht, denn zunächst ist die Situation rumänischer Zigeuner oder vertriebener Bosniaken ein bundesrepublikanisches Problem nur im urheberrechtlichen Sinne. Freilich sagt man dann nicht »mein Problem«, sondern »mein Werk«.

Haben andere ein Problem, heißt die Alternative nicht »lösbar oder unlösbar«, sondern: Kann man sie sich vom Halse schaffen oder halten, oder gelingt das nicht. Bei den großen »Fluchtbewegungen« in der Dritten Welt ist das vorläufig kein Problem, weil für diese Bewegungen die Einschränkung »So weit die Füße tragen« gilt. Stehen aber verfolgte rumänische Zigeuner an der Grenze, steht die Bundesrepublik vor dem Problem, ob sie das Problem dieser Leute, die auf polnischen Müllhalden im Winter kampieren, lösen will. Selbstverständlich kann sie das, und zum Glück bleibt ihr dank des Asylparagraphen auch nichts anderes übrig. Deshalb mangelt es den Verteidigern des Asylrechts nicht an Problembewußtsein, sondern sie haben einfach recht. Stets sollte man bei einem Problem die Frage klären, wer es hat, und worin es besteht. »Das Problem, daß die Bundesrepublik Deutschland ein Einwanderungsland ist«, ist beispielsweise kein Problem, sondern eine Tatsache. Das Problem entsteht erst, wenn diese Tatsache geleugnet wird. Die ins Land gerufenen Gastarbeiter stehen dann vor dem Problem, daß man ihnen die Einbürgerung verweigert. Lösen läßt sich dies Problem mit einem Federstrich.

Ende des Einschubs

Eine Folge dieser Anpassungsleistung ist, daß die Linken überflüssig werden. Auf eine andere hat neulich Alexander Gauland hingewiesen, in der *FAZ* vom 16.11.1992. In seiner Rezension von Joschka Fischers neuem Buch »Die Linke nach dem Sozialismus« gab er zu bedenken:

> »Als die Erinnerungen Albert Speers erschienen, wurde in vielen Rezensionen die Frage gestellt, ob späte Reue und Einsicht nicht besser im stillen geübt werden sollten.«

Hat der Mann nicht recht? Angenommen, es wäre wirklich alles falsch, was wir früher dachten: Sollten wir dann von der berufsmäßigen Denkerei nicht besser die Finger lassen?

Gegen diesen Vorwurf wird eingewandt, daß der

Mensch ein Recht auf Irrtum und bessere Einsicht habe. Natürlich hat er das. Aber die Einsicht entbindet ihn nicht davon, die Konsequenzen begangener Irrtümer oder Fehler tragen zu müssen.

Wenn ein Schrankenwärter die Schranke zu schließen vergaß, muß er einsehen, daß er schusselig ist. Daß er sich dann einen anderen Beruf sucht, ist das mindeste, was man von ihm erwarten darf.

*

Mittlerweile geht der Revisionismus der Ex-Linken, ihre »Schlußstrichmentalität«,[2] vielen Rechten zu weit. Die haben keine Lust, ihr Plätzchen mit frischbekehrten Neuankömmlingen zu teilen. Gauland weiter in seiner Fischer-Rezension:

> »An dem neuen Buch von Joschka Fischer ärgert mich am meisten, daß ich fast mit jedem Satz übereinstimme. Es ist richtig, daß der Sozialismus ein großer Irrtum war und in der früheren Sowjetunion ein riesiges Beinhaus hinterlassen hat. [...] Es ist ebenfalls richtig, daß der Ursprung all dessen schon in der Marxschen Theorie liegt, die fast zwangsläufig Geheimpolizei und Terror hervorbringen mußte. Es ist auch richtig, daß Rußland ohne dieses fürchterliche Experiment heute wahrscheinlich ein entwickeltes Industrieland wäre. Und

2 Norbert Seitz in der *FAZ* vom 1.12.1992 über Hubert Kleinert, der den Grünen nur eine Chance gibt, wenn sie nochmal kräftig Ballast abwerfen: »Gesinnungspazifismus und Menschenrechtsuniversalismus, die basisdemokratischen Illusionen wie die Selbstverwirklichungsimpulse sollen dabei ebenso auf der Strecke bleiben wie jene ›schlechten Achtundsechziger-Traditionen‹ namens Rechthaberei und Dogmatismus.«

natürlich hat Joschka Fischer recht, wenn er feststellt, daß das kapitalistische Modell dem sozialistischen überlegen ist. [...] Und natürlich kann man sich mit dem Schlußzitat von Manès Sperber identifizieren, daß es künftig notwendig sein wird, ›außerhalb des Absoluten und gegen das Absolute zu leben‹. Fischer gibt in seinem Buch allen recht, die die Säulenheiligen der Linken kritisiert haben. Er stimmt Kant gegen Hegel zu, verteidigt Bernstein gegen Marx, beruft sich auf Sperber gegen Lenin, gibt Fest gegen Bloch und Habermas recht und ebenso Bell und Jonas gegen Johano Strasser. [...] Bleibt die Frage, weshalb plötzlich als neue Einsicht verkündet wird, was wir ›Rechten‹ schon immer wußten. [...] Was sollen wir eigentlich von der Urteilsfähigkeit eines Politikers halten, dessen bisherige Analysen alle falsch waren und der dem verdutzten Publikum nunmehr die Positionen des politischen Gegners als neueste Einsichten anpreist?«

Muß die gleiche Frage sich nicht die gesamte vom Marxismus geheilte Linke gefallen lassen?

3. Die Linke und der Marxismus

Ob uns das heute gefällt oder nicht: Wir waren früher alle Marxisten. Zumindest hat keiner gegen dieses Etikett protestiert. Hätte er, würde man ihn kennen, denn er wäre aufgefallen. Also gab es nur Überzeugte und Mitläufer. Mitläufer ist man, wenn man unter Bedingungen schweigt, wo Schweigen Zustimmung bedeutet. Schweigen bedeutet Zustimmung dann, wenn politisch Nahestehende laut und vehement eine Meinung vertreten. Heute sind die vielen Marxisten alle verschwunden.

Erinnert ihr ungeklärter Verbleib nicht an diverse andere Wunder? Als die Alliierten Nazi-Deutschland erobert hatten, fanden sie dort nur Demokraten vor. Als der Staat gegen die RAF mobil machte, hatten die Befürworter revolutionärer Militanz sich in Gegner jedweder Anwendung von Gewalt verwandelt.

*

Als wir alle Marxisten waren, unterschieden wir zwischen schlechten Marxisten und guten. Die schlechten waren die anderen: dogmatisch, dumm, autoritär. Sie hingen am Gängelband der KPdSU oder der DKP. Die guten standen in der Tradition von Bloch, Adorno, Horkheimer, Marcuse, Trotzki, Rosa Luxemburg. Sie fühlten sich einsam, schutzlos und verlassen, denn sie besaßen auf dieser Welt außer ihren Büchern keinen Freund und statt eines großen Feindes zwei. Feind Nr. 1 war das Kapital im Westen, Feind Nr. 2 waren die spätstalinistischen Machthaber im Osten.

Oder trug der Intellektuelle, der den tragischen Helden spielte, den Hauptfeind in der eigenen Brust? War es der Zweifel des Zauderers bei der Pferdewette? Die Ungewißheit, welcher Gaul gewinnt? Auf welchen Herrn man setzen sollte? Welcher der beiden Herren der mächtigere war?

*

Die verabscheuten Machthaber im Osten sind weg. Schön für den besseren Marxismus, sollte man denken. Jetzt kann er richtig loslegen und seine ganze Energie auf die Kritik des Kapitals konzentrieren. Aber keine Spur davon. Mit den schlechten Marxisten sind auch die guten verschwunden. Alle verzichten darauf, Marxsche Begriffe überhaupt noch zu verwenden. Man nimmt sie nichtmal mehr in den Mund. Worte wie Ausbeutung, Mehrwert, Klassenkampf, Revolution, Imperialismus, entfremdete Arbeit, Kapital, empfindet man, auch in Diskussionsrunden wie dieser, fast als peinlich. Warum wird dieser Umstand nicht als erklärungsbedürftig empfunden?

4. Die Linke und der Antifaschismus

Wer heute noch in den Kategorien denkt, in denen früher alle Linken dachten, wird von ihnen als Wirrkopf betrachtet. In der *Zeit* vom 20.11.1992, drei Tage vor Mölln, erinnerte sich Klaus Hartung – davor *taz*; dort der Sohn, der durch Vaters SS-Vergangenheit zum Bußprediger wurde – unter dem Titel »Wider den linken Alarmismus« zunächst daran, wie es damals war:

> »Der drohende Rechtsruck gehörte in der alten Bundesrepublik zum Selbstverständnis linker Kultur. Von rechts kam eine Art Lawine in Zeitlupe, die es fortwährend aufzuhalten galt. Die Linke begriff sich als Warnsystem. Sie verstand es, ›Symptome‹ zu identifizieren und ›Tendenzen‹ zu bekämpfen.«

Der Verfasser hätte fortfahren können mit der Bemerkung, nun müsse die Linke ernst machen mit dem Spiel. Stattdessen wies er die Gefahr einer Faschisierung pauschal zurück und kam zu dem Schluß:

> »Es wäre sinnvoller und überdies ehrlich, endlich zuzugeben, daß die linke Rolle des Frühwarners und gesellschaftlichen Seismographen ausgespielt ist. Auch

wir sind Objekte gesellschaftlicher Änderungsprozesse und müssen uns wie der Stammtisch in Eberswalde[3] in einer veränderten Wirklichkeit behaupten.«

Natürlich erteilt die *Zeit* keinen Rat, der nicht längst befolgt wird,[4] Hartung liefert faktischem Verhalten nachträglich die Legitimation. Sie besteht in der Botschaft »Das Leben geht weiter« – Titel einer *Spiegel*-Serie über den gleichnamigen UFA-Film. Also Selbsterhaltung um jeden Preis, auch um den des Selbst. Fühlen die Linken sich wie die Überlebenden einer absoluten Katastrophe, während sie nach außen hin ganz unbekümmert tun?

*

Oft wurde früher Horkheimers Wort zitiert, wer von Kapitalismus nicht reden wolle, solle auch vom Faschismus schweigen. Weil damals unermüdlich vom Faschismus gesprochen wurde, war das eine Aufforderung, über dem Extrem von Klassenherrschaft, ihrem Umschlagen in reine Vernichtung, nicht den Normalfall zu vergessen

3 In Eberswalde wurde 1990 der Angolaner Antonio Amadeu von Skinheads totgetreten, die Polizei sah tatenlos zu. Kurz nach Mölln wurde dort wieder ein Brandanschlag auf ein Asylbewerberheim verübt.

4 Außerdem findet man dort keinen Tendenzartikel, der nicht auf breite Zustimmung stößt. In der *Süddeutschen Zeitung* vom 28./29.11. 1992 blies Herbert Riehl-Heyse in das gleiche Horn, nicht ohne zustimmend Hartung zu zitieren. Unter dem Titel »Ganz schön häßlich. Zehn Anmerkungen zur neuen deutschen Sucht der Selbstgeißelung« empfahl der Autor den Landsleuten weniger Selbstkritik, denn: »Wer ständig auf das Volk schlägt, sagt der unverdächtige Rupert Neudeck, der beleidigt damit gerade jene Leute, deren ›große Integrationsleistungen‹ es zu loben gälte. Wenn die Deutschen dauernd hören, wie furchtbar sie sind, werden sie es am Ende wirklich sein.«

und den Zusammenhang zwischen beiden, wie er von Horkheimer und Adorno entziffert worden ist:

> »Als reines Wesen des deutschen Fabrikanten trat der massenmörderische Faschist hervor, nicht länger vom Verbrecher anders unterschieden, als durch die Macht.«[5]

Heute beherzigen die Linken die Mahnung auf andere, freilich nicht weniger konsequente Art. Sie reden weder vom Kapitalismus noch vom Faschismus.

Dafür lassen sich verschiedene Erklärungen finden: a) Die Warnungen vor dem Faschismus waren der Versuch, ihn herbeizureden; je näher er kommt, desto weniger müssen die Linken sich bemühen. b) Die Warnungen vor dem Faschismus waren der Versuch, ihn herbeizureden; aber je näher er kommt, desto mehr ängstigen die Linken sich vor den Folgen; was sie früher herbeireden wollten, schweigen sie nun weg. c) Als die Linken noch vor dem Faschismus warnten, spielten sie »Widerstandskämpfer«; aber sie spielten das Spiel nur unter der Bedingung, daß nie daraus ernst würde; wenn einer kommt und ihnen dies Spiel ernsthaft untersagt, spielen sie ein anderes. d) Die Schweigsamkeit ist berechtigt und findet ihren Grund in neuen Erkenntnissen; als Phantom war Deutschland eine Bedrohung, die Realität ist demgegenüber lächerlich; die Deutschen sind keine Gefahr für die Welt, sondern ein ziemlich verrotteter Haufen.

Welche Erklärung ist richtig?

5 »Dialektik der Aufklärung«, S. 272

5. Die Linke und ihre Identität

Seit die Machtfrage entschieden ist, haben die vormals Antiautoritären mit der Autorität und die Antifaschisten mit dem Faschismus offenbar keine Probleme. Früher regten sie sich über alles auf, heute ist jede Angriffslust verflogen. War das ein Gezeter damals, als es etwa um »Gewalt gegen Frauen« oder um die drohende Räumung der Hafenstraße ging. Die seit zwei Jahren andauernde Serie wirklicher Gewaltverbrechen gegen Ausländer und Asylbewerber hingegen rief keine erkennbare Reaktion hervor beim gleichen Personenkreis, dessen Haltung sich insofern nicht unterschied von der Haltung der Regierung. Was bedeutet die neue Gelassenheit? Altersweisheit? Abgeklärtheit? Senilität? Bessere Einsicht? Politische Apathie? Persönliche Reife?

*

Hannah Arendt schrieb 1950 über die Landsleute:

> »Eine ganze Reihe Deutscher, die sogar besonders nachdrücklich auf der deutschen Schuld im allgemeinen und ihrer eigenen Schuld im besonderen besteht, gerät in eigenartige Verwirrung, wenn sie ihre eigene Meinung artikulieren muß; diese Personen machen aus irgendeiner Mücke gleich einen Elefanten, während etwas wirklich Ungeheuerliches gleichzeitig ihrer Aufmerksamkeit völlig entgeht.«[6]

6. Hannah Arendt, »Besuch in Deutschland«, in: »Zur Zeit. Politische Essays«, Berlin 1986. S. 57 f.

Gleichzeitigkeit ist natürlich nicht wörtlich zu nehmen, sondern das ist der Aspekt, unter welchem man die zeitlich stets aufeinanderfolgenden Äußerungen und Handlungen der Person betrachtet, wenn man die Person als identisches Subjekt begreift. Müssen die Linken, die früher so empfindlich waren und, daran gemessen, heute recht abgebrüht sind, nicht derzeit mächtig unter Identitätsproblemen leiden?

6. Die Linke und die Kapitalismuskritik

Bei ihrem Deutschlandbesuch im Jahr 1950 fiel Hannah Arendt ferner auf, daß die Landsleute auf die Realität mit Ausflüchten reagierten. Ein typisches Ausweichmanöver, schreibt sie,

> »kennzeichnet die Standardreaktion auf die Ruinen. Wenn es überhaupt zu einer offenen Reaktion kommt, dann besteht sie aus einem Seufzer, auf welchen die halb rhetorische, halb wehmütige Frage folgt: ›Warum muß die Menschheit immer nur Krieg führen?‹ Der Durchschnittsdeutsche sucht die Ursachen des letzten Krieges nicht in den Taten des Naziregimes, sondern in den Ereignissen, die zur Vertreibung von Adam und Eva aus dem Paradies geführt haben. Eine solche Flucht vor der Wirklichkeit ist natürlich auch eine Flucht vor der Verantwortung.«[7]

7. Hannah Arendt, »Besuch in Deutschland«, in: »Zur Zeit. Politische Essays«, Berlin 1986. S. 44 f.

Analog dazu erweckt die Diskussion der Linken über die Entwicklung im Ostblock heute den Eindruck, das alles habe mit dem Kapitalismus überhaupt nichts zu tun.

*

Tatsächlich besteht seit dem Zusammenbruch des Ostblocks zur Kapitalismuskritik nicht weniger Grund, sondern mehr. Dort, wo die lokalen Strauchdiebe und Halsabschneider noch auf eigene Rechnung und eigenes Risiko arbeiten, besorgen sie schon das Geschäft der weltumspannenden Konzerne. Erst wenn wenige viel Geld in der Tasche haben, lohnt sich für Coca-Cola und Daimler-Benz das Geschäft. Dort läßt sich das freie Unternehmertum gewissermaßen im Naturzustand bewundern, es kehrt gleichsam zu seinen Ursprüngen zurück. Dort wird das von ihm geschaffene Elend nicht exterritorialisiert, wie im Westen, sondern protziger Reichtum und bitterste Armut existieren unmittelbar nebeneinander.

*

Wo angeblich dem Gesetz des Marktes erst zur Geltung verholfen werden soll, entfaltete es in Wahrheit längst seine volle Wirkung. Weil auf dem Weltmarkt ein riesiges Überangebot an Menschen besteht, bekommen die Massen im Osten ihre eigene Wertlosigkeit zu spüren. Für die Überflüssigen bedeutet bürgerliche Freiheit daher, daß sie verhungern und erfrieren dürfen und keine Geheimpolizei sich die Mühe macht, sie dabei zu stören. In der *FAZ* vom 17.10.92 berichtete Kerstin Holm über die Lage im nachkommunistischen Rußland:

»Die atemberaubende Talfahrt des Rubel wurde in Rußland nur von dem rapiden Wertverlust des Begriffs Demokratie überholt. [...] Demokratie assoziierten die Menschen mit dem Westen, mit Freiheit von Bevormundung, vor allem aber mit Wohlstand. Doch die Wirtschaftslage war noch nie so schlecht wie in der Freiheit, der größte Teil der Bevölkerung so verarmt. Und die Korruption der neuen Eliten stellt alle Erinnerung an die in dieser Hinsicht oft geschmähte Breschnew-Zeit in den Schatten. [...] Bei Schnee und eisigem Wind sind die ungeheizten Wohnungen in Petersburg Stadtgespräch. ›So war es auch 1941‹, erinnern sich Menschen, die den Krieg erlebt haben. Vor allem alte Leute klagen, sie erfrören zu Hause. Die neben Luxuslimousinen sichtbarsten Symbole der russischen Marktwirtschaft, alte Frauen, die vor Metrostationen ein paar Flaschen Cola oder Bier feilbieten, haben eine Schneedecke auf Kopf und Schultern und zittern vor Kälte. [...] Nach der Ansicht eines Petersburger Pädagogen wächst in Rußland eine neue verlorene Generation heran. [...] Unverzeihlich grausam findet er jedoch, wie die Gesellschaft mit ihren Alten umgeht, jener Generation, die den Krieg durchgemacht und aus bloßem Enthusiasmus praktisch umsonst gearbeitet hat. Diesen Menschen, die mit ihren erbärmlichen Renten weit unterhalb des Existenzminimums dahinvegetieren, wird bedeutet, stellt der Akademiker kopfschüttelnd fest, ihr Platz sei auf dem Friedhof.«

*

Im Osten wird derzeit vorexerziert, was das Geheimnis der großen Vermögen ist. Das Geheimnis der großen Vermögen, so sehen wir, ist das große Verbrechen. Die sogenannte Privatisierung dort ist ein grandioser Beutezug, vielleicht der bislang größte der Weltgeschichte. Der Form nach erinnert er an die Verwandlung von Feudaleigentum, d.h. Titulareigentum, in modernes, d.h. veräußerliches Privateigentum, über welches der Besitzer uneingeschränkte Verfügungsgewalt hat, also beispielsweise auch das Recht, Menschen von einem Stück Land zu vertreiben, das sie bewirtschaften, auf dem sie leben. Praktisch bedeutet der Übergang zur freien Marktwirtschaft im Osten, daß der Fabrikdirektor oder Funktionär sagt: Der Laden gehört jetzt mir und ich kann damit machen, was ich will. Dies neue Rechtsverhältnis ist nichts anderes als die Entrechtung und die Depossedierung der Massen, die vorher wenigstens einen Anspruch auf ihren Lebensunterhalt besaßen.

*

Ein weiteres Mittel bei der Umverteilung von Vermögen im Osten war die Geldentwertung. Aber auch im Westen haben die breiten Mittelschichten mal wieder Grund, um ihre Ersparnisse zu fürchten, denn traditionsgemäß ist die Inflation das beste Mittel zur Sanierung der Staatsfinanzen und zur Entschuldung der großen Konzerne. Per Währungsreform holen die sich zurück, was ihnen an Dividende und Löhnen von Kleinaktionären und Arbeitern unter politischem Druck abgepreßt worden war. Dagegen regt sich begreiflicherweise Widerstand.

Sind die Turbulenzen im EWS ein Ausdruck der existierenden oder ein Vorbote der kommenden politischen Krise?

*

Während hier das Sozialgefüge langsam aber sicher ins Rutschen kommt und den Abgerutschten der Komfort gestrichen wird, mit dem der alte Sozialstaat die Gestrandeten verwöhnte; während hier also die Nebenkosten der Freiheit allmählich abschätzbar werden, zahlen die Massen im früheren Ostblock schon den vollen Preis. Unverhofft machen sie wieder mit der Tatsache Bekanntschaft, daß die Trennung des Arbeiters von den Produktionsmitteln und die Überführung letzterer in Privatbesitz eine Klasse von Menschen schafft, die sich aufhängen können, wenn sie keine Anstellung finden, weil der Mensch ohne Vermögen nur als Produzent von Mehrwert unter dem Kapitalverhältnis eine Existenzberechtigung hat. Wählen dürfen die Hungerleider, weil ihre Ohnmacht nun besiegelt ist.

7. Die Linke und die historische Gerechtigkeit

Was die Linken nicht mehr ärgert – daß die Sieger über den Faschismus heute die Verlierer sind –, freut die Rechten dafür umso mehr. In der *Welt am Sonntag* vom 25.10.1992 höhnte der Chefredakteur des Blattes, Manfred Geist, unter dem Titel »Na und?«:

> »Beim nächsten Mal – wenn also wieder einmal ein geknechtetes, darbendes kleineres deutsches Teilvolk seine Fesseln abstreift, seiner Diktaturen ledig wird, und wenn der Regierungschef des [...] größeren deutschen Teilvolks ein solches politisches Vollblut [...] ist, der [...] als einziger die Kraft und den Dampf und die Chuzpe hat, diese Chance [...] unbeirrt zu nutzen, dabei noch einen roten Kreml-Diktator auf seine Seite zu ziehen und so unvorhergesehen das Vaterland zu einigen,

> was dann zur Ursache wird für den Zusammenbruch der halben Welt, nämlich der sozialistischen Supermacht samt umliegender Satelliten, wodurch eine Revision sämtlicher, nicht nur östlicher, sondern vor allem auch westlicher Wirtschafts-, Währungs- und Militärallianzen ausgelöst wird, in denen das vereinte Deutschland als stärkste Macht des westlichen Kontinental-Europas seine verträgliche Position nicht nur suchen, sondem auch finden muß –: beim nächsten Mal also, wenn so etwas passiert, bei der nächsten Wiedervereinigung, da machen wir alles besser.«

Plaudert der Chefredakteur von *Welt am Sonntag* vielleicht eine verbreitete Befriedigung aus, die sich bei den Linken hinter der moralischen Genugtuung über den verdienten Untergang des Stalinismus verbirgt?

8. Die Linke und die Weltlage

Früher dachte die Linke in weltpolitischen Zusammenhängen, heute tun das nur noch die Rechten. Zwischen der Entwicklung in Afghanistan und der deutschen Wiedervereinigung sieht beispielsweise die *FAZ* vom 6.5. 1992 Zusammenhänge:

> »Afghanistan ist für die meisten Regierungen der westlichen Welt unwichtig geworden. Sie haben das Interesse an diesem zentralasiatischen Land verloren. [...] So geht es in der Politik zu. Sie kennt keine Dankbarkeit. Vergessen ist, welch großen Anteil die afghanische Widerstandsbewegung am Niedergang des Sowjetimperiums hatte. [...] Es mag vielen hierzulande übertrieben vorkommen, wenn Afghanen behaupten, die Wie-

dervereinigung hätten die Deutschen ihnen zu verdanken; aber es ist doch mehr als nur ein Korn Wahrheit in diesem Anspruch. Mit dem Einmarsch sowjetischer Truppen in Afghanistan begann sich der Niedergang der Sowjetmacht so zu beschleunigen, daß schließlich die deutsche Wiedervereinigung möglich wurde.«

*

Zu den Kosten der Einheit im weiteren Sinn gehört auch die Entwicklung im Kaukasus.

Unter dem Titel »Normale Banditen und Staatsbanditen« berichtete die *Stuttgarter Zeitung* vom 24.6.1992 über die Lage in Georgien:

»Weder mit regulären noch mit irregulären Truppen war bisher Ordnung im Lande zu schaffen, sofern den in ihr Handwerk verliebten Kämpfern überhaupt daran gelegen war. Die Kriminalität in Georgien hat unvorstellbare Dimensionen angenommen. [...] Die Nationalgarde hat beispielsweise Raffinerien und Treibstoffhandel in der Hauptstadt monopolisiert. Nach den Worten eines Tifliser Journalisten wächst sich so ›ordinäres Banditentum‹ zum Staatsbanditentum aus.«

In Tadschikistan, schrieb die *Stuttgarter Zeitung* vom 14.11.1992, stehe die russische Armee vor dem Problem,

»die hemmungslos aufeinander einschlagenden Freischärlertrupps zu trennen und die mit kaum zu schildernder Grausamkeit gefolterte, geplünderte und niedergemetzelte Zivilbevölkerung zu schützen. [...] Von allen anderen Konflikten in der GUS hebt der tadschikische Bürgerkrieg sich dadurch ab, daß er durch kei-

> nerlei herkömmliche politische Begriffe plausibel zu machen ist. Weder ideologische noch parteipolitische, weder ethnische noch religiöse Konflikte sind ausschlaggebend. [...] Dort suchte man günstige Ausgangspositionen für die anstehende Privatisierung der Staatswirtschaft zu gewinnen. Ein großer Teil der sich befehdenden Banden ist inzwischen freilich völlig außer Kontrolle; schneller noch als in den kaukasischen Fehden vollzieht sich ihre Verwandlung in kriminelle Mord- und Räuberhaufen.«

Im Mai 1992 hatte die *FAZ* noch Aghanistans Verdienste um die deutsche Wiedervereinigung gewürdigt, im August kommentierte die *Stuttgarter Zeitung* (vom 15.8. 1992) unter dem Titel »Selbstzerstörung«:

> »Auch in Afghanistan sterben die Menschen in Raketenfeuer und Kugelhagel einander befehdender Volks-, Religions- und Machtgruppen. Zu Tausenden fliehen sie aus der Hauptstadt Kabul, in der, wie es wieder einmal heißt, die ›Entscheidungsschlacht‹ tobt. Doch entschieden wird nichts, ein Weg, der aus dem wieder aufgeflammten Bürgerkrieg führt, ist nicht in Sicht. [...] Hinzu kommt, daß nicht wenige Gruppen an einer Rückkehr zu geordneten Verhältnissen gar nicht interessiert sind. Seien es Banditen, die im Namen von Islam oder Politik rauben, brandschatzen und morden, Mohn- und Hanfbauem, die am Drogengeschäft mitverdienen, oder Cliquen, die in irgendeinem Teil Afghanistans ein Zipfelchen Macht in Händen halten: Die Neigung, sich einer zentralen Staatsgewalt unterzuordnen, ist nicht groß.«

Früher hätte man daraus auf eine Komplizenschaft geschlossen: Irgendwie sind diese deutschen Wiedervereiniger mit den schlimmsten Verbrechern im Bunde. Spekulation, gewiß. Nicht beweisbar, sicher. Möglicherweise verstiegen, überzogen und falsch. Allerdings scheint der Preis für die Vermeidung solcher Irrtümer der Verzicht auf Denken überhaupt zu sein.

2. Dezember 1992

Deutschland ohne Opposition*

Meine Damen und Herren, »Aus Sorge um Deutschland« stand über der halbseitigen Anzeige in *Konkret Extra*, es ging um ein »Handeln für Deutschland« betiteltes Buch. Und jetzt dichtet man dem bemutterten Vaterland sogar den Verlust einer Sache an, die es gar nicht besitzen kann. Die Opposition steht nämlich in keinem Verhältnis zur Nation, sondern in einem Verhältnis zur Regierung.

Ihr geht es schlecht, wenn sie keinen Widersacher hat. Nicht mal der liebe Gott im Himmel kommt ohne den Gehilfen aus. Wie bei der Treibjagd macht der Teufel den armen Seelen Angst, damit sie unter die Fittiche des Allmächtigen flüchten. Warum soll jemand der Regierung gehorchen, wenn sie ihn nicht vor einem schlimmeren Herrscher schützt? Das ist der Grund, warum die Mächtigen sich starke Gegner wünschen. Es war daher ein herber Schlag für den amerikanischen Präsidenten, als ihm sein Gegenstück im Kreml abhanden kam. Denn seit man

* Erschien in *Konkret* 7/93 mit der redaktionellen Vorbemerkung: »So hieß das Thema eines Forums auf dem *Konkret*-Kongreß, der vom 11.-13. Juni in Hamburg stattfand. In einem Statement, das Wolfgang Pohrt während der Veranstaltung vortrug, hat er diese Fragestellung einer grundsätzlichen Kritik unterzogen.« Pohrt hat diesen Vortrag auszugsweise für seinen Artikel »Abschied ohne Tränen« in »Harte Zeiten« verwendet. (A.d.H.)

die freie Welt nicht mehr vor dem Kommunismus schützen muß, braucht sie auch keinen Führer.

Für die Unterführer heißt das zwar, daß sie sich mehr herausnehmen dürfen, nur tun ihre Untergebenen das auch. Sie nehmen sich an ihrem Boß ein Beispiel und werden aufsässig, patzig, renitent. Vom ersten Mann im Staat bis zum letzten Vereinsvorsteher stehen die Autoritäten vor dem Problem, daß keiner sie respektiert. Seither läuft in allen Hauptstädten das gleiche Stück, wir kennen es unter dem Blödelmotto »Chaos ist machbar, Herr Nachbar«. Die Handlung ist, daß eine ganze politische Klasse statt zu regieren ihr Heil in einer Art »Aktion Eichhörnchen« sucht. So hat der Zusammenbruch der DDR übrigens auch begonnen. Als Mielke die Fernseher stapelte, hieß das, daß er nur noch auf den Vorrat im Keller vertraute. An seine Befehlsgewalt glaubte er nicht mehr. Mit Recht verzeihen die Kollegen im Westen ihm diesen Defätismus nicht. Sie fühlen sich beraubt und betrogen, beraubt ihres Gegners und betrogen um den Sieg.

Im Rückblick entpuppt sich »Das Ende des Ostblocks« nämlich als Verwechslungskomödie. Der Westen meinte, seinen ehemaligen Gegner zu bestatten. Er tat es frohlockend, aber von der Größe des geschichtlichen Augenblicks auch ergriffen. Die Kolumnisten und die Intellektuellen empfanden stark. Sie schürften tief, schöpften Sinn, fanden Bedeutung und fabrizierten daraus pompöse Nekrologe. Es wurde georgelt, was der Leierkasten hergab. Um so mehr Anlaß bestand dazu, als im Sarg die falsche Leiche lag. Die Trauergäste hatten sich zur ihrer eigenen Beerdigung eingefunden. Sie wußten es nur noch nicht.

Inzwischen ahnt das sogar Theo Sommer. »Die Krise holt den Westen ein«, war eine düstere Grübelei von ihm in der *Zeit* vom 9. April 1993 überschrieben. »Nach dem Zusammenbruch des Kommunismus wanken nun auch die Fundamente der Demokratien«, klagte er. Und er schloß nicht aus, daß die Verhältnisse »den Menschen als Arbeitskraft so überflüssig machen wie damals der Traktor das Pferd«. Trübe Aussichten für den Menschen, da er im Unterschied zum Pferd nicht aus bloßer Liebhaberei für den Rennsport gehalten wird. Unter dem Kapital ist er Arbeitskraft oder überflüssig. Läßt seine Arbeitskraft sich nicht verwerten, hat er seine Existenzberechtigung verwirkt. Im Bewußtsein der Tatsache vielleicht, daß sie auf der Welt nichts mehr zu suchen hätten, sind die Menschen weltweit mit selbstzerstörerischer Aggressivität erfüllt. Statt den Trieb zu bändigen, besorgen die gesellschaftlichen Schutzvorrichtungen sein Geschäft. An der Spitze völkischer, rassistischer und kriegerischer Bestrebungen stehen überall Medien, Regierung, Opposition, Verwaltung, Justiz und Polizei. Bestenfalls bleiben sie unbeteiligt und lassen den Mob gewähren.

So sahen Anfang Dezember 1992 in Ayodhya starke Sicherheitskräfte seelenruhig zu, wie fanatisierte Hindus eine Moschee zerlegten. Dann trieb das Pogrom von Bombay die muslimischen Einwohner zu Hunderttausenden in die Flucht. 2000 von ihnen konnten nicht mehr fliehen, man hatte sie vorher umgebracht. Vor einer *Jugoslawisierung* Indiens warnte danach hierzulande die Presse. Sie hätte mit gleichem Recht – unter Verweis auf Rostock – von einer *Vermecklenburgvorpommerung* sprechen können, wozu man allerdings eine gelenkige Zunge braucht.

Am 14. November 1992 untersuchte die *FAZ*, warum in Ägypten bewaffnete muslimische Gruppen Touristen überfielen. Offenbar deshalb, weil sich die Eingeborenen am Nil nicht anders fühlen als an Ostsee und Elbe:

»Ein arabischer Politologe der Amerikanischen Universität verglich die Ägypter mit Waisenkindern, die ›verlassen sind von ihrer Staatsführung‹. Er hat gerade in diesen Wochen die, wie er sagt, ›völlige Auflösung der Gesellschaft‹ beobachtet: weder organisatorische Strukturen der Regierung noch eine organisierte Opposition, die den Zorn der Bevölkerung in eine wirksame politische Aktion gegen die Regierung verwandeln könnte.«

Armes Ägypten? »Bestürzend«, schrieb die *FAZ* am 8. März 1993, sei weniger der Ansehensverlust der Bonner Koalition als die Tatsache, »daß der erlahmenden Regierung keine erstarkende Opposition gegenübertritt«.

Sie sehen also, meine Damen und Herren, daß wir uns mit der Sorge um Deutschland und den Verbleib seiner Opposition in allervornehmster Gesellschaft befinden. Wir sind nicht so garstig, wie wir scheinen. Werfen wir doch noch einen kurzen Blick ins Kongreß-Programm.

»Die Niederlage des Sozialismus«, heißt es da, »war eine Niederlage für alle, die sich dem Projekt ›die Linke‹ zurechneten, ob sie der Sowjetunion nun freund oder feind waren.«

Demnach war die Linke eine Kostenstelle. Die Kostenstelle ist ein Ausgabenkonto, welches innerbetrieblich die Zurechnung von Beschäftigten zu Projekten möglich macht. Andernfalls ist die Person an einem Vorhaben beteiligt, aber ihm zugerechnet werden kann sie nicht. Sie mag zu den Bankräubern zählen, aber doch nicht zu den Banküberfällen.

Um nun auf das »Projekt ›die Linke‹« zu kommen: Erst galt es im Feuilleton als schick, die Moderne ein Projekt zu heißen. Dann nannte jeder alternative Existenzgründer seine Klitsche so. Noch später sagten die Grünen, sie wären auch ein Projekt, also ein Unternehmen, und das stimmte.

Bei den Linken stimmte es nicht. Die hatten ein Ziel, aber das war doch nicht ihr Verein. Sie wollten doch nicht die Linke machen, sondern die Revolution. War also der Sozialismus das Projekt der Linken? Wieder nicht. Der Sozialismus verstand sich als die wahre Idee von der richtigen Gesellschaft. Er war also kein Projekt, denn jedes Projekt ist nur eines unter vielen. Richtiger, wahrer, besser, nötiger als ein Buchladen ist ein Reisebüro nicht. Man entscheidet sich für dieses Projekt, weil man es als erfolgversprechender, aussichtsreicher beurteilt als ein anderes. Umgekehrt interessieren beim Sozialismus die Erfolgsaussichten wenig. Mögen sie auch noch so gering sein – der Versuch muß unternommen werden, weil er die einzige Rettung vor der drohenden Barbarei ist. Außerdem verliert man dabei nichts. Es ist wie beim Todkranken, der die gefährlichste Operation nicht fürchten muß.

Also: Entweder können sich die Menschen für den Sozialismus entscheiden, oder sie setzen ihr altes Spielchen mit frischen Kräften und vermehrten Anstrengungen fort. Entweder eine radikal veränderte Welt, eine Welt ohne Ausbeutung, Verelendung, Unterdrückung, Krieg. Oder Ausbeutung, Verelendung, Unterdrückung, Krieg in einem Maße, das alles Bisherige in den Schatten stellt.

So dachte man mal. Und heute? Hören wir noch mal kurz den Satz aus dem Programm:

»Die Niederlage des Sozialismus war eine Niederlage für alle, die sich dem Projekt ›die Linke‹ zurechneten, ob sie der Sowjetunion nun freund oder feind waren.«

Wunderbar logisch, daß die Niederlage des Sozialismus die Niederlage der Sozialisten war, wie die Niederlage des Christentums eine Niederlage für die Christen wäre. Überhaupt nicht logisch allerdings, daß man als Leidtragenden statt der Sache die Personengruppe in den Vordergrund stellt. Früher: »Der Sturz Allendes ist ein schwerer Schlag für den Sozialismus.« Heute: »Die Niederlage des Sozialismus war ein schwerer Schlag für unseren Verein.«

Nun ja, könnte man sagen, dann gründen wir eben einen neuen. Viel zu verderben war an dem alten ohnehin nicht mehr. Hätte der Zusammenbruch des Sozialismus nichts als das Ende der westdeutschen Linken bewirkt, wäre der Schaden klein. Außerdem ist das Verenden, Dahinsiechen dieser Linken ihre Lebensform. Man mogelt sich durch, auch der zitierte Satz ist eine einzige Mogelei. Im Klartext wäre er ganz kurz und würde lauten: »Der Zusammenbruch der Sowjetunion war eine Niederlage für alle Linken.« So klar wird das nicht gesagt, weil die Behauptung Anlaß zu vielen unbequemen Fragen gäbe. Wieso nahm die Linke den Abgang eines Regimes so furchtbar tragisch, das für sie doch eigentlich nie ein leuchtendes Vorbild gewesen war? War die sogenannte undogmatische Linke vom machtstrotzenden Sowjetkommunismus weit mehr fasziniert gewesen, als sie dies zugeben wollte? Machen jene Linken, die mit dem Zusammenbruch der Sowjetunion den Sozialismus für erledigt halten, nicht exakt dasselbe, was sie 1968 taten? Damals schien der weltweite Sieg sozialistischer Befreiungsbewegungen garantiert. Prompt war Deutschland voller Revolutionäre. Keiner wunderte sich, woher die auf einmal alle gekommen waren. Heute scheint es, als habe der Kapitalismus gesiegt. Prompt sind alle Revolutionäre weg. Keiner wundert sich, wo sie so plötzlich alle geblieben sind. War schon die Protestbewegung, die so links daherkam, in Wahrheit der zeitgemäße Ausdruck einer Gesinnung, deren Grundsatz lautet: »Ob links oder rechts, ganz egal. Hauptsache vorn«?

Statt solcher Fragen werden andere gestellt. Um ein letztes Mal das Programm zu zitieren: »Was können Ansatzpunkte für eine radikale theoretische wie praktische Kritik der Gesellschaft sein?« Anders gesagt: Ich bin der Klempner. Wo finde ich endlich mal ein kaputtes Rohr. Wenn einer so fragt, während das Wasser seine Knie umspült, wird man ihn für einen Pfuscher halten.

Also reden wir nicht um den heißen Brei herum, sondern reden wir von den Dingen. Eines davon ist die Zuwanderung. Die Meinungen zum Asylkompromiß mögen verschieden sein, aber gegen den unkontrollierten Zustrom von Menschen sind alle. Die Linken, die einmal anders dachten, meinen heute, daß sie neue Einsichten gewonnen hätten. Sie halten sich für klug, wenn ihnen dämmert, was die anderen schon immer wußten. Die anderen wußten immer schon, daß unter den gegebenen Bedingungen ein stabiler Zaun eine vorteilhafte Einrichtung ist.

Die Linken haben vergessen, daß der Internationalismus nicht in Unkenntnis dieser Logik, sondern aus Widerstand gegen sie entstanden war. Sie geben den Widerstand auf in genau dem Moment, wo er am nötigsten wäre, weil die Absurdität dieser Logik offensichtlich wird. Es nützt nichts mehr, die Überflüssigen draußen zu halten, weil sie längst drin sind. Man braucht sie nicht zu importieren, sie werden im eigenen Land produziert. Es nützt auch nichts, sich bei der Bevölkerung mit falschen Parolen anzubiedern, weil insgeheim alle schlauer sind.

Die Leute sehen, wie die Chancen schwinden, daß man selber zu den happy few gehört. Sie ahnen, daß es nicht mehr darum geht, wer verelenden müsse, sondern daß die Alternative alle oder keiner heißt. Sie spüren, daß ihre eigene Sicherheit auf den Prinzipien beruht, deren Aufhebung sie fordern. Deshalb erwarten sie keine Nachgiebigkeit. Zur Entscheidung steht, ob die Verhältnisse den Menschen angepaßt werden müssen, oder ob den bestehenden Verhältnissen die Menschen anzupassen sind, was ihre Verelendung, Vertreibung, Ausweisung bedeutet. Die Forderung der Linken kann deshalb nur radikal und kompromißlos heißen: Offene Grenzen für jeden, der kommen will.

Das wird auf keinen Fall gemütlich. Die Ankommenden werden keine übertrieben netten Menschen sein. Sie bringen nicht Kultur mit, sondern Haß und Hunger. Sie werden diese Gesellschaft vor die Alternative stellen, ob sie sich ändern oder zusammenbrechen will. Aber vor dieser Alternative steht sie sowieso. Nur daß nichts bleibt, wie es ist, ist sicher. Vor der Zukunft haben alle Angst. Diese wird durch Abschiebungen verstärkt, durch das Elend hinter dem Zaun, nicht durch offene Grenzen. Sie wird gemildert durch die Sicherheit: Was auch kommen mag – niemand wird rausgeschmissen, keiner muß im Elend verrecken, wer er auch sei. Nicht die Anwesenheit der rumänischen Zigeuner, sondern ihre Behandlung macht den Einheimischen Angst, weil sie jeden lehrt, wie es ihm selber ergehen könnte, wenn er nur noch ein bißchen tiefer rutscht. Ich glaube, die Leute würden einem dankbar sein, wenn man sie mit aller Macht zu einer anständigen Behandlung der Zigeuner zwänge. Das gäbe ihnen die Sicherheit, die sie derzeit am meisten entbehren.

Was manchen wie Utopie klingen mag, ist in Wahrheit Realismus. Umgekehrt ist es die reine Träumerei, was die Realpolitiker für kluge Berechnung halten. Sie ignorieren die Bedeutung der Moral. Der amoralische Asylkompromiß beispielsweise hat vermutlich nicht nur Engholm das Genick gebrochen, sondern der ganzen SPD. Wäre sie bei ihrer alten Linie geblieben – die Leute hätten sie verflucht und respektiert. Am Ende hätten sie vielleicht sogar die Partei gewählt, die in unsicheren Zeiten ein Minimum an Sicherheit bietet. Ein Minimum an Sicherheit bietet einer, wenn Verlaß darauf ist, daß er bestimmte Dinge unter keinen Bedingungen machen wird. Seit dem Asylkompromiß ist allen, die ihn wollten, klar, was sie selber – etwa Sozialhilfeempfänger oder Arbeitslose – von der SPD zu erwarten haben, wenn dies die Lage erfordert. Seither ist diese Partei dort, wo sie 1933 war, als die Nazis ohne jeden Protest aus der Bevölkerung alle Funktionäre abräumen konnten.

Um nur von mir zu sprechen: Wenn einmal Klose, Schröder, Lafontaine von der Konkurrenz abkassiert werden sollten, dann hoffe ich, daß die Nachricht mich nicht gerade beim Essen erwischt. Vor Lachen würde ich ersticken.

Erinnerung an Eike Geisel

Wir kannten uns nicht, bevor wir 1975 in Lüneburg Kollegen wurden. Die Pädagogische Hochschule dort hatte uns als Assistenten engagiert, auf Betreiben der Exil-Frankfurter Hermann Schweppenhäuser und Günther Mensching. Mit der »inneren Emigration« und ihren Zirkeln sympathisierten wir, aber unserem Naturell entsprach sie nicht.

Der Job, die Institution und der Ort verlangten Selbstaufgabe oder Streit. Eike suchte ihn, er tat es mit Spottlust, Eloquenz und großsprecherischem Charme. Manche waren ihm dankbar dafür, daß er auszudrücken wagte, was sie fühlten. Doch viele ertrugen es nicht, daß einer, der ihnen im Schreiben und Formulieren überlegen war, ihre akademische Wichtigtuerei bloß komisch fand. Als die Gekränkten mehrheitlich über unsere Fortbeschäftigung entscheiden durften, waren wir die Pfründe los.

Bedauern tat es keiner, trotz horrenden Stundenlohns. Für unsere Berufstätigkeit im engeren Sinn hatten wir nämlich die Eintagewoche eingeführt. Alle Dienstgeschäfte einschließlich der Lehrveranstaltungen wurden montags abgewickelt. Saßen wir dann abends wieder im Zug, der uns raus brachte, weg von dem Kaff und nach Hannover, wo wir unsere Wohnungen hatten, so vertrieben wir uns die Zeit damit, unser Schicksal zu bejammern: ein Hundeleben, daß man überhaupt irgendwelche

Zeit in dieser Blödenanstalt absitzen muß. Eike gelang es dann, exakt so zu wirken, wie man sich einen feinstes Tafelsilber gewöhnten englischen Lord vorstellt, wenn widrige Umstände ihn dazu zwingen, daß er sein Bett mit Flöhen und Läusen teilt. Nach so einem Tag, meinte er mal, bräuchte er einen Butler. Der hätte sich, während er den Aperitif serviert, höflich nach seinem Befinden zu erkundigen und bekäme die knappe Antwort »abscheulich«.

Heute weiß niemand mehr, was Luxus ist. Eike machte es mit ansteckender Unbekümmertheit vor: Auf die Pfründe pfeifen, obgleich man sich das eigentlich überhaupt nicht leisten kann. Wo wir herkamen, war kein Geld im Hintergrund. Man sah das an den schlechten Zähnen. Verbeamtet sein hieß daher, daß man sich beim Zahnarzt die Kronen und Brücken machen ließ, die man sich vorher nicht hatte leisten können.

Es gibt Bedingungen, unter denen man über seine Verhältnisse leben muß, wenn man die Fähigkeit behalten will, morgens ohne Ekel in den Spiegel zu schauen. Eike zog die Konsequenz daraus. Leicht war das nicht, auch einen begabten Schreiber wie Eike kostete es viel Kraft, sich beim Schreiben an Marx und Heine messen zu wollen. Als ich ihn zum letzten Mal traf, im März 1995, wenige Monate, bevor er nach einer Herzattacke für immer das Bewußtsein verlor, sah er müde aus. Zugleich war bei ihm wieder das Interesse erwacht an Fragen, die uns in grauer Vorzeit beschäftigt hatten. Er las gerade Marx, ich mußte passen.

Mit der Zeit ergab es sich, daß wir dies und das voneinander erfuhren. Eike hatte irgendwann damit angefangen, Israel zu besuchen, woanders kam ein mittelloser Abiturient aus Deutschland, der weit weg wollte, schlecht hin. Er hatte dort Freunde gefunden, Verbindungen geknüpft und Hebräisch gelernt. Er mochte dann dieses Land, wo es vom Bazar mit den orientalischen Gewürzen zum Berliner Antiquariat aus den zwanziger Jahren nicht weit ist. Er mochte die Menschen, die in Polen oder Deutschland Juden waren und in Israel polnischer oder deutscher Herkunft. Vielleicht gefiel es ihm, daß sie es fertigbrachten, sogar einen Deutschen nicht nur zu ertragen, sondern Freundschaft mit ihm zu schließen, wenn er sie als Person überzeugte.

Auf eine seiner Reisen nach Israel, es mag 1978 gewesen sein, konnten meine Frau und ich ihn begleiten. Gemeinsam besuchten wir in Tel Aviv Hanna Levy-Hass. Unsere Gastgeberin war weit herumgekommen. Die Deutschen, schon damals auf dem Balkan aktiv, hatten sie von Montenegro nach Bergen-Belsen deportiert. Hanna Levy-Hass hatte das Lager überlebt und einen Bericht darüber geschrieben. Nun sprach sie darüber, vielleicht zwei Stunden lang, auf deutsch, französisch, serbokroatisch und hebräisch. Wir saßen da und hörten zu wie gebannt.

Eike brachte dann diesen Bericht in der Bundesrepublik als Buch heraus. Er korrespondierte mit Hanna Levy-Hass, er besuchte sie, in Tel Aviv oder wenn sie gerade irgendwo in Europa war, er lud sie zu sich ein. Er tat ungleich mehr, als man vom gewissenhaftesten, fürsorglichsten Herausgeber erwarten könnte. Er tat es, obgleich solche Bekanntschaften etwas Quälendes, Niederdrückendes, Würgendes an sich haben, weil man in das Grauen, das der andere erlebte, hineingezogen wird.

Warum er das tat, warum er sich das auflud – ich fand auf diese Frage lange keine Antwort. Weder besaß Eike die professionelle Kälte des Sozialarbeiters, noch suchte er jenen sadomasochistischen Lustgewinn, der so oft das wahre Motiv derer ist, die sich en detail mit den Vernichtungslagern und ihren Opfern befassen. Zu denen, die sich lieber Salz in die Wunden reiben, als das Leben zu genießen, gehörte Eike nicht.

Er hing nicht an Auschwitz, das unterschied ihn von den Bewunderern der Singularität. Aber er hing an Menschen, in deren Leben Auschwitz nun mal die zentrale Rolle spielte. In den »Minima Moralia« zitiert Adorno Nietzsche mit dem Satz: »Es gehört selbst zu meinem Glücke, kein Hausbesitzer zu sein«, und ergänzt: »Dem müßte man heute hinzufügen: es gehört zur Moral, nicht bei sich selber zu Hause zu sein.« Für die älteren Juden in Israel, die einen Teil ihres Lebens in Polen oder Deutschland verbracht hatten, war das Nicht-bei-sich-selbst-zu-Hause-Sein kein moralischer Imperativ, sondern eine Unvermeidlichkeit.

Eike mochte dieses Nicht-Niedergelassensein. Obgleich er gern in Israel war und Hebräisch sprach, zog er nie in Erwägung, sich dort dauerhaft anzusiedeln. Er mochte Israel als ein Land, wo man Fremder sein und bleiben konnte. Daran, Jude zu werden, lag ihm nichts. Weil er bei sich selbst nicht zu Hause sein wollte, waren andere es. Die Zimmer, wo Eike wohnte, hießen den Besucher willkommen. Weil er das Gebundensein fürchtete, besaß er ein feines Gespür dafür, wann jemand sich im Käfig fühlt, und wie ihm dann zu helfen wäre.

Zum Beispiel war mal nach Krankenhausaufenthalt und längerer Bettruhe zu Hause ein Arztbesuch fällig, Eike spielte den Chauffeur. Auf der Rückfahrt machte der Krankentransport einen nicht geplanten Zwischenstopp. Eike hatte das beste Café am Platze angesteuert und lud zu Apfelstrudel mit heißer Vanillesoße ein. Seither gibt es eine Person, die an Eike zurückdenkt, als habe er sie aus langjähriger Gefangenschaft befreit und ihr die Welt zurückgegeben, von der sie ausgeschlossen gewesen war.

Eike wußte das, ohne daß darüber gesprochen worden wäre. Er ließ nur die kurze Bemerkung fallen: »Na, wie fühlt man sich so, wieder raus aus dem Knast?«

Dies Gefühl vermittelten Eikes Texte. Als der moraltriefenden Lobgesänge auf »Schindlers Liste« wegen die Luft hier wieder mal zum Schneiden war, klang das so:

»›Es muß endlich ein Ende haben mit dem gekrümmten Gang‹, forderte 1987 der Schriftsteller Peter Schneider. Seit Anfang März 1994 gibt es ein Heilmittel, das in gut drei Stunden den chronischen nationalen Haltungsschaden beseitigt. Der preiswerte volksorthopädische Artikel heißt ›Schindlers Liste‹ und ist ein Renner. Bereits Mitte März hatten, wie der *Spiegel* stolz vorrechnete, ›317.482 Zuschauer die Rettung von 1.100 Krakauer Juden gesehen‹. Es wird jeden einzelnen Überlebenden freuen, daß ihm nun schon mindestens 337 aufrechte Deutsche nachträglich zur Seite stehen.«

Um den Autor von der Begeisterung zu unterrichten, die sein Artikel hervorrief, mußte ich mich durchfragen bis zu einem Anschluß in Israel. Eike logierte dort im Haus eines Freundes unweit Tel Aviv. Seinen Artikel, der in Deutschland nicht erscheinen konnte, habe nun die *Ha'aretz* gebracht. Das Wetter sei wunderschön und im Haus gebe es viel Platz.

Es war eine Einladung, alle Stickigkeit und Beklemmung hinter sich zu lassen. Vom Alltag verblödet, wie ich war, schlug ich sie aus. Ich werde keine mehr erhalten.

1997

Notizen zum Titel

Harte Zeiten
Neues vom Dauerzustand

Der dritte und letzte Band einer Reihe von Studien über den Anbruch harter Zeiten.

Die Themen reichen von Sarajewo bis Rostock und von Liverpool bis Waco. Weniger eine Chronologie der Übergangsphase aber ist diesmal das Resultat, sondern es werden Elemente eines neuen Dauerzustands beschrieben. Man kennt die Figuren, man kennt die Regeln, man weiß auch, wie das Spiel enden wird, und der Rest ist Zufall.

Klar liegen die Fakten auf der Hand, dass man sie kaum noch interpretieren möchte, weil sie für sich selber sprechen. Wie wenn zwischen der geographischen und der politischen Gestalt ein gesetzmäßiger Zusammenhang bestünde, nahm die Bundesrepublik im Maße, wie sie auf der Landkarte wieder mit dem deutschen Reich kongruierte, auch dessen Wesenszüge an. Was als Rückfall in die Vorgeschichte erschien, war die Konsequenz des Fortschritts. Geändert hat sich seither nur, daß die Entwicklung an Stetigkeit gewann, was sie an Dynamik verlor. Sie wurde zum Dauerzustand, dessen Ende nicht in Sicht ist. Der Trend ist stabil, weil es »für das Leiden des einzelnen wie der Gemeinschaften nur eine Grenze, über die hinaus es nicht mehr weitergeht, gibt: die Vernichtung« (Benjamin). Vernichtung aber bedeutet Arbeit ohne Ende. Je weiter sie fortschreitet, desto langsamer kommt sie voran. Sie stagniert, wenn Krieg, Vertreibung und Verelendung nur noch wenige Entkräftete übrigließen, die sich auf ein großes Gebiet verteilen. Dann sorgen die Selbstschutzkräfte der Natur dafür, dass die Menschheit ihr Ziel nicht erreicht, und alles fängt wieder von vorne an. Nichts ist derzeit so sicher wie die Zukunft.

Wolfgang Pohrt, 1994

Pressestimmen

»›Harte Zeiten‹ ist ein Geschichtsbuch der Jahre 1992 und 1993. Die Themen sind bekannt, und viel schwächere Autoren haben schon fast dafür gesorgt, daß man ihrer überdrüssig wurde. Bei Pohrt aber lohnt es sich, über die versuchten oder vollstreckten Nazimorde von Rostock, Solingen und Mölln zu lesen, über die linksalternative Sorte Blutrünstigkeit, die der Krieg im ehemaligen Jugoslawien zutage brachte; ja, sogar ein Beitrag zur nichtsnutzigen Türcke-/Rassismus-Debatte in *Konkret* ist noch ein gedanklicher Gewinn und ein grimmiger Spaß, weil er eben von Pohrt ist.

Denn im Gegensatz zum Gros seiner Kollegen ist Wolfgang Pohrt kein Kollaborateur; er würde wohl eher einen Freund – wenn er denn noch einen hat – in die Wüste schicken, als sich einmal zuviel beziehungsweise an falscher Stelle mit jemand einig zu sein. In einem Kulturbetrieb, der zu 98,473 Prozent aus Kunglern besteht, die stets mit voller Überzeugung die Sau reiten, die gerade durchs Dorf getrieben wird, ist allein schon Pohrts Haltung, sein Beharren auf Unabhängigkeit wohltuend, seine Weigerung, die branchenübliche Verwechslung von Journalismus mit Lobbyismus mitzumachen. Doch erschöpft sich Pohrt, auch wenn er zuweilen arg rechthaberisch erscheint und gar niemand die Butter auf dem Brot oder einen klugen Gedanken gönnen oder zugestehen will, nicht in rebellischen Gesten, wie man sie etwa von den auf kritisch frisierten Ochsenfröschen und Berufsopportunisten Biermann und Broder kennt – um hier nur die beiden derzeit penetrantesten zu nennen.

Erfreulicher noch als seine Sturheit und als seine punktgenaue, geschliffene Formulierungskunst ist die Tiefe und Schärfe seiner Gedanken (obwohl das ja ohnehin alles drei zusammengehört). Wo andere, weil es kopfmäßig hinten und vorn nicht reicht, ins Moralisieren geraten, pathetisch werden, behaupten, alles sei sehr kompliziert, heutzutage stimme eben nichts mehr, man müsse gerade jetzt ungeheuer differenzieren usw. oder sonstwie wolkig oder feuilletonistisch werden, bleiben bei Pohrt Kopf und Sprache klar. Über die gleichermaßen blödsinnige wie überall wiedergekäute Behauptung, Kritik von Deutschen an Deutschen sei a) ›typisch deutsch‹ und b) ›rassistisch‹ z.B. schreibt er: ›Das alte Spiel: Wenn irgend so ein Legastheniker sich mit Goethe verbunden glaubt, dann ist das seine nationale Identität. Aber wenn ich ihn mit Hitler in Verbindung bringe, dann bin ich ein Rassist.‹

Beim Anblick der eigenen Landsleute wird Pohrt nicht sentimental, wie das derzeit auch bei Leuten üblich ist, die sich bezeichnenderweise selbst ›Ex-Linke‹ oder, igitt!, ›Querdenker‹ nennen; Pohrt schreibt den Mordbrennern keine Entschuldigung, als hätten sie bloß ein paar Faxen gemacht. Lieber betrachtet er sie als das, was sie (ihm) sind: Fremde, Lichtjahre entfernt. Und wie könnte man die Deutschen auch anders begucken als ethno- oder zoologisch?

Glanzstück des Buches ist der Vortrag ›Helden und Intellektuelle‹, den Pohrt am 16. Januar 1994 auf einem Symposium über Hannah Arendt in Wien hielt. (...) Schöner und genauer wurde selten beschrieben, was eine Gesinnung von der Stange wert ist: keinen Pfifferling. Die Autoren z.B. des jüngst erschienenen *Kursbuchs* 116, in dem sich Konformisten und Anbiederer in peinlichstem Selbstlob allesamt bestätigen, was für tollklasse Verräter, natürlich im Sinne von Aufklärung, geistigem Fortschritt der Menschheit und alles, sie sind, müßte man zwingen, Pohrts Buch auswendig zu lernen oder hundertmal abzuschreiben. Und es anschließend aufzuessen.«

Wiglaf Droste, *taz* vom 25. Juli 1994

»Seine Gegenstandpunkte zum Krieg auf dem Balkan, zur Vertreibung der Ausländer, zum allseits um sich greifenden demokratischen Faschismus und vor allem zum – gerade von ehemaligen Linken – entdeckten nationalen Wahn, sind rare Denkbilder, Zurechtrückungen und Einwände, deren Notwendigkeit außer Frage stehen: Die letzten Polemiken einer untergehenden Epoche? (...) Das Buch ist eine Fundgrube an Argumenten und macht einem mal wieder klar, was den Unterschied ausmacht zwischen einer ›politischen Kultur‹, die an die Stelle des Gegensatzes von ›Kapitalismus oder Sozialismus‹ den von ›Jute oder Plastik‹ angesagt findet.«

Trash Nr. 10, Augsburg

»In Wirklichkeit, so Pohrt, beschäftigen sich die Linken andauernd mit der Verdunkelung ihrer revolutionären Vergangenheit, stoßen dabei notgedrungen auf die Frage ›Wer bin ich, wenn ich nichts bin?‹ – also auf das Problem ihrer ›Identität‹ – und entdecken so, ohnehin befangen im Grundübel der Verbindung des Kommunismus mit dem Völkischen, ihr manisches Interesse für die ›nationale Identität‹, produzieren die Hoffnung, nach dem großen Schlachten werde es ›ein Ensemble moderner Nationalstaaten‹ geben – und sind stracks bei den reaktionären Lebenslügen Volk, Heimat, Vaterland gelandet. Damit sind sie vollends übergelaufen, und das macht die Lage wieder ganz unsicher: Jetzt fehlen dem Westen die

Gegner, sowohl der Ostblock als auch die verschworene *Konkret*-Leserschaft sind auf Dauer als Ordnungsfaktoren ausgefallen.

So bekommt die Linke nachträglich Macht, weil sie zur historischen Nullstelle geworden ist. Die Selbstzerstörungskräfte des Kapitals wüten nun, ohne auf Grenzen und Widerstand zu treffen und ohne ersichtliche Kriegsgründe. Eigentlich ist es egal, ob die Entdeckung abrufbarer Triebe als Determinante des Weltgeschehens, der ›Wille zu morden und zu zerstören‹, sich eher aus der Sozialanalyse Pohrts, den Naturbeobachtungen Darwins, den Coucherfahrungen Freuds oder dem Wahn Nietzsches ergibt.

Vorsichtig fragen aber darf man wohl, wo denn in der ganzen viehischen Chose der Trieb zur Selbsterhaltung und zum Überleben geblieben ist. Um auf diese Frage zu kommen, muß man aber dann schon ein ehemals sozialistischer Mitläufer des siegreichen Jubelkapitalismus geworden sein. Sonst käme man natürlich zunächst auf das Naheliegende zu sprechen: Haben ›die Massen‹ keine Interessen, die sie gelegentlich als politische Interessen vorbringen, weil sie Gegensätze von oben und unten, reich und arm, Nord und Süd, Mann und Weib erleben? Hat sich das mit dem Zusammensturz des Sozialismus auch erledigt? Pohrt scheint es so, denn ›gern würde man sagen, die Machthaber hätten sich gegen die Menschen verschworen, die aber leider Teil dieser Verschwörung sind.

Fast aussichtslos daher, zwischen Täter und Opfer zu unterscheiden. Fehlt aber dieser Unterschied, so nehmen das Elend und das Abschlachten die Form eines monotonen Naturprozesses an‹. Alle sind irgendwie böse, und alle sind irgendwie gut. Es trifft Gerechte und Ungerechte. Nach Ursachen zu suchen, ist vergebliche Liebesmühe, denn ›erst war der Wille zu morden und zu zerstören. Dann suchte dieser Wille sich den Vorwand‹.«

Mathias Wedel, *Konkret* 1/95

»Wahrscheinlich ist Pohrts überraschende – im scharfen Kontrast zu seinen verbalen und analytischen Kraftakten stehende – Bescheidenheit doch nicht nur kokett, sondern die resignative Einsicht in die Macht des jeweils herrschenden Common sense, dessen von Gutmenschen verteidigte Bastionen sich auch mit Diabolus Hilfe nicht erstürmen lassen.«

Wolfgang Reiter, *Profil*, Wien

»Doch Verluderung ist nur ein äußeres Zeichen des inneren deutschen Problems: In dem Maße, wie die Bundesrepublik auf der Landkarte wieder mit dem deutschen Reich kongruiert, nimmt sie dessen Wesenszüge an. Was als Rückfall in die Barbarei erscheint, ist Konsequenz.«

Dieter Wende, *Neues Deutschland*, 20. März 1994

»Dass Theorie doch einen Sinn hat, dass gerade heute auf die Anstrengung des Begriffs nicht verzichtet werden kann, das zeigt nicht zuletzt Pohrts Buch ›Harte Zeiten‹.«

Dani Schönmann, *Widerspruch*

»So muß die Vorhölle aussehen: ein fensterloses Gelaß, erleuchtet von einer nackten Glühbirne. Zigarettenqualm. Und nichts zu lesen außer den Schriften von Wolfgang Pohrt. (...) Der ›gesellschaftstheoretisierende Privatier‹ (eine Selbstbeschreibung, die Schlimmes ahnen läßt) bietet seinem Publikum linken SPD-Haß, linke Frauenverachtung, linke Weltuntergangsphantasien. Beginnen wir mit dem Weltuntergang: Wer bis heute glaubte, es lasse sich ›unter dem Kapital einigermaßen leben‹, irrt.

Vielmehr steuert irgendwie alles – Politik, Wissenschaft, Gesellschaft – auf die ›Katastrophe‹ zu. Pohrt selbst wird am Tag des Jüngsten Gerichts wenigstens in der glücklichen Lage sein, es vorher gewußt und aufgeschrieben zu haben.«

Susanne Gaschke, *Frankfurter Allgemeine*, 27.4.1994

»Kein Witz, keine Überraschung, keine Idee, keine Erkenntnis. Dafür eine ungewohnte Anzahl verdächtiger Ressentiments. Pohrt hat die Vereinigung und die Folgen des Zusammenbruchs des Kommunismus offensichtlich nicht verdaut. Er kaut auf Brocken einer starren Nach-Auschwitz-Marxismus-Konstruktion herum. Pohrt war brillant, als er die Absurditäten einer konstanten bipolaren Welt beschrieb. Und ihm wird schwindlig bei dem Gedanken, die Geschichte könne wieder offen geworden sein.«

Malte Lehming, *Tagesspiegel*, 24.4.1994

»Pohrts Essays lesen sich, als seien sie wie mit ständig bis zum Anschlag durchgedrücktem Gaspedal geschrieben: das Rennöl, das der Autor zur Temposteigerung beigibt, riecht allzuoft nach konzentriertem Affekt. Zu bestreiten ist allerdings nicht, daß aus der Höhe, in die Pohrt sich hochschraubt, gelegentlich aufschlußreiche Einsichten zu gewinnen sind, die tiefer fliegenden Zeitgenossen verschlossen geblieben wären.«

Lothar Baier, *Freitag*, 20. Mai 1994

»In ›Harte Zeiten‹ entwickelt Pohrt seine Überlegungen zum Multikulturalismus, dessen bloß moralische Fundierung ebenso als ideologisches Projekt herausgestellt wird wie der Menschenrechts-Missionarismus vieler Ex-Linker. Pohrt attackiert einen Rigorismus, der nicht sieht, daß Menschenrechte mit Elend und Hungertod sich bestens vertragen. Für ihn schwebt die Frage nach der Moral nicht diskusiv im Raum, sondern ist sinnvoll nur, wo sie unmittelbar verknüpft ist mit dem Tod der Obdachlosen, der Ausbeutung der Menschen, der Barbarei auf der ganzen Welt. Das Buch ist ein Frontalangriff auf den linken guten Geschmack, die Gefallsucht der selbsternannten Rufer und Mahner, der Handlungsreisenden in Sachen Betroffenheit & Menschenrechte.«

Bernhard Uske, *Frankfurter Rundschau*, 4. Juni 1994

»Pohrts Buch liest sich denn auch über weite Strecken wie die Abrechnung des letzten Getreuen mit lauter Apostaten, der standhaft seinen Trotz hinausschreit in eine widerspenstige Welt voller Wendehälse. ›Was hilft Vernunft‹, fragt Pohrt, ›wenn die Elementargewalten toben?‹ – und angesichts der Macht der Verhältnisse veranschlagt er den Nutzen seiner Analysen denn auch ganz bescheiden: sie sollen die spätere Legendenbildung erschweren. Im Klartext: wenn sein Denken die Verhältnisse schon nicht zum Tanzen bringt, so sei es doch wenigstens protokolliert. Da ist er noch einmal – der linke Wahrheitsanspruch, der diesmal wenigstens vor der Geschichte recht behalten möchte. Weniger kann man eigentlich kaum noch wollen.«

Manfred Bosch, *Südwestfunk*, 10.6.1994

»Wolfgang Pohrts Bericht ›Harte Zeiten‹ ist allein schon deshalb erfreulich, weil er nichts von der Tümelei an sich hat, die seit ca. fünf Jahren unter dem Wichtigrubrum ›Nachdenken über Deutschland‹ firmiert. Ebensowenig aber schlägt Pohrt die Hände moralisierend über dem Kopf zusammen, wie es labbrige Gutmenschen nach und eben immer nur *nach* jedem neuen Anschlag tun; Pohrt polemisiert vielmehr, an Hannah Arendt geschult, für nichts als den ›gesunden Menschenverstand‹, der eben nicht, wie Wolfgang Neuss einst flapsig behauptete, ›das reine Gift‹ ist, sondern *praktische* Vernunft, also probates Antidot zum kollektiven Wahn. Dass ihn der *Tagesspiegel* gleich ›irrsinnig‹ nannte, belegt doch eher Pohrts scharfsinnig vorgetragene, gleichsam düstere Analyse dieses Landes und seiner Bewohner: zappenduster im Hirn und hundsgemein.«

tip 11/94, Berlin

Register

Publikationsnachweise

Harte Zeiten:

Abschied ohne Tränen: unveröffentlicht

Die Suche nach dem Kriegsgrund: Abgedruckt unter dem Titel »Krieg« in *Konkret* 8/1992. Der Artikel wurde für die Veröffentlichung in »Harte Zeiten« überarbeitet.

Das ist Wahnsinn da draußen: *Konkret* 9/92

Rostock I: Ohne Fleiß kein Preis: *Konkret* 10/92

Rostock II: Was sagt die Theorie dazu?: unveröffentlicht. Diesen auf den 9. November 1992 datierten Text schrieb Pohrt ursprünglich als Vorbereitung zu einer »Diskussion«, aus der dann der zwischen dem 11. und dem 13. Juni 1993 stattfindende *Konkret*-Kongress hervorging und an der ursprünglich auch das Hamburger Institut für Sozialforschung beteiligt sein sollte. Jedenfalls hieß es in dem Manuskript: »Das Hamburger Institut für Sozialforschung und die Zeitschrift *Konkret* veranstalten eine Diskussion, die man auch als Experiment betrachten kann, oder als Maßnahme zur Sicherung von Beweismitteln. Wir wollen feststellen, gleichsam im Selbstversuch, ob es noch ein politisches Bewußtsein gibt.«

Jeder für sich ist ein Nichts: Überarbeitete und völlig veränderte Fassung eines Textes, der teilweise abgedruckt worden war in *Konkret* 2/93 unter dem Titel »Kommunismus oder Barbarei«. Außerdem in: Wolfgang Pohrt »Gewalt und Politik. Ausgewählte Reden & Schriften«, Berlin 2010 und 2017.

Politiker und Militärs: *Konkret* 3/93

Die Serben und die Kinder: *Konkret* 4/93

Wir haben es immer gewollt: *Konkret* 5/93. Außerdem in: Wolfgang Schneider »Bei Andruck Mord. Die deutsche Propaganda und der Balkankrieg«, Hamburg 1997.

Tu es nicht: *Konkret* 6/93

Rassismus für den gehobenen Bedarf: Referat zur Tagung »Fremdenfeindlichkeit, Rechtsextremismus und das Europa von morgen«, veranstaltet von der Volkshochschule München am 3. Oktober 1992. Abgedruckt in *Konkret* 11/92 unter dem Titel »Multirassismus«.

Keiner mag sie: Vortrag für die Eröffnungsveranstaltung beim *Konkret*-Kongreß »Was tun?« vom 11. bis 13. Juni 1993 in Hamburg.

Allmachtsphantasien: Vortrag für die Veranstaltung »Dritter Griff zur Weltmacht?« auf dem *Konkret*-Kongreß. Georg Fülberth und Robert Kurz hatten sich mit dem Thema in Beiträgen befaßt, die vor Kongreßbeginn in einer Extra-Ausgabe von *Konkret* erschienen waren. Diese Beiträge werden hier kommentiert.

Helden und Intellektuelle: Vortrag, der am 16. Januar 1994 auf einem Symposion über Hannah Arendt in Wien gehalten wurde. Außerdem in: Wolfgang Pohrt »Gewalt und Politik. Ausgewählte Reden & Schriften«, Berlin 2010 und 2017.

Der Täter als Bewährungshelfer: Wurde im Juni 1982 der *taz* angeboten, die ablehnte. Blieb deshalb unveröffentlicht und wurde zwölf Jahre später mit einem Kommentar versehen in »Harte Zeiten«, Berlin 1994, veröffentlicht. Da der Artikel in die »Werke Band 2« aufgenommen wurde, also im Kontext seines zeitlichen Entstehens, wurde auf den Abdruck des Artikels an dieser Stelle verzichtet.

Abschiebehaft für alle: Beitrag zur Diskussion »Asyl in Stuttgart« am 11. November 1993.

Black or white: *Konkret* 9/93. Pohrts Kritik an der Art und Weise, wie sich die *Konkret*-Redaktion in der sogenannten Türcke-Kontroverse verhielt, hatte zur Folge, dass Pohrt seine Ankündigung, nicht mehr für *Konkret* zu schreiben, wahr machte. Erst in *Konkret* 4/97 erschien wieder ein Text von Pohrt, ein Vorabdruck aus »Brothers in Crime«.

Harte Zeiten: Wurde für den gleichnamigen Essay-Band geschrieben und blieb sonst unveröffentlicht.

Zwei Diskussionspapiere, ein Vortrag und ein Nachruf:

Beobachtungen und Thesen: Ein im August 1992 entstandener Arbeitsbericht mit dem Titel »Bilanz und Pläne« für die »Hamburger Stiftung zur Förderung von Wissenschaft und Kultur«. Manuskript.

Fragen und Thesen: Ein Papier, das datiert ist auf den 2. Dezember 1992 und bei dem es sich offenbar um eine Fortführung, Präzisierung des vorangegangenen Manuskripts handelte, das als »Rostock II: Was sagt die Theorie dazu« in »Harte Zeiten« erschien. Aus diesem Papier entstand wiederum der Artikel »Kommunismus oder Barbarei«, der in *Konkret* 2/93 erschien, und diesen Artikel verarbeitete Pohrt schließlich zu »Jeder ist für sich ein Nichts« in »Harte Zeiten«.

Deutschland ohne Opposition: *Konkret* 7/93. Pohrt hat den Artikel auszugsweise für »Abschied ohne Tränen« verwendet.

Erinnerung an Eike Geisel: *Konkret* 9/97, wiederabgedruckt in: Wolfgang Pohrt, »Gewalt und Politik. Ausgewählte Reden und Schriften«, Berlin 2010.

WOLFGANG
POHRT
WERKE
1
THEORIE DES GEBRAUCHSWERTS
WISSENSCHAFTSTHEORIE
SEMINARARBEITEN
TEXTE 1969–1980
EDITION
TIAMAT

Wolfgang Pohrt
Werke in 11 Bänden

Herausgegeben von Klaus Bittermann

Über 40 Jahre hat Wolfgang Pohrt viele wichtigen Debatten in der linken, linksliberalen, bürgerlichen und feuilletonistischen Öffentlichkeit mit seinen brillanten Kulturkritiken und Gesellschaftsanalysen beeinflusst, zugespitzt und dabei in der Regel alle gegen sich aufgebracht. Zeit also, die z.T. schon lange vergriffenen Bücher zusammen mit Unveröffentlichtem in einer Werkausgabe neu zugänglich zu machen.
Von der Hardcover-Edition erscheint pro Halbjahr ein Band.

Bd. 1: Theorie des Gebrauchswerts, 1976, überarbeitete Fassung von 1995, erweitert um eine »Vorbemerkung«, »Nutzlose Welt«, »Vernunft und Geschichte bei Marx«, Texte zur Wissenschaftspolitik und um einige Seminarpapiere. Mitherausgeber: Arne Kellermann, 592 Seiten, 32.- Euro

Bd. 2: Ausverkauf (1980) & Endstation (1982) & frühe Schriften aus den 70ern und Anfang der 80er. Erscheint Herbst 2019, 544 Seiten, 30.- Euro

Bd. 3: Honoré de Balzac. Der Geheimagent der Unzufriedenheit (1981), in der erweiterten und überarbeiteten Fassung von 2012. 144 Seiten, 18.- Euro

Bd. 4: Kreisverkehr, Wendepunkt & Stammesbewußtsein, Kulturnation (1984) und andere unveröffentlichte Texte (1982-1984). 584 Seiten, 30.- Euro

Bd. 5.1: Zeitgeist, Geisterzeit (1986) und andere unveröffentlichte Texte (1985-1986). 360 Seiten, 26.- Euro

Bd. 5.2: Ein Hauch von Nerz (1989) und andere unveröffentlichte Texte (1987-1989). 352 Seiten, 26.- Euro

Bd. 6: Der Weg zur inneren Einheit. Elemente des Massenbewußtseins – BRD 1990 & andere Texte. 472 Seiten, 30.- Euro

Bd. 7: Das Jahr danach. Ein Bericht über die Vorkriegszeit & andere Texte aus 1990-1992. 528 Seiten, 30.- Euro

Bd. 8.1: Harte Zeiten (1994) und andere Texte 1992-1997. 312 Seiten, 26.- Euro

Bd. 8.2: Brothers in Crime. Die Menschen im Zeitalter ihrer Überflüssigkeit & Interviews (1996). ca. 320 Seiten, ca. 26.- Euro

Bd. 9: FAQ. Zoff im Altersheim, Selbstinterviews & Vorträge, 1998-2004, ca. 200 Seiten, ca. 22.- Euro

Bd. 10: Kapitalismus Forever & Das allerletzte Gefecht & Schöne neue Welt & Wie Adorno und Horkheimer mich vor einem Studienabbruch retteten & Interviews. Texte (2011-2014), 320 Seiten, 22.- Euro

Bd. 11: Briefe & Bibliographie. Ca. 300 Seiten. Erscheint als Abschlussband.

Klaus Bittermann, »Der intellektuelle Unruhestifter Wolfgang Pohrt. Die Biographie«, erscheint Herbst 2021, ca. 300 Seiten, ca. 28.- Euro

Aus der Reihe Critica Diabolis

21. *Hannah Arendt,* Nach Auschwitz, 13,- Euro
45. *Bittermann (Hg.)*, Serbien muss sterbien, 14.- Euro
65. *Guy Debord,* Gesellschaft des Spektakels, 20.- Euro
129. *Robert Kurz*, Das Weltkapital, 18.- Euro
171. *Harry Rowohlt, Ralf Sotscheck*, In Schlucken-zwei-Spechte, 15.- Euro
210. *Berthold Seliger*, Das Geschäft mit der Musik, 18.- Euro
216. *Ingo Müller*, Furchtbare Juristen, 22.- Euro
223. *Mark Fisher*, Gespenster meines Lebens, 20.- Euro
225. *Eike Geisel*, Die Wiedergutwerdung der Deutschen, 24.- Euro
231. *Funny van Dannen*, An der Grenze zur Realität, 16.- Euro
235. *Wiglaf Droste & Nikolaus Heidelbach*, Nomade im Speck, 18.- Euro
245. *Ralf Höller*, Das Wintermärchen. Münchner Räterepublik, 20.- Euro
246. *Mark Fisher*, Das Seltsame und das Gespenstische, 18.- Euro
248. *Wiglaf Droste*, Kalte Duschen, warmer Regen. Neue Glossen, 16.- Euro
251. *Georg Seeßlen*, Is This the End? Pop-Kritik 16.- Euro
253. *Wolfgang Pohrt*, Werke Bd. 10, Kapitalismus Forever & Texte, 22.- Euro
254. *Wolfgang Pohrt*, Werke Bd. 3, Honoré de Balzac, 18.- Euro
256. *Jan-Christoph Hauschild*, Das Phantom, B. Traven, 24.- Euro
257. *Joe Bauer*, Im Staub von Stuttgart, Ein Spaziergänger erzählt, 16.- Euro
258. *Simon Bowowiak*, Frau Rettich, die Czerni und ich, 16.- Euro
259. *Funny van Dannen*, Die weitreichenden Folgen des Fleischkonsums, 16.-
260. *Wolfgang Pohrt*, Werke Bd. 5.1, Zeitgeist & Texte 85-86, ca. 26.- Euro
261. *Wolfgang Pohrt*, Werke Bd. 5.2, Hauch von Nerz & Texte 87-89, 26.-
262. *Wolfgang Pohrt*, Werke Bd. 4, Kreisverkehr & Texte 82-84, 30.- Euro
263. *Carl Cederström*, Die Phantasie vom Glück, 18.- Euro
264. *Claudius Seidl*, Die Kunst und das Nichts, Feuilleton, 18.- Euro
265. *Berthold Seliger*, Vom Imperiengeschäft, Musikindustrie, 20.- Euro
266. *Léon Poliakov*, St. Petersburg – Berlin – Paris, Memoiren, 24.- Euro
267. *Wolfgang Pohrt*, Werke Bd. 2, Ausverkauf & Endstation u.a. Texte, 30.-
268. *Wolfgang Pohrt*, Werke Bd. 1, Theorie des Gebrauchswerts u.a., 32.- Euro
269. *Klaus Bittermann*, Einige meiner besten Freunde & Feinde, 20.- Euro
270. *Martha Gellhorn*, Der Blick von unten, Reportagen Bd. 1, 28.- Euro
271. *Eike Geisel*, Die Gleichschaltung der Erinnerung, Essays, 26.- Euro
272. *Mark Fisher*, k-punk, Nachgelassene Schriften (2004-2016), ca. 30.- Euro
273. *Fritz Eckenga*, Das Ende der Ahnenstange. Erschöpfungsgeschichten, 14.-
274. *Wiglaf Droste*, Die schweren Jahre ab dreiunddreißig, 18.- Euro
275. *Martha Gellhorn*, Das Gesichtdes Friedens, Reportagen Bd. 2, 32.- Euro
276. *Wolfgang Pohrt*, Werke Bd. 7, Das Jahr danach & Texte, 30.- Euro
277. *Iris Dankemeyer*, Die Erotik des Ohrs. Emanzipation nach Adorno, 30.-
278. *Wolfgang Pohrt*, Werke Bd. 6, Massenbewusstsein BRD 1990, 30.-
279. *Heiko Werning*, Wedding sehen und sterben, Geschichten, 16.- Euro
280. *Pascal Bruckner*, Der eingebildete Rassismus, Islamophobie, ca. 24.-
281. *einzlkind*, MINSKY, Roman über die künstliche Intelligenz, ca. 20.-
282. *Wolfgang Pohrt*, Werke Bd. 8.1, Harte Zeiten & Texte, 26.- Euro
283. Amerikanische Korrespondenten berichten aus Nazi-Deutschland, 26.-
284. *Caroline Fourest*, Generation Beleidigt, ca. 20.- Euro
285. *Peter Schneider*, Follow the Science? Gegen Verschwörungstheorien, 16.-

http://www.edition-tiamat.de